Manual de traducción

Inglés / Castellano

Juan Gabriel López Guix
Jacqueline Minett Wilkinson

Serie
Práctica, Universitaria y Técnica

Obras publicadas por Editorial Gedisa

Manuales
de traducción

Francés / Castellano
por Mercedes Tricás Preckler

Inglés / Castellano
por Juan Gabriel López Guix y
Jacqueline Minett Wilkinson

Alemán / Castellano
por Anna Maria Rossell Ibern

Manual de traducción

Inglés / Castellano

Teoría y práctica

Juan Gabriel López Guix

Jacqueline Minett Wilkinson

gedisa
editorial

ÍNDICE

La naturaleza del lenguaje. El análisis pragmático: la importancia del uso. La hipótesis del relativismo cultural. La hipótesis de la indeterminación de la traducción. Algunos conceptos tradicionales sobre el significado. La práctica del traductor: algunos ejemplos.

Algunos rasgos comunes: arbitrariedad, elementos discretos, doble estructuración, productividad. Gramaticalidad y universales. Evolución histórica y variación diatópica. El orden SVO: un patrón común. Dos lógicas internas diferentes. Parataxis, elipsis, lítotes.

La extensión del período y el enlace extraoracional. El enlace intraoracional: asíndeton, parataxis e hipotaxis. El orden de las palabras.

Artículo. Adjetivo. Demostrativos. Posesivos. Adverbio. Verbo.

Prólogo

Escribir un manual de traducción entraña, entre otras, la dificultad de unir los aspectos teóricos y prácticos de la disciplina. A menudo, los profesionales de la teoría suelen ser criticados por poseer una experiencia ocasional de la traducción e imponerle una visión restringida que se adapta a sus planteamientos teóricos, pero no a la multiplicidad de la labor traductora. En cambio, a los traductores profesionales se les reprocha su falta de formación teórica y su poca disposición para superar el nivel de lo empírico y adquirir unos conocimientos considerados imprescindibles para el ejercicio de su profesión.

Los autores de este manual son unos profesionales que, paradójicamente, por su amplia formación teórica y su gran experiencia profesional, podrían ser objeto de ambos tipos de crítica. No obstante, la obra tiene una clara voluntad de acercar estos dos polos y acortar la distancia que a menudo los separa.

Este libro no pretende proporcionar soluciones a todos los problemas que puede encontrar un traductor, sino ofrecer una sistematización de los más frecuentes; al mismo tiempo que sitúa las cuestiones prácticas dentro de un marco general de la traducción en relación con el lenguaje y la filosofía. El lector encontrará, pues, un conjunto de herramientas para introducirse en toda una gama de aspectos relacionados con la tarea traductora.

Con la publicación de este manual pretendemos, como en el caso de los demás manuales de esta serie, facilitar la labor de todos aquellos que en un futuro quieran ser traductores, de los docentes de dicha disciplina, de los profesionales y de todos aquellos que necesiten realizar pruebas de traducción en su ámbito profesional (entidades privadas, intérpretes jurados, organismos internacionales: ONU, Unión Europea, etc.). Además, estos manuales pueden ser también de gran utilidad para los estudiantes de las correspondientes lenguas, ya que aquí se recogen aquellos aspectos que habitualmente quedan excluidos en la enseñanza de idiomas.

JOSÉ LUIS SÁNCHEZ GONZÁLEZ
Coordinador

Introducción

El relato bíblico del capítulo 11 del Génesis explica la multiplicidad de lenguas y constituye el mito fundacional de nuestra profesión. Dice George Steiner que es muy posible que hayamos mal interpretado la historia de Babel: la profusión de lenguas ya había existido y entorpecido las empresas humanas con anterioridad (por lo menos desde el capítulo 10); pero, al construir la torre, los hombres descubrieron que la verdadera comprensión nacía del silencio y se pusieron a realizar la obra sin necesidad de hablar.

Las interpretaciones de Steiner siempre son brillantes y controvertidas. Sin embargo, de acuerdo con la versión ortodoxa, tras la destrucción del zigurat babélico, Dios no sólo dispersó a los hombres por la faz de la tierra, sino que también dispersó la palabra por todas las gramáticas. Tras la primera Caída, que fue una caída en el tiempo, la segunda Caída fue una caída en la diferencia.

Según Willis Barnstone, ese acto de destrucción llevaba implícita la quimérica tarea de superar la separación entre los hombres y construir una nueva torre. El acto de traducir es ese nuevo Babel, esa torre imposible.

Concebida la traducción de este modo, la tarea de escribir un manual de la disciplina es sin duda un afán utópico —y no faltan traductores profesionales que suscriben la afirmación de que la traducción no puede enseñarse—; aunque, como explica Ortega, el que la tarea sea descabellada en términos teóricos no significa que sea vana. Consideramos que la traducción es un arte y un oficio, que la sensibilidad del traductor puede educarse con la frecuentación de modelos literarios y la práctica de la escritura y que su destreza puede perfeccionarse por medio de la reflexión sobre su práctica.

Las páginas que siguen están dedicadas a este perfeccionamiento; no pretenden ser un instrumento de análisis teórico ni de investigación, sino que intentan presentar conceptos e ideas que pensamos que pueden contribuir a sistematizar conocimientos dispersos y acelerar el proceso de aprendizaje. Nos ha guiado el propósito de aunar nuestra experiencia en los ámbitos de la traducción profesional y de la enseñanza de la traducción; por ello, hemos introducido y utilizado conceptos teóricos en la medida en que ofrecen una valiosa herramienta tanto para el ejercicio de la traducción como para la comprensión del proceso traductor. Consideramos que la teoría favorece la reflexión del traductor sobre su labor, le permite estructurar sus conocimientos y alcanzar con mayor rapidez soluciones adecuadas a unos problemas a los que tiene que enfrentarse constantemente.

Hemos adoptado un enfoque deductivo, que va de lo más general a lo más particular. Son muchos los temas que no nos ha sido posible tratar por limitaciones de tiempo y de formato, y los tratados, lo han sido de un modo no exhaustivo, pretendiendo únicamente apuntarlos y dirigir al lector hacia obras de referencia donde pueda ampliarlos. El libro está dividido en dos grandes secciones. La primera es básicamente descriptiva y en ella, tras algunas consideraciones dedicadas a la figura del traductor y a cuestiones generales de la traducción (capítulo 1), hacemos un breve resumen de los problemas que plantea el lenguaje tal como los analiza la filosofía, centrándonos en algunos temas que afectan a la reflexión sobre la traducción (capítulo 2); a continuación, recordamos brevemente algunos rasgos compartidos por todas las lenguas para pasar al examen de las grandes diferencias entre el inglés y el castellano (capítulo 3) y a una comparación de las dos lenguas en tres niveles: las estructuras sintácticas (capítulo 4), los elementos morfológicos (capítulo 5) y la puntuación, un aspecto menor que suele descuidarse (capítulo 6). La segunda sección, donde nos apartamos de la mera descripción y apuntamos soluciones a problemas específicos, se inicia con la presentación de una serie de aportaciones teóricas sobre el hecho traductor, que hemos seleccionado en función de su diversidad y limitándonos a las realizadas en castellano, inglés y francés (capítulo 7); también hemos utilizado ese capítulo, así como el siguiente, dedicado a los problemas que presenta la interpretación del texto (capítulo 8), para introducir conceptos que pueden ayudar al traductor a reflexionar sobre su práctica y agudizar su capacidad exegética; a continuación, hemos aprovechado unos conceptos clásicos de la teoría (los llamados procedimientos de traducción) para presentar y comentar ejemplos, así como proponer estrategias ante una serie de problemas recurrentes (capítulo 9); en el siguiente capítulo, se comentan las principales obras y fuentes de consulta a las que puede acudir el traductor del inglés al castellano y cotejamos los cuatro principales diccionarios bilingües presentes en este momento en el mercado, un examen que puede servir como ejemplo de la labor de discriminación que muchas veces debe realizarse ante estas y otras fuentes de autoridad (capítulo 10). Por último, el apéndice ofrece una serie de consejos prácticos —algunos seguramente sabidos; otros, quizá no—, y los índices temático y onomástico pretenden ser de utilidad en la localización dentro del cuerpo del libro de nombres propios, conceptos teóricos y soluciones a una serie de dudas y escollos a los que tiene que enfrentarse el traductor con relativa frecuencia.

A lo largo de la obra hemos utilizado una multitud de ejemplos recopilados en el curso de nuestra práctica profesional. En la gran mayoría de los casos, las traducciones son nuestras; de no ser así, solemos indicarlo. Hemos optado por realizar nosotros las traducciones debido a la ingente labor de búsqueda que suponía encontrar ejemplos pertinentes en todos los casos que deseábamos comentar y porque en ocasiones los ejemplos citados en este tipo de obra contienen errores de traducción, y lo que se comenta es el error y no el acierto. No se han señalado sistemáticamente las fuentes de los ejemplos porque la mayoría de las veces ello no aportaba ningún dato pertinente para los aspectos que deseábamos ilustrar; en cambio, sí lo hemos hecho cuando nos ha parecido que la mención de la procedencia o la autoría arrojaba alguna luz sobre la cuestión tratada.

Por lengua de partida entendemos a lo largo de este manual, a menos que se indique lo contrario, el inglés estándar, ya sea en su forma británica o estadounidense; y, por lengua de llegada, el castellano tal como se utiliza en España.

En cuanto a las obras citadas, hemos optado por mencionar en el cuerpo del libro las obras inglesas en su lengua original y hacer constar en la bibliografía general la existencia de una posible versión castellana; en el caso de las citas en otros idiomas (francés y alemán), ofrecemos el fragmento original en una nota a pie de página.

Estamos en deuda con algunas personas que nos han alentado y ayudado ante problemas concretos o que han leído el manuscrito o partes de él. Por supuesto, la responsabilidad del enfoque y de los posibles errores es enteramente nuestra. Queremos agradecer la colaboración de los traductores Carmen Francí Ventosa, Daniel Najmías, Ana Sánchez Rué y Albert Freixa, que nos ha asesorado en el capítulo sobre filosofía del lenguaje. Asimismo, debemos hacer constar nuestro agradecimiento a Marietta Gargatagli, de la Universidad Autónoma de Barcelona, Nora Catelli y Javier Pérez Escohotado, que nos han proporcionado valiosos esclarecimientos en momentos de confusión; a Marisa Presas y Seán Golden, también de la Universidad Autónoma de Barcelona; a Elisa Martí, de la Universidad Noroccidental en Evanston, y Mario Santana, de la Universidad de Chicago; y, por último, a Feli Manero, Olivia de Miguel y Amalia Rodríguez, de la Universidad Pompeu Fabra de Barcelona.

Capítulo primero

El papel del traductor

El traductor, en la soledad de su oficio, se encuentra escindido entre el idealismo y la precariedad. De lo primero dan cuenta hermosas frases como la de Milan Kundera, para quien los traductores son «los que nos permiten vivir en el espacio supranacional de la literatura mundial, son ellos los modestos constructores de Europa, de Occidente»;[1] o las de James Boyd White, para quien la traducción es

> the art of facing the impossible, of confronting unbridgeable discontinuities between texts, between languages, and between people. As such it has an ethical as well as an intellectual dimension. It recognizes the other —the composer of the original text— as a center of meaning apart from oneself.[2]

De lo segundo, de la precariedad, dan cuenta las condiciones materiales en las que se ve obligado muchas veces a realizar su trabajo: prisas, mínimo control sobre su obra, escaso reconocimiento de su labor.[3]

Hasta tal punto es el traductor un personaje tachado que se ha llegado a definirlo como un vidrio transparente cuya interposición entre la obra en lengua original y los lectores de la lengua de llegada no introduce (no debe introducir) ningún elemento nuevo en la comunicación que se establece entre la primera y los segundos. Hay

1. Milan Kundera, «Pasión por la palabra», *Gaceta de Traducción* (Madrid), 1 junio 1993, p. 104.

2. James Boyd White, *Justice as Translation*, Chicago/Londres, Chicago University Press, 1990, p. 257.

3. Desde 1987 existe en España una ley de propiedad intelectual que asimila la labor del traductor a la del autor y le reconoce la propiedad de los derechos de su traducción; sin embargo, la aplicación de esta ley deja aún mucho que desear: numerosos contratos se incumplen, se interpretan sesgadamente o contienen cláusulas abusivas. El resultado, para el traductor, es el escamoteo de unos derechos reconocidos por la ley y la obliteración de su persona.

incluso muchos traductores profesionales que comparten esta opinión. Es cierto que las pautas que rigen el modo en que debe leerse una traducción no permiten con facilidad la presencia no convocada de un testigo «inoportuno que nos recuerda, en lo mejor del abrazo literario, que no estamos a solas»;[4] pero no lo es menos que lo que los lectores tienen en sus manos es un libro escrito por el traductor. Para leer a Elias Canetti o al primer Kadaré hay que saber alemán o albanés; si se los lee en castellano, se estará leyendo a Juan del Solar o a Ramón Sánchez Lizarralde. O, para ser más precisos, al tándem Canetti/Del Solar o Kadaré/Sánchez Lizarralde. Al no ser un personaje público, la voz del traductor permanece en la sombra, sin ser reconocida por los lectores, cosa que sí ocurre cuando el traductor es autor de reconocido prestigio.

La falacia de la transparencia es el correlato teórico de su invisibilidad material. Semejante argumento se basa en, al menos, dos proposiciones de improbable validez: que la diferencia fundamental entre las lenguas (y las culturas) es neutralizable y que una lectura puede agotar todas las posibilidades interpretativas de un texto. El traductor, ante el texto, se encuentra con situaciones en las que debe necesariamente tomar un partido del que reconoce, con dolorosa conciencia, su inadecuación. Cuanto más alejados en el tiempo y el espacio nos encontremos de un texto o una referencia, por ejemplo, más aguda puede hacerse la ausencia de un equivalente. Por otra parte, una obra está sujeta a múltiples interpretaciones en la medida en que varían los lectores o el contexto en que se lee.[5]

Más que definir al traductor como un personaje transparente o invisible, habría que considerar quizá que se trata de un personaje

---

4. Fernando de Valenzuela, «Nota del traductor», *Letra* (Madrid), 30/31, noviembre 1993, p. 45.
5. Borges, en «Kafka y sus precursores» (1951), comentó que la lectura de Kafka arrojaba una luz nueva sobre autores anteriores, como Browning y lord Dunsany, y nos permitía descubrir en ellos nuevos matices. La bibliografía académica sobre el tema es abundante. La teoría de la recepción ha subrayado el papel del lector en la creación de sentido. Entre sus autores más destacados cabe mencionar por un lado, en la corriente alemana, a Hans-Robert Jauss y Wolfgang Iser, cuyas aportaciones se derivan de la hermenéutica de Hans-Georg Gadamer y el historicismo radical de Robin George Collingwood; y, por otro, en la corriente estadounidense, a Gerald Prince, Stanley Fish, Jonathan Culler, Norman Holland y David Bleich, entre otros. Dos buenas introducciones al tema son las obras de Jane Tompkins, *Reader-Response Criticism: From Formalism to Post-Structuralism*, Baltimore, Johns Hopkins University Press, 1980, y de Susan Suleiman e Inge Crosman, *The Reader in the Text: Essays on Audience and Interpretation*, Princeton, Princeton University Press, 1980.

que permanece más o menos oculto (en el foso de los músicos, detrás de la cámara, en el otro extremo de las cuerdas de las marionetas), un personaje al que, como lectores, podemos decidir no ver, suspendiendo —como diría Coleridge— nuestra incredulidad,[6] para entregarnos al goce de nuestras emociones, pero un personaje que en todo caso constituye una presencia real en el texto.

El mito de la transparencia no sólo perpetúa la condición crepuscular del traductor, sino que, al postular la posibilidad de neutralizar las diferencias culturales, constituye un poderoso mecanismo de anulación de las voces y culturas ajenas. La mayoría de las veces, las referencias a la traducción que aparecen en las reseñas de libros aluden de un modo u otro —para ensalzar o para denostar al traductor— a la cuestión de la transparencia.[7] Ello implica, por un lado, que el traductor, en tanto que escritor de segundo grado, ha conseguido (o no) hacer olvidar su inoportuna presencia; pero, por otro, que las posibles peculiaridades estilísticas del autor traducido habrán corrido el riesgo de ser «domesticadas» para adaptarlas al sistema lingüístico y cultural de llegada, a los gustos y las expectativas de los lectores. En la abrumadora mayoría de las ocasiones, el crítico no habrá cotejado la traducción con el original, simplemente estará haciendo una afirmación sobre la «legibilidad» de la obra, sobre su adecuación a lo que considera un modelo de corrección lingüística. En el fondo, lo que subyace es una visión de la traducción como simple comunicación.

El proceso de traducción es, como recuerda Jiří Levý,[8] un proceso de toma de decisiones. Estas decisiones son de dos tipos: entre las diversas interpretaciones del texto de partida y entre las diversas posibilidades para su expresión en el texto de llegada. Tales decisiones no tienen por qué ser forzosamente correctas o incorrectas, sino que abren y cierran posibilidades, crean y eliminan relaciones, hacen y deshacen equilibrios. La traducción, considerada de este modo, es una actividad que conjuga interpretación y creación.

De ahí, en primer lugar, la responsabilidad de la que está cargada la labor del traductor, ya que, en tanto que eslabón intermedio entre

---

6. Samuel Coleridge, *Biographia Literaria*, Londres/Nueva York, Dent & Dutton, 1977, cap. XIV, pp. 168-169

7. Véanse los comentarios de Lawrence Venuti al respecto en *The Translator's Invisibility*, Londres/Nueva York, Routledge, 1995.

8. Jiří Levý, «Translation as a decision process», en *To Honor Roman Jakobson*, La Haya, Mouton, 1967, vol. II, pp. 1171-1182.

la obra de partida y los lectores de llegada, se ve obligado a realizar una lectura, a fijar una lectura, que tiene el poder de condicionar todas las posteriores.[9] La cuestión de sus capacidades exegéticas se analizará con detalle más adelante; sin embargo, apuntaremos ahora que su tarea lo coloca en una posición harto curiosa: actúa ante el texto como un lector normal, pero, al mismo tiempo, debe esforzarse por comportarse como un lector ideal, capaz de descubrir lo que el texto dice, implica o presupone. Wolfgang Iser ha hablado, en este sentido, de «lector real» y «lector implícito» (aquel que el texto crea para sí mismo); y Umberto Eco, de «lector empírico» y «lector modelo».[10] Pueden ser nociones pertinentes. El traductor no sólo tiene que averiguar el sentido de un texto; también tiene que identificar sus intersticios, sus espacios en blanco; unos «huecos» que como lector actualiza y que como traductor algunas veces rellenará y otras (la mayoría) no.

Y de ahí, en segundo lugar, la importancia de lo que Francisco Ayala llama la «formación de escritor»,[11] su dominio de los medios expresivos en la propia lengua, a los que deberá recurrir para mantener, imitar o compensar los rasgos formales considerados pertinentes durante la exégesis y que en modo alguno constituyen una característica exclusiva del lenguaje literario.

Se ha insistido a veces en la necesidad de un bilingüismo perfecto por parte del traductor y de un elevado grado de competencia activa en la lengua de partida. Lo cierto es que la excelencia en el dominio activo de la lengua extranjera es una habilidad completamente diferente del buen uso de la lengua materna. Muchos traductores poseen, por deformación profesional, una competencia pasiva en la

9. El problema de la interpretación es uno de los problemas fundamentales de la traducción. Hans-Georg Gadamer ha escrito: «Todo traductor es intérprete. [...] La tarea de reproducción propia del traductor no se diferencia cualitativamente, sino sólo gradualmente, de la tarea hermenéutica general que plantea cualquier texto» (*Wahrheit und Methode*, Tubinga, J.C. Mohr, 1975, 4ª ed. Existe versión castellana, que seguimos: *Verdad y método*, trad. Ana Agud y Rafael de Agapito, Salamanca, Sígueme, 1991, pp. 465-466). Podría añadirse que la figura del traductor se diferencia de la figura del lector en que el texto que tiene ante sí está en otro idioma (Octavio Paz, *Traducción: literatura y literalidad*, Barcelona, Tusquets, 1971, p. 16) y en la intención e intensidad de su lectura (Valentín García Yebra, *Teoría y práctica de la traducción*, Madrid, Gredos, 1982, p. 30).

10. Véanse Wolfgang Iser, *The Act of Reading*, Baltimore, Johns Hopkins University Press, 1978, y Umberco Eco, *Lector in fabula*, trad. Ricardo Pochtar, Barcelona, Lumen, 1981.

11. Francisco Ayala, «Breve teoría de la traducción» (1946), en *La estructura narrativa*, Barcelona, Crítica, 1984, p. 66.

lengua extranjera muy superior a la competencia activa. En cualquier caso, lo que está claro es que el traductor tiene que habitar en dos mundos, no en tres.[12] Las posibles alteraciones de la lengua de llegada tienen que ser voluntarias, fruto de una elección estilística por su parte, no de la interferencia del sistema lingüístico de partida. Alan Duff, citando a Nigel Rees, propone un menú elaborado con errores de traducción recopilados en diversas ciudades de Europa que, entre otras exquisiteces, incluye: «*Hen soup, Hard egg with sauce mayonnaise, Frightened eggs, Spited rooster, Battered codpieces, Chicken with cold, Raped carrots*».[13] El libro de Duff hace hincapié en la traducción como escritura y constituye una seria advertencia contra esa «tercera lengua» que suele aflorar en algunas traducciones como resultado del contacto entre dos sistemas lingüísticos y culturales. Sin embargo, aunque subraya la necesidad de mantener la calidad de la escritura cuando un texto está bien escrito, añade:

> it would not be perverse to say that a badly written text deserves to be badly translated. I do not mean, of course, that a translator should deliberately translate badly. What I mean is that the thought and care invested by the translator should be directly proportional to the thought and care invested by the writer. The translator must think with the writer, but he cannot do his thinking for him.[14]

Quizá no sea perverso, pero lo indudable es que es ruinoso. Con semejante consejo, un traductor se arriesga a no volver a traducir en más de un lugar. Son muchos los textos que distan de estar bien redactados en la lengua original y si el traductor mantiene el mismo nivel de escritura de poco le servirá argumentar que ha sido «fiel» al original. Una de las cosas que se le piden es que dote al texto de llegada de un mínimo de aceptabilidad. En estos casos, lo mejor que puede hacer es ceder a una suerte de «síndrome de Estocolmo», establecer una relación empática con el texto y colaborar con él para que la traducción que tiene entre las manos acabe teniendo el mejor

---

12. Véase el interesante libro de Alan Duff, *The Third Language*, Oxford/Nueva York, Pergamon Press, 1981. La obra está dedicada a los problemas derivados de un uso inadecuado de los recursos de la lengua de llegada, en este caso el inglés. Estos problemas pueden aparecer con mayor frecuencia en las obras traducidas, pero no son exclusivos de ellas.
13. Ibídem, p. 125.
14. Ibídem, p. 126.

desenlace posible. Si no adopta esa postura de colaboración y se mantiene en su convencimiento de que el texto es digno de una mala redacción, seguramente el resultado final se resentirá de ello. Debido al doble rasero que se aplica a la lectura de traducciones y originales, esos defectos serán percibidos como un producto de la labor traductora y contribuirán, por un lado, al empobrecimiento de la lengua y, por otro, a la identificación por parte del público de la traducción como una empresa inherentemente fallida.

Más arriba se ha hablado de la posible domesticación estilística que puede sufrir una obra al ser traducida a otra lengua y a otra cultura. Cuando se trata de alteraciones y distorsiones realizadas de modo consciente por el autor, el traductor debe esforzarse por mantenerlas; en cambio, en el caso de una redacción defectuosa patentemente involuntaria, se exige un mínimo de aceptabilidad en la lengua de llegada.

La competencia en la propia lengua tiene tres pilares: el conocimiento de las normas, la presencia constante de los modelos de escritura y la capacidad de lectura crítica. Los dos primeros elementos aseguran que el traductor saque el máximo partido de los recursos lingüísticos de la propia lengua; el tercero es una aptitud que todo traductor debe desarrollar y que resulta especialmente útil en la etapa final de corrección, en la que hay que distanciarse del propio texto y percibirlo —en la medida de lo posible— como ajeno.

Conviene insistir en que, como ocurre cuando hablamos y cuando leemos, la comprensión nunca puede ser total. Como dice Coseriu:

> la «mejor traducción» absoluta de un texto cualquiera simplemente no existe: sólo puede existir la mejor traducción de tal texto para tales y cuales destinatarios, para tales y cuales fines y en tal y cual situación histórica.[15]

Sólo en este sentido —es decir, en sentido absoluto—, la traducción es imposible.

Sin embargo, la traducción no sólo es una operación lingüística. Refiriéndose a la traducción literaria, Edmond Cary intenta superar el marco estrecho de lo meramente lingüístico:

---

15. Eugenio Coseriu, «Lo erróneo y lo acertado en la teoría de la traducción», trad. Marcos Martínez Hernández, en *El hombre y su lenguaje*, Madrid, Gredos, 1985, p. 239.

¿Qué está traduciendo? ¿Cuándo?, ¿dónde?, ¿para quién? Éstas son las verdaderas preguntas que rodean la operación de la traducción literaria. El contexto lingüístico no constituye más que la materia bruta de la operación; lo que verdaderamente caracteriza la traducción es el contexto, mucho más complejo, de las relaciones entre dos culturas, dos mundos de pensamiento y sensibilidad.[16]

Estas palabras pueden aplicarse a un ámbito que supera el literario. En el fondo, la gran diferencia entre la traducción técnica y la traducción literaria quizá sea que la primera está más sujeta a las exigencias de la comunicación y la segunda dispone de un mayor abanico de opciones dentro de las convenciones de la cultura de llegada, lo cual le permite una mayor flexibilidad para recurrir a prácticas innovadoras.

La palabra fidelidad es una palabra escurridiza y cargada de ambigüedad; como tantos otros términos que se emplean al hablar de la traducción muchas veces se utiliza dando por presupuesto su significado. La movilidad del término ya fue constatada por Schleiermacher en su célebre conferencia de 1813; tras señalar los que, según su parecer, eran los dos únicos métodos de traducción posibles —acercar el lector al escritor o acercar el escritor al lector—, añadió:

> Así, pues, todo lo que se dice sobre las traducciones según la letra o según el sentido, traducciones fieles o traducciones libres, y cuantas otras expresiones puedan haber cobrado vigencia, aunque se trate de métodos diversos, tienen que poder reducirse a los dos mencionados. Y si lo que se busca es señalar vicios y virtudes, resultará que la fidelidad y la conformidad al sentido, o la literalidad y la libertad excesivas de un método serán distintas de las del otro.[17]

---

16. Edmond Cary, *Comment faut-il traduire?*, Lila, Presses Universitaires de Lille, 1986, p. 35: «Que traduisez-vous? Quand?, où?, pour qui? Voilà les vraies questions dont s'entoure l'opération de traduction littéraire. Le contexte linguistique ne forme que la matière brute de l'opération: c'est le contexte, bien plus complexe, des rapports entre deux cultures, deux mondes de pensée et de sensibilité qui caractérise vraiment la traduction».

17. Friedrich Schleiermacher, «Ueber die verschiedenen Methoden des Uebersetzens», en Joachim Störig, *Das Problem des Übersetzens*, Darmstadt, Wissenschaftliche Buchgesellschaft, 1973, p. 49: «Was man also sonst noch sagt von Uebersetzungen nach dem Buchstaben und nach dem Sinn, von treuen und freien, und was für Ausdrücke sich außerdem mögen geltend gemacht haben, wenn auch dies verschiedene Methoden sein sollen, müssen sie sich auf jene beiden

Mucho se ha escrito a propósito de la posibilidad de que una traducción pueda ser hermosa y fiel al mismo tiempo.[18] Creemos, con Barbara Johnson, que lo más conveniente es reservar un concepto tan escurridizo y tan cargado de connotaciones morales como el de fidelidad para hablar de matrimonios.[19]

En todo caso, una traducción tiene que ser fiel o, mejor dicho, coherente en relación con los objetivos que pretende alcanzar, implícita o explícitamente. Son muchos los autores que no considerarían fieles las traducciones de la Biblia realizadas según el método de Nida, pero lo cierto es que son perfectamente coherentes con el fin último que se proponen: la difusión de la fe cristiana. Asimismo, podría discutirse extensamente acerca del hecho de si la traducción de *Las palmeras salvajes* realizada por Borges es o no una versión fiel de la obra de Faulkner, pero lo cierto es que cumplió con creces el fin que se propuso: enmarcada dentro del vasto proyecto de la editorial Sur de construir un canon literario moderno, tuvo una enorme influencia en la evolución de la narrativa latinoamericana contemporánea.

---

zurückführen lassen; sollen aber Fehler und Tugenden dadurch bezeichnet werden, so wird das treue und das sinnige, oder das zu buchstäbliche und zu freie der einen Methode ein anderes sein als das der andern». Seguimos la versión castellana de Valentín García Yebra, «Sobre los diferentes métodos de traducir», *Filología Moderna*, XVIII, 63-64, 1978, p. 354.

18. Es famosa la expresión *«belles infidèles»* acuñada en el siglo XVIII por el francés Gilles Ménage en un comentario sobre las traducciones de Luciano realizadas por Nicolas Perrot d'Ablancourt. «Elles me rappellent une femme que j'ai beaucoup aimée à Tours, et qui était belle mais infidèle» [«Me recuerdan a una mujer a la que amé mucho en Tours, y que era hermosa pero infiel»], en Edmond Cary, *Les grands traducteurs français*, Ginebra, Librairie de l'Université George & Cie., 1963, p. 29. Aunque Michel Ballard (*De Cicéron à Benjamin*, Lila, Presses Universitaires de Lille, 1992, p. 147) ofrece otra versión, que parece ser más precisa puesto que cita la referencia, del comentario de Ménage: «Lorsque la version du Lucien de M. d'Ablancourt parut, bien des gens se plaignirent de ce qu'elle n'etoit pas fidèle. Pour moi je l'appelai la belle infidèle, qui etoit le nom que j'avois donné étant jeune à une de mes maîtresses» [«Cuando apareció la versión del Luciano del señor d'Ablancourt, mucha gente se quejó de que no era fiel. Yo la llamaba la bella infiel, que era el nombre que había dado de joven a una de mis amadas»].

19. Según Barbara Johnson, el concepto no está en alza, ni en el ámbito marital ni en el de la traductología: «While the value of the notion of fidelity is at an all-time high in the audiovisual media, its stocks are considerably lower in the domains of marital mores and theories of translation. It almost seems as though the stereo, the Betamax, and the Xerox have taken over the duty of faithfulness in reproduction, leaving the texts and the sexes with nothing to do but disseminate». Véase Barbara Johnson, «Taking Fidelity Philosophically», en Joseph F. Graham (comp.), *Difference in Translation*, Ithaca/Londres, Cornell University Press, 1985, pp. 142 y ss.

Incluso en el ámbito más restringido de la fidelidad al sentido, el concepto es demasiado difuso para ser utilizado sin mayores precisiones, como vuelve a poner de manifiesto Edmond Cary:

> la fidelidad puramente semántica puede presentar exigencias contradictorias según nos ciñamos a la fidelidad al sentido de las palabras o al sentido de las frases. Yendo incluso más allá, tampoco hay que olvidar la fidelidad a los segundos sentidos, los sentidos ocultos, las alusiones, que a menudo contienen lo esencial del texto. La calidad de una traducción dependerá con frecuencia de la elección realizada entre estas fidelidades opuestas. Y también esta elección viene en gran medida determinada por el siglo del traductor, por su público.
>
> Lo que permite el acceso a la fidelidad al pensamiento del autor es una especie de síntesis de las diversas fidelidades al sentido.[20]

Como se ve, en el debate sobre la fidelidad las matizaciones son obligadas. Por otra parte, la cuestión general del sentido no deja de plantear serios problemas teóricos. Podemos conjeturar, por un lado, acerca de la intención original del autor, una intención que algunas veces puede ser difícil de dilucidar; por otro —y de modo coincidente quizá con ella—, existe el hecho móvil, en la medida en que se inscribe dentro de una comunidad cultural y lingüística históricamente determinada, de lo postulado por el propio texto; y, en tercer lugar, a todo ello se superponen las intenciones vicarias del traductor, que propone o al que se le exige una lectura determinada. El gran mérito de la escuela de los estudios de traducción (*Translation Studies*) es haber sacado la controversia del terreno estrictamente lingüístico y hacer hincapié en el hecho de que la traducción es un acto de mediación que está sujeto a la manipulación y a las normas culturales imperantes. Este hecho ya fue desta-

---

20. Edmond Cary, «L'indispensable débat», en *La qualité en matière de traduction*, Actas del III Congreso de la Federación Internacional de Traductores celebrado en Bad Godesberg, Pergamon Press, Oxford/Londres/Nueva York/París, 1959, pp. 39-40: «la fidélité purement sémantique peut présenter des exigences contradictoires selon qu'on s'attache à la fidélité au sens des mots ou au sens des phrases. Plus loin encore, on n'oubliera pas la fidélité aux sens seconds, aux sens cachés, aux allusions, qui contiennent souvent l'essentiel du texte. La qualité d'une traduction dépendra souvent du choix qu'on aura fait entre ces fidélités opposées. Et ce choix, lui aussi, est en grande partie déterminé par le siècle du traducteur, par son public. C'est une sorte de synthèse des diverses fidélités au sens qui donne accès à la fidélité à la pensée de l'auteur».

cado por Francisco Ayala en 1946, hablando de la traducción de obras
literarias:

> una obra literaria es una pieza integrada, ya desde la raíz del idioma,
> dentro de un sistema cultural al que está unida en tan tupido juego
> de implicaciones que el mero intento de aislarla, segregarla y ex-
> traerla del ámbito al que pertenece, para injertarla en otro distinto,
> comporta —cualquiera que sea la delicadeza y la habilidad de la
> mano que se arriesgue a ello— una desnaturalización que falsea su
> sentido. La traducción es un escamoteo, un truco ilusionista, un
> engaño, tanto mayor cuanto más destreza se ponga en ejecutarlo.
> Una vez cumplida la manipulación, se encuentra uno dueño de cosa
> muy distinta a aquella otra que se tenía entre los dedos al comienzo.
> Y eso, tanto si durante su curso se ha perseguido con fanatismo la
> correspondencia formal como si, por el contrario, se ha extremado la
> sutileza en buscar analogías de significado.[21]

Edmond Cary, en su obra citada sobre los grandes traductores
franceses, comenta un hecho revelador. Analiza dos traducciones de
la *Ilíada* realizadas en el siglo XVII, la de Anne Dacier, hecha desde
una posición declarada de modestia reverencial, y la del poeta
Houdar de la Motte, hecha con el propósito de adaptar a Homero al
gusto francés contemporáneo, y escribe:

> Al pretender corregir y embellecer a Homero, Houdar de la Motte
> se cubrió, no cabe duda, de ridículo ante los ojos de la posteridad.
> Pero, ¿podemos decir de la versión de Mme. Dacier que nos sorprende
> por su fidelidad?[22]

La respuesta que da Cary hace hincapié en el hecho ternario de
la traducción. Son tres los elementos que entran en juego: el autor,
el traductor y el lector. Y Cary subraya, de modo especial, el último
de ellos, al que, según consideraba, no se le había prestado hasta
entonces suficiente atención:

---

21. Francisco Ayala, «Breve teoría de la traducción» (1946), en *La estructura
narrativa*, Barcelona, Crítica, 1984, p. 68.
22. Edmond Cary, *Les grands traducteurs français*, Ginebra, Libraire de
l'Université Georg & Cie, 1963, p. 33: «En prétendant corriger et embellir Homère,
Houdar de la Motte s'est, bien entendu, couvert de ridicule aux yeux de la posterité.
Mais peut-on dire de la version de Mme Dacier qu'elle nous frappe par sa fidélité?»

El caso es que, para un lector moderno, las dos traducciones producen un sonido sorprendentemente similar. Son primas. A pesar de sus profesiones de fe opuestas, esos dos traductores vivieron en la misma época y tradujeron para el mismo público, y esta limitación resulta ser más poderosa que sus intenciones declaradas.[23]

Sirva esta cita como recordatorio de que las lecturas varían con las épocas y los lectores, de que diferentes públicos lectores plantean diferentes exigencias de lectura y de que una traducción puede suponer un importante cambio de rumbo en la intencionalidad del texto original. Y es el traductor el que decide qué grado de adecuación (en relación con el texto original) y qué grado de aceptabilidad (en relación con los futuros lectores)[24] dar al producto de su trabajo. Estas decisiones pueden ser conscientes o inconscientes, pero están marcadas por el propósito específico de la traducción y las pautas de la cultura de llegada que rigen los modos en que pueden leerse la traducciones.

---

23. Ibídem, pp. 33-34: «Tant et si bien que, pour un lecteur moderne, les deux traductions rendent un son étonnamment semblable. Elles sont cousines. En dépit de leurs professions de foi contraires, ces deux traducteurs vivaient à la même époque et traduisaient pour le même public: et cette contrainte-là se révèle plus agissante que leurs intentions déclarées».

24. Como veremos en el capítulo 7, «adecuación» y «aceptabilidad» son conceptos utilizados por Gideon Toury. Véase su *In Search of A Theory of Translation*, Tel Aviv, Porter Institute, 1980, p. 29.

Lecturas recomendadas

Ayala, F., «Breve teoría de la traducción», en *La estructura narrativa,*
    Barcelona, Crítica, 1984.
Ballard, M., *De Cicéron à Benjamin. Traducteurs, traductions, réfle-
    xions,* Lila, Presses de l'Université de Lille, 1992.
Barnstone, W., *The Poetics of Translation. History, Theory, Practice,*
    New Haven/Londres, Yale University Press, 1993.
Borges, J. L., «Las versiones homéricas» (1932), en *Obras completas,*
    Barcelona, Emecé, 1989.
—, «Los traductores de las *1001 noches»* (1936), en *Obras completas,*
    Barcelona, Emecé, 1989.
—, «Pierre Menard, autor de *El Quijote»* (1939), en *Obras completas,*
    Barcelona, Emecé, 1989.
—, «La busca de Averroes» (1947), en *Obras completas,* Barcelona, Eme-
    cé, 1989.
Cary, E., *La qualité en matière de traduction,* Oxford/Nueva York/París,
    Pergamon Press, 1959.
—, *Les grands traducteurs français,* Ginebra, Librairie de l'Université
    Georg & Cie, 1963.
Coseriu, E., «Lo erróneo y lo acertado en la teoría de la traducción»,
    trad. Marcos Martínez Hernández, en *El hombre y su lenguaje,* Ma-
    drid, Gredos, 1977.
Duff, A., *The Third Language,* Oxford/Nueva York, Pergamon Press,
    1981.
Larbaud, V., *Sous l'invocation de Saint Jérôme,* París, Gallimard, 1946.
Levý, J., «Translation as a Decision Process», en *To Honor Roman Ja-
    kobson,* La Haya, Mouton, vol. II, 1967.
Paz, O., *Traducción: literatura y literalidad,* Barcelona, Tusquets,
    1971.
Toury, G., *In Search of a Theory of Translation,* Tel Aviv, Porter Institu-
    te, 1980.
Venuti, L., *The Translator's Invisibility,* Londres/Nueva York, Routled-
    ge, 1995.

Capítulo segundo

Filosofía del lenguaje, significado y traducción

La naturaleza del lenguaje —y la posible correlación entre lenguaje, pensamiento y mundo— es uno de los problemas tradicionales de la reflexión filosófica desde la antigüedad. Los debates acerca de si los nombres están naturalmente relacionados con las cosas o son convenciones, acerca de las relaciones que existen entre el nombre y lo nombrado, entre el nombre y los estados mentales o entre el nombre y aquello que está en el mundo, forman parte de un debate en apariencia inagotable: qué atributos fenomenológicos, epistemológicos y lógicos tiene el lenguaje, en caso de tenerlos, y cómo vincular dichos atributos con la estructura inteligible de la realidad, en el supuesto de que podamos hablar de tal cosa. La distinción que establecieron los estoicos entre aquello que significa (τὸ σημαῖνον), aquello que es significado (τὸ σημαινόμενον) y el objeto externo (τὸ τυγχάνον)[25] o las especulaciones de Agustín de Hipona respecto a la forma de comunicación de Dios con Adán y Eva en el jardín del Edén serían sólo dos ejemplos de esta preocupación secular por la naturaleza y la función del lenguaje y su posible incardinación en la estructura de la realidad.

Por supuesto, estos temas superan ampliamente el ámbito del presente manual, pero, aun arriesgándonos a caer en una simplificación y un esquematismo excesivos, queremos tratar algunas cuestiones que subyacen a cualquier reflexión traductológica. A veces, tiende a hacerse caso omiso de ellas, como si la práctica de la traduc-

---

25. Se trata de una distinción que tiene algo más que un aire de familia con la saussuriana entre significante y significado. La modernidad de los estoicos en este punto puede apreciarse en la siguiente cita de la obra de Sexto Empírico, *Adversus mathematicos*, VIII, 11-12, que extraemos de la edición bilingüe griego-inglés de R. G. Bury, publicada por William Heinemann, Londres, 1967, pp. 245, 247: «The champions of the first opinion where the Stoics who said that "Three things are linked together, the thing signified and the thing signifying and the thing existing"; and of these the thing signifying is the sound ("Dion", for instance); and the thing signified is the actual thing indicated thereby, and which we apprenhed as existing in dependence on our intellect, whereas the barbarians although hearing the sound do not understand it; and the thing existing is the external real object, such as Dion himself».

ción pudiera considerarse una realidad independiente de cualquier marco teórico general sobre el lenguaje; otras, a privilegiarse una determinada «teoría de la traducción» sin establecer no sólo la conexión entre ésta y la tarea del traductor, sino entre ésta y el contexto filosófico en el que se inserta. En cualquier caso, si consideramos que los dos pilares básicos del proceso de traducción son la comprensión y la expresión, es decir, la interpretación de un texto en una lengua y su reformulación en otra distinta, resulta fundamental señalar algunos modelos explicativos del lenguaje y algunos rasgos de su funcionamiento, en la medida en que la actividad del traductor se enfrenta al doble problema de una correspondencia entre dos sistemas concretos de lenguaje natural —entre dos lenguas—, y de una correspondencia entre estos sistemas de lenguaje y una posible realidad externa —el mundo, los objetos, las cosas, etcétera—, que estaría situada entre los dos o sería creada por los mismos sistemas, según el valor que se conceda a la propia actividad lingüística. En este sentido, las dificultades de definición de la traducción están muy relacionadas con las dificultades que tiene la aproximación al lenguaje en general, por lo que las teorías sobre el lenguaje pueden ayudar al traductor a entender los límites de su propia práctica, límites no sólo determinados no sólo por su habilidad, sino también por el mismo carácter inasible que parece tener el lenguaje para muchos filósofos, antropólogos y lingüistas.

Ni que decir tiene que la aproximación filosófica al lenguaje no se agota con lo que expondremos a continuación. Desde una perspectiva histórica, la filosofía del lenguaje se ha desarrollado primariamente dentro de lo que se ha denominado la «concepción analítica de la filosofía»,[26] aunque existen también importantes corrientes de orientación hermenéutica, cuya filiación se remonta a Heidegger. Entre las diversas críticas a los presupuestos generales de la concepción analítica destaca de modo particular Richard Rorty,[27] que se ha centrado en el ataque a los conceptos de verdad y representación que subyacen al discurso analítico.[28]

---

26. Javier Muguerza, *La concepción analítica de la filosofía*, Madrid, Alianza, 1981. Se trata de un compendio de textos clásicos. Véanse, en especial, los textos de Bertrand Russell, Rudolf Carnap, Max Black y el ensayo dedicado a Austin.

27. Richard Rorty, *El giro lingüístico*, trad. Gabriel Bello, Barcelona, Paidós/ICE de la Universidad Autónoma de Barcelona, 1990.

28. Para una clasificación esquemática de las diferentes teorías del significado, véase John Lyons, *Lenguaje, significado y contexto*, trad. Santiago Alcoba, superv. Fernando Huerta, Barcelona, Paidós, 1995, 2ª reimpr., pp. 38-39.

La naturaleza del lenguaje

Nuestra posición ante el lenguaje no es neutral. Como observara Wilbur Urban, los filósofos que se han ocupado del tema han adoptado una posición confiada o escéptica ante el lenguaje.[29] Los pensadores adscritos al primer grupo tienden a creer que todo término, expresión o signo lingüístico se refiere de algún modo a cierta realidad que está fuera de ellos; el segundo grupo de filósofos tiende a subrayar la autonomía de términos, expresiones o signos hasta el punto, en algunos casos, de concederles un estatuto ontológico considerado independiente de una realidad externa al signo, de la que se afirma que es difícilmente cognoscible.

Un ejemplo de la primera posición sería el representado por Bertrand Russell y el primer Wittgenstein.[30] Para Russell, la estructura subyacente del lenguaje refleja la del mundo, por lo que el análisis del primero puede conducir a la aprehensión de verdades acerca del segundo. De ahí su interés por la búsqueda de un lenguaje perfecto, carente de imprecisiones, y su recurso a la lógica, dentro de un enfoque completamente denotativo, para resolver los problemas planteados por la equívoca estructura del lenguaje natural o corriente, es decir, el lenguaje no formalizado que todos hablamos.

El lenguaje corriente es defectuoso en términos lógicos, está plagado de ambigüedades y en él no todas las cosas significan lo mismo para todas las personas; aunque eso es justamente, afirma al mismo tiempo Russell, lo que posibilita la comunicación al permitir que las personas hablen de aquello con lo que no están familiarizadas. Dado que el término «Picadilly» es comprendido por alguien que haya paseado por esa calle de Londres de modo radicalmente diferente al de alguien que no lo haya hecho (por muchas cosas que sepa al respecto),

---

29. Wilbur Marshall Urban, *Language and Reality*, Londres, Allen and Unwin, 1939. Citamos la versión castellana: *Lenguaje y realidad*, trad. Carlos Villegas y Jorge Portilla, México, F.C.E., 1952, pp. 14 y ss. Este interesante libro permite entroncar el problema del lenguaje en la historia del pensamiento con la filosofía contemporánea del lenguaje. Véanse, por ejemplo, los apartados dedicados a la historia de la filosofía, la traducción o la noción de «contexto», con sus apreciaciones sobre conceptos clásicos (como el escolástico de «*suppositio*» o «presuposición»).
30. Sobre el punto de vista de Russell, véase Bertrand Russell «On Denoting», *Mind* (1905), incluido en *Logic and Knowledge, Essays 1901-1950*, Londres, Allen and Unwin, 1956. Sobre el punto de vista de Wittgenstein, véanse G. E. M. Anscombe *An Introduction to Wittgenstein's Tractatus*, Londres, Hutchinson, 1959, y, por supuesto, Ludwig Wittgenstein, *Tractatus Logico-Philosophicus*, trad. Enrique Tierno Galván, Madrid, Alianza, 1973.

si se insistiera en la ausencia de ambigüedad y en la univocidad del significado, sería imposible hablar de aquello que no se conoce por vía directa. Russell llama a este conocimiento «conocimiento por familiaridad» (procedente de los datos sensibles producidos por los objetos —no de los objetos mismos—, la memoria, los recuerdos y los estados psíquicos propios, así como los conceptos universales) y lo contrapone al «conocimiento por descripción» (que se deriva del conocimiento por familiaridad —y no de los datos sensibles— y permite superar el marco de aquello que conocemos de modo empírico).

El método propuesto por Russell en esa búsqueda del lenguaje perfecto se inscribe dentro de su doctrina del atomismo lógico. Esta denominación hace hincapié, por un lado, en el instrumento lógico (la lógica simbólica) que permite saber cómo funciona el lenguaje natural y, por ende, saber algo de aquello que se describe y, por otro, en la capacidad de formular las proposiciones más simples posibles (proposiciones atómicas) para describir los hechos simples del mundo (hechos atómicos), que son datos sensibles. Las proposiciones más complejas (proposiciones moleculares) serían combinaciones de proposiciones simples unidas mediante conectores lógicos (y, o, no, si... entonces, etcétera), que no tienen correlato en la realidad y cuya verdad o falsedad está en función de la verdad o falsedad de las proposiciones atómicas que las componen.

Un ejemplo de la segunda posición es la del último Wittgenstein,[31] que niega la capacidad designadora de las palabras y la pretensión de que por medio de la lógica sea posible desentrañar la naturaleza del lenguaje. Más que adoptar un planteamiento logicista, prefiere definir el lenguaje en términos de representación pictórica. El lenguaje natural es mucho más rico que el lenguaje formal de la lógica, y ésta es incapaz de ofrecer pista alguna sobre el mundo. Además, no puede afirmarse que haya nada común a todos los fenómenos lingüísticos, puesto que el lenguaje funciona con definiciones difusas. El conjunto de los elementos lingüísticos forma una «familia» en la que sus miembros mantienen relaciones y parecidos, algunos particulares y otros generales; como ejemplo, Wittgenstein presenta el concepto de juego: las semejanzas aparecen y desaparecen según los juegos que comparemos. La idea de competición parece central en la definición de «juego» y, sin embargo, no todos los juegos son competitivos, lo cual no impide que no sea posible ganar o perder (como en el solitario).

_____

31. Véase Ludwig Wittgenstein, *Philosophische Untersuchungen*, Oxford, Basil Blackwell, 1953.

Según el análisis russelliano, hay en el mundo constituyentes simples a los que corresponden los signos más simples, los nombres. Pero, ¿cuáles son estos constituyentes simples en el caso de una silla?, ¿son los mismos para el carpintero, el pintor o el físico? Wittgenstein responde que no es posible dar un sentido absoluto a las caracterizaciones de «simple» o «compuesto»: su sentido siempre se enmarca dentro de una multitud de posibles usos distintos.

Otra crítica a las teorías referencialistas —es decir, las teorías que, como la de Russell, insisten en la referencia a los objetos «externos» al lenguaje, sea de primero o de segundo orden— es la relacionada con los fenómenos internos. ¿Cómo sabemos, por ejemplo, lo que es el dolor? Según las teorías referencialistas, no hay posibilidad de sentir el dolor ajeno y sólo puede conocerse lo que significa la palabra «dolor» por experiencia propia. Supongamos, dice Wittgenstein, que todo el mundo tiene una caja que contiene algo denominado «escarabajo» y que ninguna persona puede mirar las cajas ajenas. Todo el mundo sabe lo que es un «escarabajo» mirando su propia caja, pero todas las demás cajas podrían contener algo diferente (e incluso en constante cambio). De modo que si la palabra «escarabajo» tuviera un uso, éste no se basaría en la designación de un objeto contenido en la caja propia. Puesto que nadie sabe lo que tienen los demás, el uso de la palabra no puede derivarse de la designación del contenido de la caja. Tampoco cabe la posibilidad de que «escarabajo» signifique «lo que hay dentro de la caja», ya que alguna podría estar vacía. Aplicando este ejemplo a la palabra «dolor» o a cualquier experiencia interna, resulta que el significado no puede depender ni siquiera en estos casos de la designación.[32]

Para Wittgenstein, pues, es preferible considerar el lenguaje como un conjunto de usos (juegos de lenguaje). De ahí que lo filosóficamente fecundo no sea preguntar por el significado, por la relación referencial entre los nombres y las cosas, sino por el uso, por el funcionamiento del lenguaje dentro de esos juegos. El lenguaje puede utilizarse para una cantidad innumerable de propósitos, por lo que pretender encerrarlo en un conjunto rígido de reglas es como afirmar que un destornillador sólo puede servir para atornillar o desatornillar tornillos y no para clavar un clavo con el mango, abrir

---

32. Wittgenstein no dice que las experiencias internas no existan ni que no sea posible expresarlas lingüísticamente, sólo que las palabras con las que hablamos de ellas no tienen una base designativa.

una lata de pintura o robar una cartera. Ciertamente hay reglas en los usos del lenguaje, pero eso no quiere decir que estas reglas estén siempre fijadas con claridad ni que no haya excepciones. Y es precisamente el juego de lenguaje, la forma particular de utilizarlo de acuerdo con los propósitos de los hablantes, el que puede mostrar las reglas de un uso o juego lingüístico. Por otra parte, estos usos son tan variados y cambiantes (informar, ordenar, contar chistes, traducir, formular una hipótesis y comprobarla, pedir, narrar, suplicar, dar las gracias, describir un objeto dando las medidas o la forma, especular, rezar, saludar, etcétera) que Wittgenstein niega la posibilidad de establecer una tipología.

Estas actitudes de Russell y el segundo Wittgenstein, que representan dos visiones que cabría considerar extremas y que podrían parecer alejadas de nuestros intereses, están profundamente imbricadas con cualquier aproximación —teórica o práctica— a los actos lingüísticos y, entre ellos, por supuesto, la traducción. Dentro de la tradición literaria no es difícil reconocer huellas de ambas actitudes. El paso de la novela realista y naturalista a las vanguardias, por ejemplo, puede verse como un salto desde una poética dominada por la referencialidad a una poética donde el lenguaje adquiere valor por sí mismo. En el caso particular de la traducción, los traductores se ven constantemente enfrentados a situaciones en las que deben elegir una posición más confiada o más desconfiada frente al lenguaje. Por ello, de Russell y el primer Wittgenstein, el traductor debe retener la preocupación por la referencialidad y la confianza en el lenguaje en aquellos ámbitos de la traducción que parecen alimentar de modo evidente la idea de una equivalencia o cuasi equivalencia (ya sea mediante un solo término o mediante una paráfrasis), en la medida en que coinciden los sistemas de lexicalización de las diferentes lenguas y se producen situaciones denotativas en las que a una palabra o un grupo de palabras que designan en una lengua un objeto —real o imaginario, material o mental— puede corresponderle otra palabra u otro grupo de palabras en otra lengua. En estos casos, se produce una hipotética relación triangular entre la lengua de partida, la lengua de llegada y el objeto «externo» a ambas. Del segundo Wittgenstein, en cambio, debe retener la desconfianza ante las limitaciones de esa misma idea de equivalencia, sobre todo, a medida que aumenta la complejidad del lenguaje, puesto que ese aumento puede implicar un considerable alejamiento del referente hasta el punto de que sea imposible determinar esa hipotética relación triangular: el lenguaje acabaría construyendo su propia referencia, su propio mundo.

El análisis pragmático: la importancia del uso

La discusión filosófica en torno a los problemas planteados en los primeros decenios de este siglo por Russell y Wittgenstein ha dado lugar a un creciente interés por el lenguaje como uso. El análisis pragmático ha puesto de manifiesto que, para interpretar el significado de lo que se dice, es necesario poner al descubierto que el lenguaje es, a su vez, un «objeto» en manos de los hablantes; en otras palabras, no sólo pueden existir objetos materiales o mentales a los que se referiría el lenguaje, sino que el propio lenguaje constituye uno de tales objetos en la medida en que es utilizado con determinados propósitos. No se trata simplemente de que el lenguaje tenga la propiedad, por definición, de ser autorreferencial (de poder hablar de sí mismo), también es un instrumento para la acción del hablante sobre sí mismo, los demás hablantes y el mundo. El análisis pragmático ha intentado fundamentar una teoría del significado en el uso que de él se hace, así como en el marco o la situación en el que tiene lugar dicho uso. Tres conceptos fundamentales de la pragmática son: la presuposición, los actos de habla y la implicatura, por lo que citaremos a cuatro filósofos relacionados con ellos.

Peter Strawson,[33] en su crítica a la referencialidad del lenguaje, puso de manifiesto que la verdad o la falsedad no son características de las oraciones, sino del uso que se hace de ellas. Así, distinguió entre oración (*sentence*), uso (*use*) y proferencia (*utterance*). Las oraciones adquieren referentes al ser usadas para decir algo sobre algo o alguien y un valor de verdad según se usen en un momento determinado, es decir, según en qué situación sean proferidas. La proferencia permite determinar si el uso de una oración es el mismo o es distinto. La oración «El primer ministro de Gran Bretaña nació en el palacio de Blenheim» no es de por sí ni verdadera ni falsa, puesto que «El primer ministro de Gran Bretaña» no se refiere a nadie en concreto. El uso de tal oración en 1938 (proferencia 1) o en 1946 (proferencia 3) habría constituido un enunciado falso (Churchill no era primer ministro entonces), pero el enunciado habría sido verdadero en 1940 (proferencia 2) o en 1952 (proferencia 4). Lo que es verdadero o falso no es la oración, sino la proposición que quiere expresarse con la oración cuando se usa en una situación concreta. El uso de la oración en 1938 o 1940

---

33. Véase Peter Strawson, «On Referring», *Mind* (1950), sección II.

no es el mismo, pues según sea proferida en un año o en el otro tendrá un valor de verdad distinto.

Strawson, además, utilizó el concepto de presuposición[34] en su crítica al intento de Russell de reducir el lenguaje ordinario a la lógica. Denominó presuposición a la relación que se establece entre dos enunciados cuando la verdad de un enunciado implícito es condición para la verdad y también la falsedad de un enunciado explícito.[35] Con su análisis de la presuposición, Strawson pretendía poner de manifiesto algunos problemas del enfoque logicista de Russell, que era incapaz de dar cuenta de algunas relaciones que se establecen en el lenguaje ordinario o que conducía, por ejemplo, a la paradoja de considerar que en rigor los únicos nombres posibles son los pronombres demostrativos, puesto que establecen una relación unívoca entre designación y significado.

John Austin[36] emprendió la tarea juzgada imposible por Wittgenstein de intentar clasificar los usos del lenguaje. Afirmó que, cuando usamos las palabras, una gran parte de las veces lo hacemos para hacer algo (expresiones o proferencias realizativas) y distinguió entre el hecho de decir algo (acto locutivo), lo que se hace al decir algo (acto ilocutivo) y el efecto en los demás (acto perlocutivo). Su principal aportación a la teoría del significado es la clasificación de los actos ilocutivos en cinco grandes categorías a partir de los verbos realizativos. John Searle[37] ha perfeccionado esta clasificación de los actos ilocutivos (actos de habla) siguiendo otros criterios; entre ellos, el propósito, la relación entre las palabras y el mundo (si pretenden ajustarse al mundo, que el mundo se ajuste a ellas o

---

34. Peter Strawson, *Introduction to Logical Theory*, Londres, Methuen, 1952
35. Veamos un ejemplo de presuposición:
    (p) La segunda vez que Armstrong viajó a la Luna lo hizo solo
presupone que
    (q) Armstrong viajó al menos dos veces a la Luna y la primera lo hizo acompañado.
    En su crítica a Russell, Strawson considera un sinsentido y una fuente de problemas lógicos considerar la verdad o falsedad de *(p)* puesto que *(q)* es falso.
    Si la relación que se estableciera entre dos enunciados *(p)* y *(q)* fuera tal que la verdad de *q* fuera condición necesaria exclusivamente para la verdad de *p*, estaríamos ante una relación de deductibilidad, que no presenta problemas lógicos. En este caso, diríamos que de *p* se deduce *q*. Por ejemplo, de
    (p) Todos los hombres se equivocan
se deduce que
    (q) Giovanni Maria Mastai-Ferretti se equivoca.
36. John L. Austin, *How to Do Things with Words*, Oxford, Clarendon Press, 1962.
37. John R. Searle, *Speech Acts*, Cambridge, Cambridge University Press, 1969.

si carecen de relación de ajuste), así como aquello que ponen de manifiesto en el caso de ser sinceros.[38]

De modo paralelo a Austin y Searle, Paul Grice[39] ha elaborado una teoría del significado partiendo de las intenciones del hablante. Como en Austin y Searle, en el caso de Grice se trata también de otro desarrollo de la posición de Wittgenstein: si lo importante es el uso, cabe preguntarse entonces por la intención que genera ese uso y postular, por lo tanto, un principio de cooperación entre los hablantes. Grice analiza las relaciones entre las oraciones y distingue varios tipos de implicaciones. Por un lado, una implicación que consideraríamos semántica (por ejemplo, «Somos pobres pero honrados» o el *Nigra sum sed formosa* del Cantar de los Cantares), basada en convenciones o creencias compartidas (en los dos ejemplos anteriores, el contraste que se percibe entre los dos términos de la oración) y que denomina «implicatura convencional»; y, por otro, una implicación pragmática, que trasciende el ámbito de lo semántico y que denomina «implicatura conversacional» dividida a su vez en dos subtipos, según su independencia o dependencia del contexto extralingüístico. La implicatura conversacional generalizada comporta un cambio en el significado literal de ciertas expresiones de acuerdo con un uso establecido y habitual («No contesta», por ejemplo, significa que alguien no está en casa cuando se lo llama por teléfono). La implicación conversacional particularizada es un modo de dar a enten-

---

38. Searle propone cinco clases de actos: 1) representativos (comprometen al hablante con una situación del mundo: afirmar, quejarse), 2) directivos (intentan que el oyente haga algo: ordenar, recomendar), 3) compromisorios (comprometen al hablante con un comportamiento futuro: jurar, ofrecer), 4) expresivos (expresan el estado psicológico del hablante: agradecer, perdonar) y 5) declaraciones (crean una situación nueva: dimitir, excomulgar).

Como puede verse, estos cinco tipos de actos poseen una gran semejanza con las funciones semánticas del signo lingüístico de Bühler: símbolo (representación de la realidad), síntoma (expresión del emisor) y señal (apelación al oyente). Los tipos de Searle podrían incluso reducirse a las funciones de Bühler: símbolo, tipo 1 y tipo 5 (en la medida en que se trataría de la representación de una situación nueva); síntoma, tipo 4; señal, tipo 2 y tipo 3 (en la medida en que el hablante dirige su propia conducta). Sin embargo, la importancia de Searle es que propone un marco teórico más refinado.

Nótese también que, en relación con las seis célebres funciones de Jakobson, es decir, referencial, emotiva, conativa, fática, metalingüística y poética, las tres primeras (claramente bühlerianas) encontrarían acomodo sin problemas en la tipología de Searle, así como la metalingüística (en la medida en que lo que describe es el lenguaje), pero no ocurriría lo mismo con la fática (procedente de Malinowski) ni con la poética.

39. Paul Grice, «Meaning» (1957), en Peter Strawson, *Philosophical Logic*, Oxford, Oxford University Press, 1967

der algo completamente distinto de lo que dicen las palabras recurriendo al contexto extralingüístico en el que se da la oración. Grice ofrece el siguiente ejemplo.[40] Evaluando un examen, un profesor puede exclamar: «Tiene buena letra y no comete faltas de ortografía», y dar a entender que el alumno está suspendido. En este caso, el significado gramatical (significado natural) queda radicalmente modificado por la intencionalidad (significado no natural o intencional).

Trataremos ahora dos cuestiones específicas que son de gran importancia desde el punto de vista de la relación entre teoría del lenguaje y traducción y que permiten situar en un marco filosófico general los complejos problemas con que se enfrenta el traductor: la hipótesis del relativismo lingüístico y la hipótesis de la indeterminación de la traducción radical.

La hipótesis del relativismo lingüístico

La hipótesis del relativismo lingüístico afirma que no existe un mundo que el ser humano pueda percibir de modo objetivo, sino que son las lenguas, a través de sus categorías, las que le permiten estructurarlo. La teoría del «espíritu de la lengua» y el papel central de la lengua en el moldeado y la expresión del carácter nacional particular fue formulada en la época moderna por Johann Gottfried Herder (1744-1803) y Karl Wilhelm von Humboldt (1767-1835). Este último escribe:

> Con frecuencia se ha advertido —y tanto la investigación como la experiencia lo confirman— que, si se prescinde de las expresiones que designan meros objetos corporales, ninguna palabra de un idioma se corresponde perfectamente con otra de otro idioma. Los diferentes idiomas son a este respecto sólo sinonímicos; cada uno expresa el concepto de manera distinta, con esta o aquella connotación, un grado más alto o más bajo en la escala de los sentimientos. [...] Una palabra no es en absoluto sólo la señal de un concepto, de tal

---

40. Paul Grice, «The Causal Theory of Perception», en G. J. Warnock, *The Philosophy of Perception*, Oxford, Oxford University Press, 1967

manera que sin ella ni siquiera surge el concepto, por no hablar de
que pueda fijarse; el indeterminado poder de la mente se concentra
en una palabra al igual que en el cielo despejado se condensa el agua
en ligeras nubes. Se trata de una esencia individual, de carácter
determinado y determinada figura, de una fuerza que actúa sobre el
espíritu y con capacidad para reproducirse.[41]

Más tarde, los lingüistas de orientación antropológica, como
Edward Sapir (1884-1939) y su discípulo Benjamin Whorf (1897-
1941), describieron la lengua como un elemento esencial en la determinación del marco de la conciencia tribal, un código que determina
lo que puede pensarse, sentirse y expresarse. Paul Goodman cita a
Sapir y luego a Whorf:

Human beings are very much at the mercy of the particular language
which has become the medium of expression of their society. No two
languages are sufficiently similar to represent the same social reality.
The worlds in which different societies live are distinct worlds.

We dissect nature along lines laid down by our native languages. [...]
We cut nature up, organize it into concepts and ascribe significance
as we do, largely because we are parties to an agreement to organize
it in this way, an agreement that holds throughout our speech
community and is codified in the patterns of our language. The
agreement is, of course, an implicit and unstated one, but its terms
are absolutely obligatory.[42]

---

41. Karl Wilhelm von Humboldt, introducción a su traducción del *Agamenón* de
Esquilo, en Hans Joachim Störig, *Das Problem des Übersetzens*, Darmstadt,
Wissenschaftliche Buchgesellschaft, 1973, pp. 80-81: «Man hat schon öfter bemerkt,
und die Untersuchung sowohl, als die Erfahrung bestätigen es, dass, so wie man
von den Ausdrücken absieht, die bloss körperliche Gegenstände bezeichnen, kein
Wort Einer Sprache vollkommen einem in einer andren Sprache gleich ist.
Verschiedene Sprachen sind in dieser Hinsicht nur ebensoviel Synonymieen; jede
drückt den Begriff etwas anders, mit dieser oder jener Nebenbestimmung, eine
Stufe höher oder tiefer auf der Leiter der Empfindungen aus. [...] Ein Wort ist so
wenig ein Zeichen eines Begriffs, dass ja der Begriff ohne dasselbe nicht entstehen,
geschweige denn fest gehalten werden kann; das unbestimmte Wirken der Denkkraft
zieht sich in ein Wort Zusammen, wie leichte Gewölke am heitren Himmel
entstehen. Nun ist es ein individuelles Wesen, von bestimmtem Charakter und
bestimmter Gestalt, von einer auf das Gemüth wirkenden Kraft, und nicht ohne
Vermögen sich fortzupflanzen». Seguimos la traducción de Miguel Ángel Vega
(comp.), *Textos clásicos de teoría de traducción*, Cátedra, Madrid, 1994, p. 239.
   42. Paul Goodman, *Speaking and Language. Defence of Poetry*, Londres,
Wildwood House, 1973, p. 48.

Las citas de Sapir y Whorf abundan en las obras sobre traducción y, a menudo, en apoyo de la tesis de la «imposibilidad de la traducción»; sin embargo, investigaciones más recientes de los lingüistas y los científicos cognitivos inspirados por las obras de Noam Chomsky han puesto en evidencia algunos de los errores científicos que subyacen bajo muchas de las afirmaciones de Whorf.

De modo especial, Steven Pinker, del Instituto Tecnológico de Massachusetts, rechaza la idea de que la percepción de la realidad y el pensamiento dependan del lenguaje. Sin entrar a comentar esta hipótesis —a la que, en nuestra opinión, muchas veces se hace referencia demasiado a la ligera—, señalaremos que, a partir de estudios detallados y experimentos de laboratorio realizados en el ámbito de la neurofisiología y la psicología del desarrollo (y citando a Albert Einstein a propósito de las etapas iniciales y no verbales del pensamiento), Pinker defiende la idea de un lenguaje que llama «mentalés»:

> Is thought dependent on words? Do people literally think in English, Cherokee, Kivunjo, or, by 2050, Newspeak? Or are our thoughts couched in some silent medium of the brain – a language of thought, or "mentalese" – and merely clothed in words whenever we need to communicate them to a listener?
>
> Now that cognitive scientists know how to think about thinking, there is less of a temptation to equate it with language just because words are more palpable than thoughts.[43]

Por otra parte, del hecho de que el número de denominaciones de la nieve o la arena varíe espectacularmente entre los esquimales y los tuaregs, por ejemplo, no puede inferirse una diferencia en la organización conceptual. Es necesario que dos lenguas organicen de modo distinto un mismo fragmento de la realidad y que este fragmento sea relativamente neutro en términos culturales. Frente a la correlación entre diferencias léxicas y diferencias culturales establecida por la hipótesis del relativismo cultural, los gramáticos generativos sostienen que los diferentes sistemas de lexicalización son reducibles entre sí o a otro más básico, que existen universales lingüísticos de tipo semántico (algo que también choca frontalmente

---

43. Steven Pinker, *The Language Instinct*, Nueva York, William Morrow, 1994, pp. 55, 82.

con la hipótesis de la indeterminación de la traducción tal como la plantea Quine).

Sin embargo, aunque sea posible establecer cierta relación, como puede inferirse de ciertos experimentos con colores, entre lexicalización y percepción (los colores lexicalizados se perciben con mayor facilidad), lo importante para Whorf es establecer una correlación entre las formas gramaticales y las formas culturales. Por ejemplo, deducir de la ausencia de tiempos verbales entre los hopi una concepción del mundo ahistórica y atemporal. Y es aquí donde surgen los mayores problemas, derivados de la nula comprobación empírica de estas realidades.

La hipótesis de la indeterminación de la traducción

La hipótesis de la indeterminación de la traducción fue defendida por Willard van Orman Quine en un ensayo filosófico clásico, *Word and Object*.[44] Según Quine, la traducción radical —la hipotética traducción entre dos lenguas sin ningún tipo de relación cultural y realizada sin ayuda de intérprete— no puede estar del todo determinada por la conducta lingüística observable de los hablantes. Supongamos que llegamos a una comunidad lingüística de la que carecemos por completo de información, no sólo en relación con la lengua sino en relación también con cualquier aspecto cultural. ¿Cómo puede iniciarse la tarea de la interpretación? Los únicos datos objetivos son los que proceden del comportamiento visible, ya sea verbal o no verbal. Así, la empresa interpretativa radical adopta la forma de un «manual de traducción»: a cada oración posible, el manual le asigna una o más oraciones semánticamente equivalentes en la lengua del traductor. El problema que se plantea es definir la noción de equivalencia. Quine se niega a aceptar que una traducción de una oración nativa sea correcta siempre que ambas expresen la misma idea, puesto que se

---

44. Willard van Orman Quine, *Word and Object*, Cambridge (Mass.), MIT Press, 1960.

opone a una visión mentalista de la semántica: las ideas y los pensamientos no existen en algún lugar (en un «museo de las ideas», dicen Juan José Acero, Eduardo Bustos y Daniel Quesada)[45] como entidades incorpóreas con una etiqueta en la que está escrito su significado. Para Quine, el significado es un atributo del comportamiento y no un objeto psicológico.

A partir del comportamiento observado, el traductor avanzará estableciendo equivalencias entre oraciones, en especial, las que Quine denomina «ocasionales», aquellas más ligadas a las estimulaciones (que incluyen las «observacionales», cuyo significado no varía en función de la información adicional) y formuladas preferentemente con una palabra o expresión. Si cuando aparece un conejo, los nativos dicen, señalándolo: «*gavagai*», el traductor supondrá que las expresiones «*gavagai*» y «conejo» tienen lo que Quine llama «significado estimulativo» (basado en la disposición de los hablantes a asentir o disentir ante ciertos estímulos; con lo que se subordina el significado a las condiciones de verificación). Además, se trata aquí de la traducción de oraciones, puesto que la traducción completa de «*gavagai*» en esa situación sería «esto es un conejo». Sin embargo, un nativo podría asentir a «*¿gavagai?*» en ausencia de un conejo si dispone de informaciones que se añadan a la estimulación; por ejemplo, la presencia de ciertas plantas o ciertos insectos que se relacionan con la presencia de conejos. Así, «*gavagai*», considerado como término, podría designar conejos, partes de conejos, estadios temporales de conejos, conejidad, posible presencia de conejos en los alrededores, etcétera. Para Quine, pues, aunque las oraciones «observacionales», que se basan en procedimientos inductivos, pueden traducirse y consiguen salvar la distancia entre las dos lenguas, no ocurre lo mismo con los términos, ya que en ellos la clasificación y la determinación de la referencia depende del esquema conceptual de cada lengua y puede estar sujeto a amplias divergencias, por lo que no pueden sustraerse al principio de indeterminación.

La tesis de la indeterminación de la traducción afirma que es posible formular diversos sistemas de hipótesis incompatibles entre sí pero compatibles con la conducta (verbal y no verbal) de los hablantes, sin que haya ninguna prueba objetiva que haga preferible una hipótesis a otra. Quine no pretende postular la imposibilidad de la traducción entre, por ejemplo, el castellano y el chino,

---

45. Juan José Acero, Eduardo Bustos y Daniel Quesada, *Introducción a la filosofía del lenguaje*, Madrid, Cátedra, 1982, p. 247.

donde ésta se basaría en el parentesco entre las lenguas y las relaciones culturales entre sus hablantes; ni tampoco pretende negar que la hipotética traducción propuesta en el caso de dos lenguas y dos culturas completamente ajenas no sea suficiente a todos los efectos. Sin embargo, si hay situaciones en que no es posible preferir objetivamente una traducción a otra, no puede afirmarse que la traducción sea establecer una correlación entre expresiones que, en lenguas diferentes, poseen idéntico significado. En realidad, Quine ataca el mentalismo del significado, la idea de que una oración determinada, así como sus formas sinonímicas y todas las traducciones posibles a otras lenguas, expresan una misma idea, tienen un mismo significado, que es el que se formaría en la mente de cualquier hablante de cualquier lengua. Su objetivo es rechazar la idea del lenguaje como un mero vehículo que da expresión a unos contenidos que existen de forma independiente de las proposiciones que los enuncian.

La propuesta de Donald Davidson[46] para salir del callejón de la indeterminación al que conduce la dependencia entre lenguaje y pensamiento basa la teoría del significado en la noción de verdad y recurre a tres principios con los que interpretar las oraciones de los hablantes: el principio de autonomía de la semántica, el principio de caridad y el principio del triángulo.

El principio de autonomía de la semántica parte del significado y somete la oración a unas condiciones de comprobación o refutación para establecer si es verdadera o falsa; así, en lugar de afirmar que X significa p, se afirma que X es verdadera si y sólo si p es verdadera, donde p es la traducción de la oración X. Este proceder es opuesto al de las teorías pragmáticas, que postulan la autonomía del uso. El principio de caridad presupone en las oraciones del hablante al menos la misma coherencia que puedan tener las del intérprete. Y, según el principio del triángulo, las creencias e intenciones de los hablantes serán las mismas al margen de la lengua en la que se expresen, lo cual permite encontrar en la lengua del intérprete, para una oración del hablante, una o más oraciones que cumplan las mismas condiciones de verdad.

Estos dos últimos principios se oponen a la tesis de la imposibilidad de la traducción postulada desde el relativismo cultural, para el que toda lengua posee unas formas específicas de expresión y lexicalización de la experiencia que podrían hallarse tácitamente ausentes en el intérprete.

---

46. Donald Davidson, «Radical Interpretation», *Dialectica*, 27, 3-4, 1973.

La estrategia de Davidson se basa en un método empírico —sujeto a comprobación y opuesto a las teorías pragmática y relativista— mediante el cual pueden conocerse al mismo tiempo los pensamientos del hablante y el significado de las oraciones proferidas (dado que Davidson no cree que sea posible llegar a los primeros al margen del segundo). Un ejemplo de interpretación radical tal como la entiende Davidson es el ofrecido por los esfuerzos de Malinowski para comprender la lengua hablada por los habitantes de las islas Trobiand a principios de siglo.[47] Más adelante, en el capítulo 8, nos referiremos con un poco más de detalle a esta empresa, que pone de manifiesto cómo la indagación sobre la conducta verbal está intrínsecamente ligada a los comportamientos, la organización, la psicología y los usos sociales.

Algunos conceptos tradicionales sobre el significado

Junto al conjunto de teorías filosóficas sobre el lenguaje y su funcionamiento expuestas hasta aquí —que, como hemos visto, incluyen hipótesis en las que se utiliza el concepto de traducción como estrategia esclarecedora de la naturaleza misma del lenguaje— no estará de más recordar algunos conceptos básicos que han desempeñado un papel fundamental en la teoría del significado. Estos conceptos pueden ofrecer ciertas pistas sobre algunos atributos relevantes de las complejas interrelaciones a las que se enfrenta el traductor en el momento de abordar qué «quiere decir» cualquier expresión lingüística, por pequeña que sea.

En primer lugar, la diferencia establecida en 1892 por Gottlob Frege entre sentido (*Sinn*) y referencia (*Bedeutung*).[48] El primero

---

47. En el libro de Juan José Acero, Eduardo Bustos y Daniel Quesada, *Introducción a la filosofía del lenguaje*, Madrid, Cátedra, pp. 239-243, podemos encontrar un excelente ejemplo de aplicación de la estrategia de Davidson a la empresa traductora de Malinowski.
48. Gottlob Frege, «Sobre sentido y referencia», en *Escritos filosóficos*, Jesús

sería la forma en que designa una expresión; la segunda, lo designado por ella. Frege analizó la diferencia entre dos proposiciones como las siguientes:

El autor de *Por qué no soy cristiano* es el autor del prólogo de la primera edición inglesa del *Tractatus Logico-Philosophicus.*

El autor del prólogo de la primera edición inglesa del *Tractatus Logico-Philosophicus* es el autor del prólogo de la primera edición inglesa del *Tractatus Logico-Philosophicus.*

La primera es una proposición informativa, que puede ser verdadera o falsa y, en la medida en que sea verdadera, proporciona una información sobre Bertrand Russell. La segunda no nos dice nada sobre el referente puesto que se limita a enunciarlo (A = A) y no puede ser falsa. Las dos frases tienen la misma referencia pero diferente sentido. El problema de Frege, como comenta José Hierro S. Pescador,[49] era explicar cómo, a partir de una verdad empírica, es posible llegar a una verdad analítica que no puede ser falsa. La respuesta, escribe José Hierro, es que «las expresiones utilizadas no se limitan a designar algo, sino que lo designan de un modo determinado, y es el modo de designar lo que las hace diferentes».

Una segunda distinción importante, íntimamente relacionada con la anterior, es la realizada entre denotación y connotación, formulada modernamente por Mill (1843) y utilizada en lingüística de acuerdo con el desarrollo posterior de Louis Hjelmslev.[50] La denotación es el valor informativo y referencial de una palabra, mientras que la connotación engloba su valor subjetivo, cualquier respuesta provocada por sugerencia, asociación o inferencia. La palabra «perro» denota el mamífero carnívoro de la familia de los cánidos; sin embargo, su valor asociativo se dispara, como en el ejemplo siguiente, en el contexto del poema escrito por W. H. Auden en 1939 con motivo de la muerte de Yeats:

Mosterín (comp. e intr.), trad. Andrés Rivadulla y C. Ulises Moulines, Barcelona, Crítica, 1996, pp. 172-197.

49. José Hierro S. Pescador, *Principios de filosofía del lenguaje,* Madrid, Alianza, 1982, vol. 2, p. 16.

50. John Stuart Mill, *A System of Logic* (1843), libro I, en *Collected Works,* J. M. Robson (comp.), Toronto/Londres, University of Toronto Press/Routledge & Kegan Paul, 1973-74; Louis Hjelmslev, *Prolegómenos a una teoría del lenguaje,* trad. José Luis Díaz de Liaño, Madrid, Gredos, 1971.

In the nightmare of the dark
All the dogs of Europe bark,
And the living nations wait,
Each sequestred in its hate;

Las dos distinciones están relacionadas, pero, mientras que en la primera distinción el enfoque es ante todo lógico-veritativo, en la segunda es estrictamente semántico. Ambas pueden integrarse en un mismo modelo, como ocurre, con algunas modificaciones y prescindiendo de implicaciones lógicas, en el que encontramos en el magnífico artículo sobre «lo erróneo y lo acertado en la teoría de la traducción» de Eugenio Coseriu,[51] quien diferencia entre tres conceptos: significado, designación y sentido.

El significado es el contenido lingüístico ofrecido en cada caso particular por una lengua, con sus propios medios y reglas. La designación es la referencia a realidades extralingüísticas.:

> el hecho de que el agua en un río, en un lago o en el mar sea relativamente poco profunda puede designarse en español por *Aquí se hace pie*, en alemán por *Hier kann man stehen* [«Aquí se puede estar de pie»], en italiano por *Qui si tocca* [«Aquí se toca»], es decir, por significados totalmente diferentes.[52]

El sentido es el contenido conceptual del texto, lo que quiere decir, y supera el ámbito de la designación puesto que también depende del conocimiento general de las cosas, la remisión a otros textos y los contextos extralingüísticos:

> en un silogismo, el sentido de*Sócrates es mortal* puede ser: «Lo que es aplicable a toda una clase es necesariamente aplicable también a cada miembro de esta clase» («Sócrates» es, en tal caso, sólo un ejemplo, y el ejemplo podría ser también otro, totalmente distinto); en una situación de la vida práctica, la misma expresión puede tener, por ejemplo, el sentido de «advertencia a Jantipa»; y en una poesía, el sentido de un símbolo poético de la mortalidad y fragilidad del ser humano.[53]

---

51. Eugenio Coseriu, «Lo erróneo y lo acertado en la teoría de la traducción», trad. Marcos Martínez Hernández, en *El hombre y su lenguaje*, Madrid, Gredos, 1977, pp. 220 y ss.
52. Ibídem, p. 220
53. Ibídem, p. 221.

El valor comunicativo de un texto, escribe Coseriu, está transmitido por la designación y el sentido, puesto que el significado pertenece al plano de la lengua. García Yebra establece, de modo general, una jerarquía entre los tres términos: «los significados actualizados en un texto se subordinan a la designación, y la designación, al sentido»;[54] aunque Coseriu matiza la subordinación de la designación al sentido: a veces el traductor puede verse obligado a tener que elegir entre conservar la designación o el sentido, especialmente cuando los hechos de lengua o las cosas designadas tienen funciones o valores simbólicos diferentes en comunidades lingüísticas diferentes.[55]

Nótese que lo que Frege denomina «sentido» tiene cierta relación con el «significado» de Coseriu, aunque Frege está interesado en la forma lógica de las proposiciones. En cambio, la «designación» de Coseriu se correspondería, a grandes rasgos, con lo que Frege denomina «referencia» y Hjelmslev «denotación»; el ámbito del «sentido» de Coseriu englobaría la «connotación» de Hjelmslev.

La práctica del traductor: algunos ejemplos

La conclusión es que, pese a lo contrapuesto de los enfoques reseñados, existe un consenso general —y esto es de capital importancia— alrededor de la idea de que ninguna representación lingüística, exceptuando quizá las más simples, puede ser nunca una reproducción precisa de algo que está fuera de ella misma; es un símbolo establecido ligado al uso que los hablantes individuales o las comunidades de hablantes dan a las cosas, así como a la manera en que perciben las relaciones de las cosas entre sí y las relaciones entre sí mismos. Los hablantes perciben siempre los contenidos lingüísticos según sus propias circunstancias y experiencias diferenciadas y, también, según la intención con que usan tales conte-

---

54. Valentín García Yebra, *Teoría y práctica de la traducción*, Madrid, Gredos, 1982, vol. 1, p. 38.
55. Coseriu, ob. cit., pp. 228-229.

nidos y la situación en que lo hacen. Asimismo, no pueden evitar proyectar en esos contenidos el modo en que opera su lengua, que puede ser distinto del modo en que opera otra. En este sentido, la lengua y la cultura maternas del hablante inciden de modo muy importante en la forma en que éste se relaciona tanto con la realidad como con el propio objeto-lenguaje.

Lo fundamental desde el prisma de la actividad del traductor es que la búsqueda filosófica de la relación entre lengua, pensamiento y mundo no puede desligarse de las propias reglas internas del lenguaje ni de la relación entre el lenguaje y la conducta humana en su acepción más amplia. De este somero recorrido podemos deducir, pues, tres aspectos que forman el núcleo de la tarea interpretativa a la que debe enfrentarse el traductor: gramática, uso (contexto e intención) y cultura.

En primer lugar, no todas las lenguas se organizan del mismo modo. Cada lengua posee reglas particulares de formación de oraciones —la «gramática»— que permiten a la comunidad de hablantes reconocer expresiones con sentido. Cada una de ellas contiene elementos léxicos que carecen de contrapartida directa en las demás y, algo fundamental para el traductor, todas las lenguas utilizan de modo preferente estructuras harto distintas, derivadas de sus reglas de formación, para expresar unos contenidos semejantes (aun cuando a veces sea posible —y tentador— utilizar formas similares):

I forgot to
se me olvidó

I dropped the glass
se me cayó el vaso

I have a few left
me quedan unos cuantos

and then I learned the truth
y entonces supe la verdad

he refused to cooperate
no quiso colaborar

En segundo lugar, independientemente de las reglas de formación de cada lengua particular, toda expresión lingüística se inscribe dentro de un contexto específico y se formula con una determinada intención por parte del hablante. Ambos, contexto e intención, pueden modificar el significado de una expresión. En otras palabras, oraciones que, desde el punto de vista de la gramática, son equivalentes pueden tener significados (Coseriu diría «sentidos») muy distintos en función de la situación y el propósito del hablante. Este punto constituye uno de los ejes vertebradores de la traducción: el análisis que el traductor debe realizar va siempre más allá de las formas estrictamente gramaticales. La frase «*A hard-working student —we'll be glad to see her back*», aislada de todo conocimiento de quién la ha proferido, cuándo la ha proferido y para quién la ha proferido, es intraducible porque está abierta a múltiples interpretaciones. Su ambigüedad la hace incomprensible o, como mínimo, no permite elegir entre las diversas posibilidades de comprensión que pueda concebir un destinatario. En el supuesto de que «*student*» deba entenderse en su significado literal de «estudiante» y teniendo en cuenta el género marcado por «*her*», deduciremos que se refiere a una alumna. Si además sabemos que la ha proferido un maestro de escuela, se nos aparecerá la opción de considerar la frase como una valoración de lo trabajadora que es una alumna y como expresión del deseo del profesor de volver a verla, incluso de volver a tenerla en su clase. Sin embargo, si añadimos que el maestro está dirigiéndose a los padres de la alumna a final de curso, que todos son ingleses y que dominan perfectamente las convenciones de uso de su lengua, surgirá la posibilidad de una interpretación radicalmente diferente: una aserción sobre el limitado talento de la alumna y las ganas de perderla de vista. En inglés, el adjetivo «*hard-working*» puede utilizarse de modo irónico para calificar de algún modo unas aptitudes escasas sin transgredir explícitamente las reglas de la cortesía. Además, la segunda parte de la oración juega con la ambigüedad de «*to see her back*»: «volver a verla» o, literalmente, «verle la espalda», es decir, nuestro «perderla de vista». De hecho, un hablante inglés se decantaría casi instantáneamente por la segunda opción, porque elaboraría una hipótesis asociando el contenido estricto de la oración con la carga cultural que se deriva de su aprendizaje y su práctica idiomáticas. No obstante, es perfectamente posible imaginar contextualizaciones de la oración en las que el hablante inglés que se hubiera decantado por la segunda opción se equivocara; por ejemplo, sólo con que a continuación el maestro hubiera proferido una frase que excluyera sin ambigüedad posible la intencionalidad irónica.

Y, en tercer lugar, como ha mostrado ya el ejemplo que acabamos de analizar, el lenguaje siempre se inscribe dentro del marco más amplio de las prácticas sociales y culturales; es decir, está siempre determinado por pautas colectivas de comportamiento, se consideren o no estas pautas como parte del mundo real o referencial o de un mundo construido simbólicamente. Es inevitable que «*April*» y «abril» evoquen connotaciones completamente diferentes en un inglés y en un chileno en sus respectivos hemisferios; de modo similar, «*bat*» y «murciélago», en la cultura europea occidental, significa para anglohablantes y castellanohablantes, más allá de la criatura física a la que ambas palabras designan, algo muy diferente de lo que designa el correspondiente carácter chino 蝠, homófono del que significa «felicidad», 福. En las culturas occidentales, el murciélago está asociado tradicionalmente al mal (recuérdense, por ejemplo, los demonios con alas de murciélago de El Bosco, o bien «El sueño de la razón produce monstruos» y otros *Caprichos* de Goya que muestran a brujas y otros seres ávidos de sangre en compañía de estos pequeños animales nocturnos), una imagen reforzada por la mitología popular relacionada con los vampiros. En la cultura china, en cambio, el murciélago es un símbolo de longevidad y felicidad que constituye un icono decorativo presente en bodas y otras celebraciones.

A pesar de todo, aún concediendo su parte de verdad a las hipótesis acerca del relativismo lingüístico y la indeterminación de la traducción cuando subrayan las dificultades de establecer correlatos entre lenguas, eso no significa que la traducción no pueda establecer un puente sobre el abismo que a veces parece separarlas. Desde un punto de vista estrictamente práctico, una de las principales dificultades en traducción proviene del hecho de que los dos sistemas de lenguaje pueden no coincidir en la mente y la experiencia del traductor.

Lecturas recomendadas

Acero, J. J., E. Bustos y D. Quesada, *Introducción a la filosofía del lenguaje*, Madrid, Cátedra, 1982.

Ferrater Mora, J., *Diccionario de Filosofía*, Barcelona, Círculo de Lectores, 1992, 4 vols.

García-Carpintero, M., *Las palabras, las ideas y las cosas. Una presentación de la filosofía del lenguaje*, Barcelona, Ariel, 1996.

Hierro S. Pescador, J., *Principios de filosofía del lenguaje*, Madrid, Alianza, 1982, 2 vols.

Hospers, J.,*Introducción al análisis filosófico*, trad. Julio César Armero, Madrid, Alianza, 1984.

Kenny, A., *Wittgenstein*, trad. Alfredo Deaño, Madrid, Alianza, 1982.

Leech, G., *Principles of Pragmatics*, Londres/Nueva York, Longman, 1983.

Levinson, S., *Pragmatics*, Cambridge, Cambridge University Press, 1983.

Lyons, J., *Lenguaje, significado y contexto*, trad. Santiago Alcoba, superv. Fernando Huerta, Barcelona, Paidós, 1995, 2ª reimp.

Murphy, J. P., *Pragmatics. From Peirce to Davidson*, Boulder/San Francisco/Oxford, Westview Press, 1990.

Capítulo tercero

El «genio de la lengua» y la traducción

En el capítulo anterior hemos tratado, desde el punto de vista de la filosofía y la antropología cultural, algunas cuestiones relacionadas con el lenguaje. Ahora nos centraremos en un punto de vista más aplicado a la propia realidad de las lenguas y comentaremos algunas generalidades acerca del inglés y el castellano desde una perspectiva comparatista, lo cual constituye a nuestro entender una valiosa ayuda a la hora de resolver los problemas concretos que presenta la traducción; sin embargo, antes recordaremos algunas propiedades que parecen estar presentes en la estructura de todas las lenguas.

Algunos rasgos comunes: arbitrariedad, elementos discretos, doble estructuración, productividad

Todas las lenguas, por el hecho de serlo, presentan semejanzas y diferencias. En la definición de los rasgos compartidos por todas las lenguas han desempeñado un papel fundamental las corrientes estructuralistas y, en especial, la obra de Noam Chomsky, que se inicia a finales de la década de 1950. Al énfasis dado al estudio de los usos por los pragmatistas —cuyo enfoque, como se ha visto, nace en el campo de la filosofía—, se contrapone, pues, la corriente lingüística, que intenta analizar las estructuras e identificar los posibles rasgos universales del lenguaje, el posible orden profundo que subyace a su diversidad superficial. Estas dos perspectivas no son en modo alguno excluyentes, pese a que lo diverso de los enfoques las ha conducido a centrar sus investigaciones en aspectos diferentes del lenguaje. A continuación citaremos sólo cuatro de estas propiedades generales, que están interrelacionadas y otorgan flexibilidad al lenguaje humano.

En primer lugar, una característica común a todas las lenguas es la arbitrariedad, que en su forma más elemental se manifiesta en la ausencia de relación natural entre los códigos del lenguaje corriente y los sucesos o propiedades a los que hacen referencia, entre la forma y el significado. El debate iniciado en el *Crátilo* de Platón (siglos v-iv a.C.) acerca de la naturaleza convencional o natural del lenguaje parece haber llegado a su conclusión a principios de nuestro siglo con la afirmación de Ferdinand de Saussure de la arbitrariedad del emparejamiento de sonido y significado en el signo lingüístico. La palabra «fuego» no quema, la palabra «león» no ruge; asociamos determinados conceptos a determinadas palabras como resultado de nuestro proceso de endoculturación, el proceso por medio del cual adquirimos las pautas de comportamiento de nuestra cultura. Las onomatopeyas, esgrimidas en ocasiones como prueba de un posible origen natural del lenguaje, dejan de ser un asidero firme en semejante argumentación cuando se compara, por ejemplo, el canto de un gallo en inglés («*cock-a-doodle-do*»), ruso («cucuricú») o albanés («kikikú»), por citar sólo tres lenguas indoeuropeas.

Otra muestra de arbitrariedad es la que podemos observar en la estructural gramatical o el funcionamiento sintáctico de cada lengua particular. El orden de las palabras en las diferentes lenguas no puede explicarse en función de grandes principios generales lógicos o psicológicos.

Un segundo rasgo compartido es la utilización de elementos discretos, es decir, de elementos que contrastan entre sí y no forman un contínuum (a diferencia de los gruñidos, cuyo significado varía según la intensidad). Si modificamos un fonema de una palabra, el resultado será una palabra inexistente y desprovista de significado u otra palabra con un significado completamente diferente.

Una tercera característica es la doble organización de la estructura de las lenguas, que están constituidas por un número reducido de sonidos arbitrarios, que carecen de significado y que los hablantes perciben como diferenciados, y por la combinación de estos sonidos en cadenas de significado. Estos elementos pueden agruparse para dar lugar a estructuras más complejas cuyo significado difiere del de los elementos por separado. En los sistemas de comunicación de los animales, por ejemplo, las unidades primarias no se combinan para formar elementos complejos, como ocurre con las palabras y las frases del lenguaje humano.

En teoría, basta un código con dos unidades (como el utilizado por los ordenadores) para conseguir este tipo de productividad,
pero una lengua natural que utilizara sólo dos fonemas necesitaría
secuencias larguísimas para transmitir mensajes relativamente
simples. El número de fonemas de las lenguas conocidas varía entre
los 11 del rotoca, hablado en las islas Salomón, y los 141 del cungo,
de África del Sur.

Y, en cuarto lugar, esta dualidad permite una productividad semántica ilimitada, es decir que a partir de un número finito de unidades
podemos generar un número infinito de mensajes. Todas las lenguas
poseen la capacidad de utilizar los elementos conocidos para producir
otros nuevos hasta ese momento. No existe algo así como la frase
más larga de una lengua. Y, lo que es más importante, esta productividad no está limitada a unos temas concretos, sino que podemos hablar de cualquier cosa; a diferencia, por ejemplo, de lo que ocurre con
el sistema de comunicación de las abejas, un sistema que permite
múltiples mensajes, pero donde no existe una relación de arbitrariedad entre la señal y el mensaje, y no es posible transmitir información más que sobre la dirección y la distancia de la fuente de polen.

Gramaticalidad y universales

Noam Chomsky[56] ha hecho hincapié en esta productividad para
analizar el lenguaje en términos gramaticales, como un sistema de
reglas que operan en múltiples niveles. Todas las lenguas poseen reglas que permiten o impiden ciertas construcciones. Estas reglas, por
ejemplo, rigen la combinación de fonemas para formar morfemas. La
yuxtaposición «zb» dentro de la sílaba no es posible ni en inglés ni en
castellano —aunque sí lo es en polaco— y cualquier hablante de las
dos primeras lenguas reconocerá como imposible en su idioma cualquier palabra que contenga ese par de letras de forma contigua en
una misma sílaba. Asimismo, dichas reglas especifican los modos

---

56. Noam Chomsky, *Syntactic Structures*, La Haya, Mouton, 1957; *Aspects of
the Theory of Syntax*, Cambridge (Mass.), MIT Press, 1965; *Knowledge of Language*, Nueva York, Praeger, 1986.

en que pueden combinarse las palabras, al margen de que hayan sido oídas antes y al margen de su sentido. Casi todos los anglohablantes serán capaces de reconocer la gramaticalidad de «*Colorless green ideas sleep furiously*» (a pesar de su incoherencia semántica), al contrario de lo que ocurriría en el caso de «*Furiously sleep ideas green colorless*». Además, podrán reconocer las transgresiones gramaticales de una frase como «*Us let an example take*» y, a pesar de ellas, atribuirle cierto significado. Esta capacidad, presente en el niño desde una edad muy temprana, así como la velocidad de su aprendizaje lingüístico y la posibilidad de construir expresiones gramaticales no oídas con anterioridad, ha hecho afirmar a Chomsky que la facultad de aprendizaje del lenguaje es innata en el hombre y específica de la especie humana.

El planteamiento antiempirista de Chomsky intenta subsanar el fracaso de la lingüística estructural a la hora de explicar hechos sintácticos ambiguos o las relaciones entre ciertas oraciones y entre sus componentes. A nivel superficial, «*John is easy to please*» y «*John is eager to please*» podrían analizarse de la misma manera, pero, a pesar de la semejanza aparente, estas dos oraciones tienen propiedades gramaticales completamente diferentes. Asimismo, una frase como «*I like her singing*» oculta, bajo la aparente claridad léxica y gramatical una profunda ambigüedad.

El intento de la gramática generativa es el intento de encontrar las estructuras profundas que subyacen al comportamiento de todas las lenguas; o, dicho de otro modo, de llegar a un conjunto de reglas (una gramática) capaz de generar únicamente oraciones gramaticales.

Este interés por los rasgos universales puede verse como una continuación de los trabajos de los gramáticos de Port-Royal (siglo XVII) y las «gramáticas especulativas» de los escolásticos medievales, los *modistae* (siglos XIII y XIV). La perspectiva chomskyana hace hincapié en el conocimiento de la lengua por parte del hablante (la competencia) más que en el uso real (la actuación), distingue entre estructura profunda y estructura superficial de las oraciones e intenta desentrañar la naturaleza del lenguaje humano a través de la identificación de las reglas que rigen esta estructura sintáctica profunda, unas reglas de validez universal puesto que se consideran basadas en propiedades innatas. El modelo chomskyano ha sufrido grandes modificaciones desde su primera formulación en 1957 (por ejemplo, la incorporación del componente semántico).

El debate contemporáneo sobre el estudio de estos universales está centrado en torno a dos posiciones que son, en el fondo, complementarias. Para la primera, lo importante es la búsqueda de rasgos estructurales compartidos por todas las lenguas estudiando de modo exhaustivo y abstracto (por medio de las reglas generativo-transformacionales) una lengua individual (sobre todo, el inglés); para la segunda, la atención se centra en el análisis concreto del mayor número posible de lenguas para, del estudio de los rasgos diferenciales, extraer con mayor pertinencia los rasgos compartidos de modo más general, una especie de universales «relativos» llamados tendencias o universales estadísticos.[57]

La meta de los universalistas es llegar a unos universales «absolutos» que se apliquen sin excepción a todas las lenguas; el problema es que con la mayoría de los universales absolutos que es posible postular no parece llegarse demasiado lejos. (Un ejemplo de universal absoluto es: todas las lenguas tienen vocales.) Por ello, al final se está adoptando una postura más flexible que acepta las tendencias de los tipologistas. (Un ejemplo de tendencia es: en casi todas las lenguas el sujeto precede al objeto.)

Una vez subrayadas algunas propiedades que parecen compartir todas las lenguas, nos extenderemos en lo que queda de capítulo en la exposición de una serie de diferencias entre el inglés y el castellano. La necesidad misma de la traducción confirma que cada lengua presenta un patrón único de especificidad fonológica, léxica y gramatical que le confiere una identidad lingüística particular y que, en combinación con el desarrollo histórico y cultural de las comunidades de hablantes que la utilizan, ha forjado lo que románticamente se denominó su «espíritu». A este «genio de la lengua» —que, a diferencia de los románticos, no podemos considerar ya como emanación de un supuesto espíritu nacional, sino como resultado de la arbitrariedad y la evolución histórica— se refiere Gerardo Vázquez-Ayora:

> Lo esencial es recordar que cada lengua se caracteriza por un «proceder privativo» y propio, que es su espíritu, y que constituye lo que se conoce como el genio de la lengua. El genio de la lengua es aquella «preferencia secreta», a la que, según insiste Jean Darbelnet, hay que prestar suma atención. La orientación conceptual y cultural

---

57. Como ejemplo de la primera posición, pueden verse las obras de Chomsky; como ejemplo de la segunda, cuyo principal representante es Joseph Greenberg, puede verse Bernard Comrie, *Language Universals and Linguistic Typology*, Oxford, Basil Blackwell, 1981.

imprime su sello en cada lengua y exige las modalidades de expresión
y los giros que sean auténticos para que la traducción no parezca
extraña, fría y disecada.[58]

Evolución histórica y variación diatópica

En su primera época, entre los siglos vi y xi, la lengua germánica
que se conocería con el nombre de inglés se vio sometida a un rápido
cambio forzado debido a la invasión y el asentamiento de pueblos
escandinavos, que hablaban diversas lenguas germánicas (siglos
viii-ix), y más tarde de los conquistadores franconormandos (1066),
cuya lengua, junto con el latín eclesiástico, desplazaría al inglés
como lengua literaria y cortesana durante unos trescientos años.
Los primeros registros escritos de lo que se considera inglés antiguo
datan de la época de Beda el Venerable (siglo viii). Cada nueva
aportación lingüística dejó huellas indelebles, tanto léxicas como
sintácticas, en la lengua vernácula, y el resultado ha sido un amplio
repertorio de vocales y consonantes (45 sonidos básicos). La gran
riqueza sinonímica de la lengua inglesa y su anárquica ortografía
proceden de estas diversas fuentes: los dialectos germánicos occidentales («*steorfa*», que signifa «morir», de donde el moderno «*starve*»,
el noruego («*deya*», el reconocible antepasado de «*to die*»), el francés
(que legó al inglés palabras como «*mortgage*») y el latín (que dio lugar
a «*defunct*»).

Se considera que el primer registro histórico del castellano son
unos comentarios a un texto religioso escrito en el monasterio de
San Millán (las Glosas Emilianenses, unas cuarenta palabras;
segunda mitad del siglo x). La base lingüística del castellano (que
cuenta con 24 sonidos básicos) la constituye el latín, introducido por
las tropas de Roma enviadas a luchar contra los ejércitos cartagineses
(la conquista romana finaliza en el año 15 a.C.). El latín sustituyó las
lenguas prerromanas, de las que subsisten unas pocas palabras. Son
importantes también, relacionadas con invasiones guerreras, las

---

58. Gerardo Vázquez-Ayora, *Introducción a la traductología*, Washington (D.C.),
Georgetown University Press, 1977, pp., 85-86.

aportaciones germánicas (a partir del siglo III; terminología militar, palabras de uso cotidiano y algunos adjetivos comunes, así como numerosos topónimos y antropónimos) y las árabes (a partir del siglo VIII; unas 4.000 palabras, relacionadas con la horticultura, el riego, la administración y la ciencia). A partir del siglo XV, se produce una nueva latinización, vinculada a la fascinación renacentista por la cultura clásica, se introducen además voces de otras lenguas romances y, también, de las lenguas americanas. En el siglo XVIII, como consecuencia de la difusión de las ideas ilustradas francesas, se inicia un período que se prolonga hasta mediados del siglo XX en el que la principal fuente de préstamos lingüísticos es el francés; posteriormente, como resultado de la difusión de la cultura anglosajona, el inglés (sobre todo, el estadounidense) pasa a ejercer una poderosísima influencia en el castellano.

Desde 1713, la sintaxis y la ortografía castellanas están reguladas por la Real Academia Española, creada a imitación de la Academia Francesa (1634). El inglés, en cambio, carece de un órgano regulador similar; se ha desarrollado y continúa evolucionando al margen de cualquier autoridad prescriptiva verdaderamente inapelable a partir del uso común y sujeto sólo a las limitaciones del gusto culto y el consenso.[59]

En el caso del inglés como lengua de partida de traducción, enseguida nos enfrentamos a la vasta divergencia cultural de los pueblos que hoy comparten el zócalo común de ese vehículo de expresión. Además de las diversas formas fundamentales de inglés habladas en las islas Británicas (con las variedades fonológicas y sintácticas de Irlanda, Escocia, Gales e Inglaterra), es preciso reconocer el carácter individual y el patrimonio cultural específico de las variedades habladas en Canadá, Estados Unidos, Australia, Nueva Zelanda, Antillas, Sudáfrica y Singapur, así como las peculiaridades del inglés de la India, Pakistán, Hong Kong, Indonesia y muchos países africanos, donde se utiliza como idioma cooficial o como segunda lengua aglutinadora. En la actualidad, se estima que el número total de hablantes nativos del inglés supera los 350 millones, una cifra que sólo es inferior a la del chino mandarín; además, el inglés es hablado habitualmente como segunda lengua

---

59. A pesar de la existencia de la Sociedad Filológica de Londres, la verdadera autoridad lingüística de facto es el *Oxford English Dictionary*, cuya primera edición en fascículos se realizó entre 1884 y 1928. En Estados Unidos, desempeña esta función el diccionario de Noah Webster (1ª edición: 1847).

por otros 400 millones de personas en todo el mundo y su difusión geográfica es mayor que la de cualquier otro idioma.

En este punto, quizá valga la pena repetir que la traducción es, por encima de todo, un puente lingüístico entre culturas y que un buen conocimiento del inglés británico o estadounidense estándar no basta al traductor al castellano para trasladar, por ejemplo, las obras vernáculas del escritor barbadense Edward Kamau Brathwaite más de lo que le permite comprenderlas a un hablante nativo inglés que no haya nacido en las Antillas. Para ilustración de escépticos, presentamos a continuación un breve fragmento del poema «Starvation» de Brathwaite:

This is no white man lan'
an yet we have ghetto here
we have place where man cyaan live good
we have place where man have to sweat shit
we have place where man die wid im eye-water dry up
where he cyaan even cry tribulation
where de dry river rocks clog im in

i did swim into dis worl' from a was a small bwoy
an i never see harbour yet
ship cyan spot no pilot light
i burnin through dis wall o silence
wid me dread

look how i look pan likke fun;
herb, soun' system
runnin a groun' wid de don drummon blues
summon de nyah bingeh
but non-a dem come[60]

Basta una simple ojeada para percibir la distancia entre el inglés de este texto y cualquier forma «estándar», en lo que hace a la ortografía (el apócope de palabras acabadas en -*nd*, -*ld*, etc., que da «*lan'*», «*worl'*» y «*groun'*»; la transformación de «*th*» en «*d*», como en «*dis*»; la transformación de «*-ttle*» en «*-kkle*», como en «*likkle*», reflejo de la realidad fonológica del inglés caribeño; el desarrollo morfológico («*cyaan*» = «*cannot*»), un extraño pretérito con el auxiliar «*do*» («*i did*

---

60. Edward Kamau Brathwaite, en *The Penguin Book of Caribbean Verse*, Londres, Penguin, 1986, p. 257.

swim»), y las formas específicas del adjetivo posesivo («*im [his] eyewater*» y «*me [my] dread*»). Además de los múltiples elementos léxicos peculiares del inglés antillano presentes en el resto del poema, hay también referencias culturales propias del Caribe, como «*don drummon*» y «*nyah bingeh*».[61]

El castellano, como el inglés, es la lengua de un país que difundió su idioma por vastas posesiones ultramarinas; hoy es la lengua materna de algo más de 300 millones de personas en España, dieciocho países latinoamericanos y Guinea Ecuatorial, asimismo tiene una gran comunidad de hablantes en Estados Unidos y minorías diseminadas en Filipinas, Australia, Marruecos, Sáhara, así como las minorías sefardíes de los Balcanes e Israel. Sin embargo, a pesar del número de hablantes nativos y la extensión geográfica del castellano, comparable de algún modo a la del inglés, el castellano ha evolucionado y se ha diversificado menos que este último a partir de las primeras manifestaciones documentadas.

El orden SVO: un patrón común

En tanto que primos lejanos dentro de la familia indoeuropea, el inglés y el castellano comparten muchos elementos comunes; ambas lenguas, aunque en diferentes grados, siguen un orden SVO, es decir, que predomina en ellas el orden sujeto-verbo-objeto/complemento. En inglés moderno, este esquema es el preferido de modo mayoritario, aunque, como señala Barbara Strang, no siempre ha sido así;[62] en castellano, se trata de un orden básico del que la lengua

---

61. Don Drummon fue un famoso trombonista jamaicano que se volvió loco y en 1969, tras cometer un crimen pasional, se suicidó. La expresión «*nyah bingeh*», que procede del África oriental, es el nombre de un culto religioso-político anticolonial de principios de siglo; se aplica a los guerreros rastafaris y también a una reunión ceremonial de rastafaris.

62. Barbara Strang, *A History of English*, Londres/Nueva York, Routledge, 1989, p. 101: «*Finally, we must record the growing regularisation of order within the clause. The unmarked order of elements, the order followed unless there is a reason to depart from it, is SVO. [...] In an Old English poetic text it occurs in 16% of clauses, but in later prose in 40%; the percentage grows through the Middle English and*

se aparta con frecuencia en respuesta a los dictados del estilo y la expresividad individual. Semejante versatilidad es posible gracias al gran sistema de desinencias del castellano,[63] mientras que, en inglés, el sentido o la interpretabilidad de un enunciado depende principalmente, debido a la simplicidad morfológica mencionada más arriba, de la posición rígidamente fijada de los diversos elementos gramaticales que lo constituyen, así como del acento tónico, los grupos rítmicos y los patrones de entonación de la lengua hablada. Consideremos, como botón de muestra, esta pieza de coleccionista de la redacción ambigua: «*Wanted: 50 girls for stripping machine operators in factory*». Dos son las lecturas posibles según el patrón rítmico: «*50 girls for strípping machine operators in fáctory*» y «*50 girls for stripping machíne operators in fáctory*». Puesto que el anuncio se publicó en la sección de demandas de un periódico, interpretamos la frase de acuerdo con el primero de los dos patrones rítmicos, en el que «*stripping machine operators*» forma una unidad de sentido que describe la clase de empleo vacante. La segunda lectura, que podría haber sido pertinente si el anuncio hubiera aparecido en la sección de contactos, implica un patrón rítmico y, por lo tanto, una segmentación semántica de la frase completamente diferentes, constituyendo «*machine operators*» una unidad de sentido que hace referencia a los obreros que el anuncio pretende desnudar con la ayuda de las 50 afortunadas elegidas. Problemas similares de interpretación pueden producirse en el caso de los titulares de periódico y en todas las demás formas de inglés telegráfico en las que la supresión de palabras funcionales, como los artículos, junto con la ausencia de cualquier indicación respecto a la posición del acento en la palabra escrita, dificulte la distinción entre verbos y nombres o entre nombres y adjetivos homógrafos:

Nurse helps dog bite victim

Early New English periods, reaching 93% in Shakespeare's prose, and 86% in his poetry. The gap between prose and verse persists, and in the remaining centuries the figures for prose climb steadily the small remaining distance, reaching 99% in Shaw».

El *Book of Common Prayer* (1549) ofrece quizá el ejemplo más conocido del, en otro tiempo, habitual orden SOV del inglés. Procede de la fórmula del rito matrimonial y sigue utilizándose en la actualidad: «*With this ring I thee wed, with my body I thee worship, and with all my worldly goods I thee endow*».

63. En castellano, cada verbo tiene entre 46-48 formas posibles con las que señalar las variaciones de tiempo, aspecto, modo, número y persona, en oposición a la gama entre la forma única (*must, ought*) y las ocho formas (*be*) del inglés.

British plan to resume negotiations

Toda lengua desarrolla sus modos particulares de disponer las palabras dentro de la oración, y el grado de flexibilidad del orden de las palabras depende del principio general que vincula sintaxis y morfología resumido por Valentín García Yebra en los siguientes términos:

> La libertad en la ordenación de las palabras aumenta o disminuye según sea mayor o menor el número de variaciones formales o morfológicas de los elementos léxicos de cada lengua.[64]

El hecho de que el castellano haya conservado, ortográfica y fonéticamente, sus desinencias verbales le permite un mayor margen de libertad en el orden de las palabras en comparación con el inglés. Esta característica también explica la omisión habitual del sujeto pronominal en la forma no marcada, algo en lo que el castellano difiere radicalmente del inglés, donde el sujeto pronominal se expresa casi siempre. A pesar de la libertad relativa del orden de las palabras en castellano (lo cual no significa, de todos modos, que las diferentes posibilidades de ordenación de los elementos de una frase tengan el mismo valor comunicativo), la principal diferencia en este sentido con respecto al inglés radica en la capacidad del castellano de colocar el sujeto después del verbo. Este orden se produce en una serie de situaciones diferentes, entre ellas, el énfasis, la contradicción o el contraste («¡Te lo digo yo!») y tras un adverbio o un complemento adverbial al principio de una oración subordinada, como en los siguientes ejemplos:

> Los maestros saben con cuánta dificultad aprenden sus alumnos a distinguir la oración principal dentro del período hipotáctico.

> así llegó el sol a la mitad de su carrera, y el afán de los hombres al descanso del mediodía. Entonces se alzaron súbitamente remolinos de polvo en las calles de la ciudad; azotó la cara de los transeúntes una ráfaga de viento húmedo y frío: oyóse el chasquido de algunas vidrieras sacudidas contra la pared; cubrió los cerros del Oeste un velo achubascado; nublóse repentinamente el sol; tomó la bahía un

---

64. Valentín García Yebra, *Teoría y práctica de la traducción*, Madrid, Gredos, 1982, vol. 2, p. 416.

color verdoso con fajas blanquecinas y rizadas, y comenzó a estrellarse contra las fachadas traseras de la población una lluvia gruesa y
fría.

La característica de colocar el sujeto después del verbo es
común en otras lenguas romances meridionales, en especial el
portugués, y puede haberse visto reforzada por el orden VSO del
árabe.[65] Además, la frecuente inversión del sujeto y el verbo en
castellano quizá se deba a las exigencias del ritmo trocaico (óo)
subyacente de la lengua, distinto del patrón yámbico básico (oó)
del inglés. El acento tónico dominante en castellano es llano, sólo
el 2% de las palabras están acentuadas de modo esdrújulo y el
11% son palabras agudas; en contraste con el inglés, las frases en
castellano no tienden a acentuarse en la última sílaba. Este patrón rítmico puede mantenerse adoptando el orden verbo-sujeto,
como en la traducción de «*Your father gave it to me*»: «Me lo dio
tu padre», en tanto que alternativa a «Tu padre me lo dio». Las
limitaciones rítmicas podrían ser también las responsables de la
resistencia del castellano, de nuevo en marcada oposición con el
inglés, a la colocación del verbo al final de la oración, ya sea
principal o subordinada.

A pesar de todo, el castellano sigue siendo básicamente una
lengua con un orden sujeto-verbo-objeto/complemento, como puede
verse si se examina la estructura de estas sencillas oraciones
enunciativas:

El médico visitó al niño.

La perfumería está en la planta baja.

El fenómeno es interesante.

Por supuesto, es posible en castellano dar relieve a un objeto o
complemento formado por una cláusula nominal o un nombre propio
desplazándolo al principio de la frase y, en el caso de un objeto
nominal, insertando un pronombre pleonástico ante el verbo:

---

65. John N. Green, «Spanish», en Bernard Comrie (comp.), *The World's Major
Languages*, Londres/Sidney, Croom Helm, 1987, p. 239.

Al niño lo visitó el médico.

En la planta baja está la perfumería.

Es interesante el fenómeno.

Por lo general, pues, al igual que en inglés, el tema (o elemento conocido) de la oración precede al rema (o información nueva), y tema y sujeto tienden a coincidir, ocupando la posición inicial dentro de la oración, mientras que el predicado y el rema aparecen en segundo término. En castellano, como hemos visto, esta norma puede transgredirse con mayor facilidad para conseguir ciertos efectos especiales; se trata de un recurso resaltador que a menudo coincide naturalmente con la estrategia inglesa de puesta en relieve por medio de la voz pasiva:

They gave the child a cuddly toy.

The child was given a cuddly toy.

Si bien la voz pasiva podría (gramaticalmente, al menos) utilizarse para traducir esta frase al castellano, el resultado sería extremadamente rígido e inapropiado («Al niño le fue regalado un muñeco de peluche»); como mínimo, por la engorrosa construcción exigida para trasladar la pasiva indirecta inglesa, que carece de forma similar en castellano. Una traducción más natural aprovechará la flexibilidad en el orden de las palabras del castellano, que permite el uso de la anteposición para resaltar el interés del hablante:

Al niño le regalaron un muñeco de peluche.

Hasta aquí hemos comentado algunas de las grandes tendencias propias del inglés y el castellano relacionadas con el rasgo común del orden SVO, pero ¿de qué otras peculiaridades debe ser consciente el traductor que trabaja con estas dos lenguas y, de modo específico, desde la primera a la segunda?

Dos lógicas internas diferentes

Diversos autores han identificado cierto número de características o tendencias generales divergentes del inglés y el castellano
relacionadas con los modos en que estas dos lenguas segmentan y
describen la realidad. En el caso del inglés (y comparándolo con el
francés), Vinay y Darbelnet[66] señalan la concisión y la economía de
esta lengua, su preferencia por la visión impersonal de la realidad,
el favorecimiento de la evocación sensorial de los aspectos inmedia-
tos de las cosas y los acontecimientos en detrimento de su análisis
abstracto, así como la tendencia (reflejada en el uso frecuente de la
voz pasiva) a la circunspección y a evitar el nombramiento directo
del agente de la acción.

The young Pau Casals' talent was very quickly recognized.

El público reconoció muy pronto el talento del joven Pau Casals.

Manuel Criado de Val observa la mayor evolución fonética,
morfológica y sintáctica del inglés en comparación con el castellano,
así como las características homonímicas y polisémicas del primero,
el «sentido utilitario y activo», la atención al detalle de lo cotidiano:
«diferenciación entre lo habitual y lo imprevisto, predominio de las
formas del presente, economía y flexibilidad morfológicas».[67]

Por su parte, Henri van Hoof[68] señala la concisión, la elipsis, la
concreción y el dinamismo del inglés (comparándolo con el francés);
unas características ya observadas, en relación con el castellano,
por Gerardo Vázquez-Ayora, para quien el inglés es una lengua que
expresa la realidad de un modo objetivo y descriptivo, cinematográ-
fico, mientras que el castellano percibe la realidad de una forma más
abstracta y analítica. Este autor hace hincapié en las sutilezas
modales del subjuntivo y en la «lógica subjetiva» del castellano, un
rasgo ejemplificado en la proliferación de diminutivos y aumentativos
que tiñen el objeto descrito con la percepción parcial que el hablante

---

66. Jean-Paul Vinay y Jean Darbelnet, *Stylistique comparée du français et de
l'anglais*, París, Didier, 1977, ed. rev. y corr., pp. 220 y ss.

67. Manuel Criado de Val, *Fisonomía del idioma español: sus características
comparadas con las del francés, italiano, portugués, inglés y alemán*, Madrid,
Aguilar, 1962, p. 227.

68. Henri van Hoof, *Traduire l'anglais. Théorie et pratique*, París, Duculot,
1989, p. 16.

tiene de él, así como en su inversión del verbo (una característica que obedece, como se ha observado, a la preeminencia enfática y, en palabras de Vázquez-Ayora, a «causas afectivas»). En resumen, escribe del inglés, «el positivismo inglés y su visión objetiva del mundo dictan el orden lógico y racionalista»; y del castellano, «el español funciona en el plano psicológico, es más anárquico y arbitrario frente a la realidad, deja mucho a las presuposiciones psicológicas del interlocutor».[69]

Al hablar del «espíritu» esencial o de la querencia particular de una lengua, resulta difícil saber en qué medida estamos influenciados por los tópicos relacionados con el carácter nacional (pasión latina frente a flema nórdica) que luego transferimos al correspondiente sistema lingüístico, percibiendo sólo las pruebas de aquello de lo que ya estamos convencidos de que vamos a encontrar. No obstante, las observaciones comparatistas relacionadas con la expresión concisa y dinámica de la realidad que constituye la marca distintiva del inglés son sin duda ciertas y debidas en parte a la naturaleza mercúrica de las palabras inglesas y a la facilidad, comparable a la de un juego de Lego, con que pueden combinarse los morfemas para formar nuevos términos (*«unexceptionableness»*, *«otherworldliness»*, *«unstoppability»*, *«unmicrowavability»*).[70] La maleabilidad de las palabras inglesas permite convertir en verbo, por ejemplo, prácticamente cualquier palabra, incluso una marca.

Morris e'd [e-mailed] me back from Amsterdam.

I called a travel agent in Bellevue and VISA'd a ticket to San Jose.

Los sustantivos pueden convertirse en adjetivos mediante la simple anteposición a otro sustantivo o adjetivo, como en *«wafer thin salmon paste sandwiches»*, transformarse en adjetivos con el añadido de un sufijo, como en *«a schoolmasterly smile»*, o disfrazarse de un participio pasado, *«a barber's red-ribboned pillar twisting around inside a chrysalis of glass»*; en estos casos, la traducción puede exigir

---

69. Gerardo Vázquez-Ayora, *Introducción a la traductología*, Washington (D.C.), Georgetown University Press, 1977, pp. 82-86.
70. Sobre el sistema de prefijos y sufijos, así como los demás recursos para la formación de palabras en inglés, puede verse el apéndice «Word-formation», en Randolph Quirk y Sidney Greenbaum, *A University Grammar of English*, Harlow, Longman, 1993, 28ª ed., pp. 430 y ss.

a veces toda una frase. La versatilidad del gerundio (véase el ejemplo anterior), la combinación de verbos y preposiciones y la rapidez monosilábica del inglés, como en el siguiente ejemplo de *Grimus* de Salman Rushdie, dan también fe de la dinámica economía de la lengua:

> *Terror entered her. She hauled open the lid of the trunk and jumped in. [...] "Apage me!" shrieked Dolores O'Toole and pulled the lid of the trunk shut over her head.*

Parataxis, elipsis, lítotes

Otros rasgos inherentes del inglés que no pueden atribuirse únicamente a la idiosincrasia del estilo de los autores individuales, sino más bien a la tiranía de la lengua, son la parataxis, la elipsis y la lítotes.

Esta última, la figura retórica de la atenuación relacionada con ese otro modo de expresión inglés, la ironía, se encuentra frecuentemente en el inglés cotidiano, en expresiones como «*She's not hard up for a penny or two*», «*He's not exactly an Einstein*», «*It's not bad*» (con el significado de «Es muy bueno») y «*She's rather pretty*» (con el significado de «Es muy atractiva»). De la lítotes, Geoffrey Leech escribe lo siguiente:

> Litotes expresses an overt lack of commitment, and so implies a desire to suppress or conceal one's true attitude; but paradoxically this may, like hyperbole, be a mode of intensification, suggesting that the speaker's feelings are too deep for plain expression. Because of its two-layer significance – superficial indifference and underlying commitment – litotes is often treated as a category of irony.[71]

En la misma obra, Leech también apunta con acierto al género como factor que rige en inglés la elección de esta figura retórica; la

---

71. Geoffrey Leech, *A Linguistic Guide to English Poetry*, Londres, Longman, 1969, p. 170.

mencionada expresión de aprobación «*it's not bad*» se oye con mucha mayor frecuencia como enunciación de un hombre que de una mujer; y aquí, recordando la observación de Vinay y Darbelnet de que los anglosajones (léase los «ingleses») suelen ser reservados,[72] volvemos —no sin cierto grado de circunspección— a buscar una explicación de este fenómeno lingüístico en los lugares comunes relacionados con el carácter nacional, según los cuales los ingleses reprimen toda expresión directa de las emociones intensas y prefieren ocultar sus sentimientos bajo el implícito y la jocosidad, o ambas cosas.

En relación con la arquitectura sintáctica de sus frases, el inglés contemporáneo favorece la parataxis, con su uso de la yuxtaposición, y el asíndeton, con su uso de la elipsis, en detrimento de la hipotaxis. Justamente lo contrario ocurre en castellano, que tiende a construir su discurso dentro y fuera de la frase en un entramado hipotáctico más complejo y prefiere la subordinación a la coordinación. Vázquez-Ayora escribe:

> En nuestra lengua, cuanto más avanzado el nivel de instrucción y cultura, y más aún en el plano literario, mayor es la «densidad hipotáctica». En el habla vulgar y la de los niños se nota la marcada ausencia del procedimiento. De ahí que hayamos hecho notar con insistencia que algunas versiones, especialmente de escritos ingleses, pues no todos son puramente paratácticos, desdicen el espíritu del español que exige una urdimbre más estrecha del párrafo. El simple enlace de conjunciones le da la apariencia de lenguaje descuidado.[73]

De acuerdo con Vázquez-Ayora, habría que recordar que el asíndeton es quizá tan común en castellano informal hablado como en inglés:

Taste the ice-cream – it's delicious.
Prueba el helado; está riquísimo.

---

72. Jean-Paul Vinay y Jean Darbelnet, *Stylistique comparée du français et de l'anglais*, París, Didier, 1977, ed. rev. y corr., p. 136: «*On ne peut s'empêcher d'établir un rapport entre cette construction et la répugnance des Anglo-saxons à formuler tout de suite un jugement ou même une opinion*». [«No podemos evitar establecer una relación entre esta construcción (la voz pasiva) y la renuencia de los anglosajones a formular en el acto un juicio o incluso una opinión.»]

73. Gerardo Vázquez-Ayora, *Introducción a la traductología*, Washington (D.C.), Georgetown University Press, 1977, p. 197.

El caso es que, del mismo modo que las traducciones inglesas de textos en castellano tienden a dividir las frases largas y complejas en otras más simples y cortas, prefiriendo la coordinación a la subordinación original de los segmentos, también los traductores al castellano de prosa inglesa cambian acertadamente la parataxis y la coordinación por la hipotaxis. La confusión entre la lengua como sistema dado y el habla individual del autor conduce al traductor a una imitación servil del patrón original y a una distorsión no justificada de la sintaxis.

Una vez dicho esto, hay que añadir que la desnudez o la concisión estilísticas utilizadas con fines expresivos, tal como las encontramos en Azorín (*La ruta de Don Quijote*) o Hemingway (*Men without Women*), deben respetarse y mantenerse en la lengua de llegada por todos los medios posibles:

> Ya casi estamos en el famoso Puerto Lápiche. El puerto es un anchuroso paso que forma una depresión de la montaña; nuestro carro sube corriendo por el suave declive; muere la tarde; las casas blancas del lugar aparecen de pronto. Entramos en él; son las cinco de la tarde; mañana hemos de ir a la venta famosa donde Don Quijote fue armado caballero.
>
> *It was quiet in the café. There were a few men sitting at tables against the wall. At one table four men played cards. Most of the men sat against the wall smoking; empty coffee-cups and liqueur-glasses before them on the tables. Manuel went through the long room to a small room in the back. A man sat at a table in the corner asleep. Manuel sat down at one of the tables.*

Según Geoffrey Leech y Michael Short, la ausencia de unión gramatical explícita entre elementos oracionales, como se aprecia en el ejemplo de Hemingway, es una característica cada vez más frecuente del inglés:

> We suggest that in the history of fiction writing, there has been a progressive tendency, over the past three hundred years, to dispense with such logical connections between sentences, and to rely instead upon INFERRED connections.[74]

---

74. Geoffrey Leech y Michael Short, *Style in Fiction. A Linguistic Introduction to English Fictional Prose*, Londres/Nueva York, Longman, 1981, p. 249.

En realidad, como señalan estos autores y en contraste con la actual tendencia del estilo inglés de equiparar concisión y elegancia, la abundancia de palabras de enlace puede producir al lector contemporáneo una sensación arcaizante, en especial, cuando este rasgo se combina con un período más largo del que es hoy habitual. Ambas características quedan ilustradas en la siguiente frase procedente de la obra *Grammar of Assent* (1870), escrita por el cardenal John Henry Newman (1801-1890), y citada por Anthony Burgess en su análisis de los escritores británicos y estadounidenses del siglo XIX, unos hombres y unas mujeres «formados en el latín, que intentaron trasladar al inglés la sonoridad de Cicerón»:

> *Passages which to a boy are but rhetorical commonplaces, neither better nor worse than a hundred others which any clever writer might supply, which he gets by heart and thinks very fine, and imitates, as he thinks, successfully, in his own flowing versification, at length come home to him when long years have passed, and he has had experience of life, and pierce him, as if he had never known them, with their sad earnestness and vivid exactness.*[75]

Tales períodos no están confinados a los escritos ensayísticos o filosóficos, sino que se encuentran en la ficción de la época, como puede apreciarse en el siguiente pasaje del capítulo 38 de *Mansfield Park* (1814) de Jane Austen:

> *Every thing supplied an amusement to the high glee of William's mind, and he was full of frolic and joke, in the intervals of their higher-toned subjects, all of which ended, if they did not begin, in praise of the Thrush, conjectures how she would be employed, schemes for an action with some superior force, which (supposing the first lieutenant out of the way – and William was not very merciful to the first lieutenant) was to give himself the next step as soon as possible, or speculations upon prize money, which was to be generously distributed at home, with only the reservation of enough to make the little cottage comfortable, in which he and Fanny were to pass all their middle and latter life together.*

Los escritores británicos y estadounidenses contemporáneos, como la vasta mayoría de sus conciudadanos cultos, ya no están

---

75. Anthony Burgess, *A Mouthful of Air*, Londres, Vintage, 1993, p. 291.

impregnados de los clásicos y este hecho se refleja claramente en su sintaxis. Citando de nuevo a Leech y Short:

> the most conspicuous feature of linkage in modern fiction is its absence: or, speaking less paradoxically, we may observe that the modern novelist tends to rely on INFERRED LINKAGE, or simple juxtaposition, rather than on overt signals.[76]

Esta característica ausencia de enlace entre oraciones y entre sus componentes se ve facilitada por la función articuladora que en inglés desempeñan participios y gerundios; el castellano, en cambio, utiliza otros medios para cumplir esta función, por lo que el traductor debe recurrir a todo un arsenal de estrategias para asegurar la cohesión del discurso.

> *The image of the psychoanalist as a translator is a familiar one, bequeathed to us by Freud.*
> La imagen del psicoanalista como traductor es una imagen familiar que nos ha sido legada por Freud.

> *The brontosaurus, I learned, was an animal that had drowned in the Flood, being too big for Noah to ship aboard the Ark.*
> El brontosaurio, según aprendí, era un animal que se había ahogado en el Diluvio, puesto que era demasiado grande para embarcar en el Arca.

> *With a husband departed, two children grown and no longer living at home, Joan inventories her world: a rent-free apartment, a monthly allowance allotted by her father's, now her, accountant, and a therapist helping her to understand why she behaves as she does so she can change her maladaptive patterns and live a healthier life.*
> Con un marido que la ha abandonado, dos hijos mayores y que ya no viven en casa, Joan realiza el inventario de su mundo: un apartamento por el que no paga alquiler, una mensualidad que le pasa el gestor de su padre —que es ahora el suyo— y una terapeuta que la ayuda a comprender por qué se comporta como lo hace para poder cambiar sus conductas desadaptadas y vivir una vida más sana.

> *Dennis stands, hand on door's edge, eyes on brass doorknob, his wife's reflection curling around its polished surface as she buttons her shirt.*

---

76. Geoffrey Leech y Michael Short, *Style in Fiction. A Linguistic Introduction to English Fictional Prose*, Londres/Nueva York, Longman, 1981, p. 250.

Dennis permanece de pie junto a la puerta, con una mano en el marco y los ojos en el pomo dorado, en cuya brillante superficie se abotona la camisa el reflejo curvo de su esposa.

The Member States currently satisfying the five nominal convergence criteria are identified in a recent study (see Annex 1).

Los Estados Miembros que hoy satisfacen los cinco criterios de convergencia nominal se identifican en un estudio reciente (véase Anexo 1).

Repetición y variación

Como conclusión de este capítulo, reseñaremos una última característica del inglés en la que éste difiere radicalmente del castellano: el valor otorgado a la repetición. Ya se ha hecho referencia al uso de la repetición como forma aceptada de unir ideas y oraciones y de proporcionar cohesión al discurso inglés; el castellano, en cambio, la evita y favorece la variación, entendida como un modo de evitar la repetición carente de propósito retórico.

En el plano básico del sonido, la repetición fonológica o aliteración es un rasgo antiguo profundamente arraigado en la poesía y la prosa inglesas desde la prosodia poética anglosajona (basada en la poesía germánica oral anterior), de la que era el requisito formal básico, del mismo modo que el cómputo silábico, la recurrencia de patrones rítmicos y la rima eran la base de la prosodia clásica.

En el plano léxico, el inglés admite la repetición como procedimiento para subrayar o intensificar la expresión, como puede verse, por ejemplo, en la repetición del adverbio *«very»* (*«He's very very shy»*), la frecuente repetición coordinada del verbo en pasado simple (*«She cried and cried»*, *«We waited and waited»*, *«They tried and tried, but couldn't get it right»*) o en la también frecuente repetición del adjetivo comparativo (*«The roar of the engines grew louder and louder»*). Estos tres tipos de repetición se encuentran en el siguiente ejemplo:

Rapidly, very very quickly, all the colours faded; it became darker and darker as at the beginning of a violent storm; the light sank and sank.

Evidentemente, estas repeticiones son intencionales y apuntan a un objetivo retórico claro: intensificar, enfatizar y dotar al texto de un ritmo deliberado. A veces es posible traducir tales repeticiones con las formas correspondientes en castellano (por ejemplo, tanto «muy» como «más» admiten la repetición enfática), aunque la estrategia usual consiste en emplear la fórmula «cada vez más» seguida de un adjetivo o un adverbio. En la traducción del ejemplo citado más arriba tienen que combinarse diversas soluciones:

> Rápida, muy rápidamente, se desvanecieron todos los colores; la oscuridad fue aumentando, como al principio de una tormenta violenta; la luz declinó cada vez más.

Las repeticiones no coordinadas entre las frases de un texto (y, por supuesto, dentro de ellas) también son frecuentes en inglés:

> *The portraits of Saint John the Evangelist and Saint Paul are fundamental to our understanding of the early work that Velázquez carried out in his native Seville. During the 17th century, Seville was the scene of a religious fervour which was reflected in these and other works of the period, notably those of Francisco de Zurbarán.*

En castellano se evita la repetición demasiado próxima del nombre de la ciudad por medio de un sinónimo perifrástico:

> Los retratos de san Juan Evangelista y san Pablo son obras fundamentales para comprender los inicios del joven Velázquez en su Sevilla natal. La ciudad del Guadalquivir vivió en el siglo XVII un fervor religioso que queda reflejado en éstas y otras obras de la época, especialmente las de Francisco de Zurbarán.

Bice Mortara Garavelli observa a propósito del francés y el italiano —y a la lista podríamos añadir aquí otra lengua romance, el castellano—:

> Desde el punto de vista estilístico la variatio aparece, en la normativa italiana y francesa, para «remediar» las repeticiones carentes de motivación retórica; no se preocupan de ello el inglés y el alemán, que no dudan en repetir las mismas expresiones en un

texto, incluso a corta distancia, para prevenir la ambigüedad. El inglés, de hecho, manifiesta una marcada predilección por las estructuras iterativas.[77]

Mario Wandruszka atribuye en parte la tolerancia e incluso la predilección de la lengua inglesa por todo tipo de repeticiones a la poderosa influencia de la Biblia en las pautas educativas y lingüísticas de los ingleses:

> la omniprescencia de la Biblia y del estilo bíblico en un país protestante fue sin duda un factor importante, aunque no ciertamente el único, en la creación y la consolidación de esta tendencia.[78]

El mismo autor ve en el lenguaje de la Biblia (presente en la cultura anglohablante con anterioridad a la Versión Autorizada de 1611 en la Biblia completa traducida por Jon Wyclif hacia 1380 e, incluso antes, a partir del siglo IX, en traducciones parciales a la lengua vernácula) una importante fuente de la persuasiva retórica repetitiva de los discursos políticos ingleses y norteamericanos.

El Antiguo Testamento lega al inglés las repeticiones léxicas y sintácticas, las construcciones paralelas del pareado hebreo, como las siguientes extraídas del libro de Rut (1:16-17), que quizá constituyan la más hermosa y conocida expresión poética del amor y la lealtad en lengua inglesa:

> *And Ruth said, Entreat me not to leave thee, or to return from following after thee: for whither thou goest, I will go: and where thou lodgest, I will lodge: thy people shall be my people, And thy God, my god: Where thou diest, will I die, and there will I be buried*

El Nuevo Testamento, escrito en una forma de griego ático utilizada por los judíos helenistas, también proporciona innumerables modelos de repetición retórica, como en este fragmento de 1 Corintios, 13:

---

77. Bice Mortara Garavelli, *Manual de retórica*, trad. Mª José Vega, Madrid, Cátedra, 1991, p. 215.

78. Mario Wandruszka, «Repetitio e variatio», en VV.AA., *Attualità della retorica. Atti del I Convegno italo-tedesco*, Padua, Liviana, 1975, pp. 101-111. Mencionado por Mortara Garavelli, ob. cit.

Though I speak with tongues of men and of angels, and have not
charity, I am become as sounding brass, or a tinkling cymbal.
And though I have the gift of prophecy, and understand all
mysteries, and all knowledge; and though I have all faith, so that I
could remove mountains, and have not charity, I am nothing.
And though I bestow all my goods to feed the poor, and though I
give my body to be burned, and have not charity, it profiteth me
nothing.
Charity suffereth long, and is kind; charity envieth not; charity
vaunteth not itself, is not puffed up

Sin embargo, los múltiples modos de repetición como recurso
retórico también llegan al inglés, como ocurre en otras lenguas y
culturas nutridas por la tradición grecolatina, a través del renovado
interés renacentista por los autores clásicos que impregnó la corte
inglesa durante el siglo XVI. En el capítulo 20 («La acumulación de
figuras») de uno de estos textos clásicos, el *Sobre lo sublime* del autor
conocido con el nombre de Longino (siglo I d.C.), encontramos una
vehemente apología de la repetición (anáfora) combinada con el
asíndeton:

La reunión de figuras en una misma frase suele también producir
un extraordinario efecto de movilidad, cuando dos o tres de ellas
unen, como en una sociedad a través de un fondo común, su fuerza,
su persuasión y belleza. Así, por ejemplo, en el discurso contra Midias
[con] el asíndeton entremezclado con la anáfora [...]: «Con la actitud,
con la mirada, con el tono de voz, cuando insulta, cuando actúa como
un enemigo, cuando ataca con los puños, cuando golpea en la
mejilla». Aquí el orador hace justamente como el agresor: golpea la
opinión de los jueces con golpes que se suceden uno al otro. [...] De esta
forma conserva siempre la esencia de las repeticiones y del asíndeton
por medio de un cambio constante, de modo que para él el orden
comprende cierto desorden y, a su vez, el desorden cierto orden.[79]

A pesar de todo, resulta incuestionable que la Biblia —y, en
especial, la Versión Autorizada— ha ejercido una influencia ex-
traordinaria y duradera en el inglés, y sus reverberaciones siguen
oyéndose en los ritmos, la retórica, los proverbios, las máximas y

___

79. Longino, *Sobre lo sublime*, trad. José García López, Madrid, Gredos, 1979,
p. 184.

las referencias culturales ingleses. Un examen de cualquier diccionario de citas inglés, como por ejemplo el *Penguin Dictionary of Quotations*, pone de manifiesto la magnitud de la presencia de la Biblia en el canon popular de la cultura inglesa. Bajo la rúbrica «Biblia», hay 1.088 entradas, y bajo «Shakespeare», 1.524 (que podemos comparar con las 82 de Horacio, las 60 de Virgilio o las 33 de Cervantes); por lo que estas dos influencias constituyen las dos fuentes más fecundas de citas. Si existe algo que pueda denominarse «genio» de la lengua inglesa en estos tiempos en que el inglés se ha convertido en lengua universal y está sometido a cambios rápidos y constantes —y esperamos haber logrado en alguna medida mostrar que existen en nuestras lenguas preferencias y rasgos distintivos, aunque no inmutables— la Biblia inglesa y, a su lado, Shakespeare laten en su núcleo.

Lecturas recomendadas

Burchfield, R., *The English Language*, Oxford/Nueva York, Oxford University Press, 1985.

Criado de Val, M., *Fisonomía del idioma español: sus características comparadas con las del francés, italiano, portugués, inglés y alemán*, Madrid, Aguilar, 1962,

Comrie, B. (comp.), *The World's Major Languages*, Londres/Sidney, Croom Helm, 1987.

Crystal, D., *Enciclopedia del lenguaje de la Universidad de Cambridge*, trad. Eleanor Leonetti y Tomás del Amo, Madrid, Taurus, 1994.

—, *The Cambridge Encyclopedia of the English Language*, Cambridge, Cambridge University Press, 1995.

Horrocks, G., *Generative Grammar*, Londres/Nueva York, Longman, 1987.

Katz, J. J., *La realidad subyacente del lenguaje y su valor filosófico*, trad. Conxita Lleó, Madrid, Alianza, 1975.

Lapesa, R., *Historia de la lengua española*, Madrid, Gredos, 1988, 9ª ed. corr. y aum.

Leech, G., *Semantics*, Harmondsworth, Penguin, 1981, 2ª ed.

Lyons, J., *Language and Linguistics*, Cambridge University Press, 1981.

Pinker, S., *The Language Instinct*, Nueva York, William Morrow, 1994. (Existe edición en rústica en Penguin Books.)

Strang, B., *A History of English*, Londres/Nueva York, Routledge, 1989.

Vinay, J.-P., y J. Darbelnet, *Stylistique comparée du français et de l'anglais*, París, Didier, 1977, ed. rev. y corr.

Wandruszka, M., *Nuestros idiomas: comparables e incomparables*, trad. Elena Bombín, Madrid, Gredos, 1976, 2 vols.

Capítulo cuarto

Rasgos diferenciales entre el inglés y el castellano (1): estructuras sintácticas

En los dos siguientes capítulos se presentan un poco más detalladamente las divergencias más notables entre el inglés y el castellano, algunas de las cuales se acaban de esbozar, al tiempo que se ofrecen ejemplos comentados de las mismas. Por supuesto, no se trata de formular reglas de transformación, sino de hacer hincapié en una serie de rasgos lingüísticos ante cuya recurrencia el traductor tiene que aprender a desarrollar múltiples y variadas estrategias para impedir que en su versión afloren presencias extrañas a la idiosincrasia del castellano.

En este capítulo se analizan los rasgos sintácticos relacionados con la extensión del período, los enlaces extra- e intraoracionales y el orden de las palabras; en el siguiente, algunas diferencias básicas desde el punto de vista de los elementos morfológicos. La bibliografía de estos dos capítulos se ha unificado al final del capítulo 5.

La extensión del período y el enlace extraoracional

Una de las diferencias más patentes entre el inglés y el castellano en el nivel que ahora nos ocupa es la que hace referencia a la extensión del período. La tendencia a la claridad expositiva del inglés contemporáneo le hace privilegiar las frases breves, separando con puntos elementos que en castellano constituyen elementos subordinados dentro de una oración principal. Por ello, cuando esta característica no sea un rasgo estilístico pertinente, resultará necesario unir en castellano en un solo período oraciones que el inglés presenta de modo independiente.

What is mass? On an everyday scale, it seems easy enough to understand. The more matter there is in something, the heavier it is. But at smaller scales, at the level of the fundamental particles of matter, mass is not really understood at all.

¿Qué es la masa? A una escala cotidiana, no parece difícil de comprender: cuanta más materia tenga algo, más pesado será; sin embargo, a escalas más pequeñas, en el nivel de las partículas fundamentales, la masa es algo que no comprendemos en absoluto.

Lotus cultivation has come a long way in China. It is grown in gardens and scenic pots all over the country. My mother loved lotus and used to grow them in pots at home. Helping her take care of her plants, I became familiar with their growth habits and characteristics. This early experience benefited me considerably in my artistic pursuits later on.

El cultivo del loto posee una larga tradición en China, donde adorna los jardines y las calles de todo el país. A mi madre le encantaban los lotos y los tenía en macetas en casa, de modo que, ayudándola a cuidar las plantas, me familiaricé con sus características y hábitos de crecimiento. Esta temprana experiencia me ha resultado muy útil en mi posterior carrera artística.

Esta estructura puede sostenerse en inglés sin graves perjuicios estilísticos y sin que, en muchos contextos, su simplicidad la haga especialmente evitable, al contrario de lo que ocurre en castellano, donde esta repetición desprovista de intencionalidad retórica enseguida raya en la monotonía y denota un escaso dominio de los recursos lingüísticos. En inglés, es posible construir una sucesión de párrafos como los siguientes, en cuya conversión al castellano el traductor debe esforzarse por extender el período y aumentar el grado de articulación oracional.

The harpsichord has been played for almost 600 years. It is a keyboard instrument, but unlike the piano, its strings are plucked rather than struck with hammers. The resulting sound is easily recognisable.

When the harpsichord first appeared, it was immediately successful, and its fame quickly spread all over Europe. By the beginning of the 16th century, it had become so popular that composers used it in almost every instrumental combination. Most often it provided the background harmonies – rather than taking a solo role.

The body of the harpsichord is shaped like a wing. There are two or more strings to each note – and the player can vary how many are used at one time. This makes loud and soft sounds possible on the instrument. Some later instruments use a 'swell' device. This opens slats (shutters) in the body of the instrument, allowing the sound to 'swell' out. Harpsichords often have two or sometimes even three keyboards, each producing a different tone quality.

El clave se toca desde hace casi 600 años. Se trata de un instrumento de teclado pero, a diferencia del piano, las cuerdas se puntean y no se golpean con martillos, por lo que el sonido resultante es fácilmente reconocible.

Nada más aparecer, el clave tuvo un éxito inmediato y su fama se extendió por toda Europa. A principios del siglo XVI, se había hecho tan popular que los compositores lo utilizaban con casi todas las combinaciones instrumentales; aunque la mayoría de las veces no adoptaba un papel de solista, sino que proporcionaba las armonías de fondo.

El cuerpo del clave tiene forma de ala. Cada nota tiene dos o más cuerdas, y el intérprete puede variar el número de las que usa en cada momento, lo cual permite sonidos fuertes y suaves. Algunos instrumentos tardíos utilizan un mecanismo de ampliación del sonido a través de registros que transforman la sonoridad. Los claves suelen tener dos e incluso tres teclados superpuestos, cada uno de ellos con una calidad sonora diferente.

En las seis frases del último párrafo de este original inglés, por ejemplo, encontramos una decena de verbos y una conjunción; en la versión castellana, hay ocho verbos y cuatro nexos en cuatro frases. Como se ve, ha sido necesario imprimir a esta versión una mayor «profundidad» sintáctica para dotarla de cierto grado de naturalidad.

La menor extensión del período inglés en comparación con el castellano se ve facilitada por la capacidad de la lengua inglesa para construir una sucesión de oraciones relativamente simples recurriendo a las repeticiones y las referencias anafóricas para mantener la cohesión del discurso. Desempeñando esta función articuladora, son especialmente importantes en inglés los participios, los gerundios y los deícticos (demostrativos, adverbios de lugar y tiempo, pronombres personales, artículos), es lo que ocurre con el pronombre demostrativo «*this*», que aparece dos veces en el último ejemplo citado y cuya traducción por otro pronombre demostrativo («esto») es aconsejable evitar en las traducciones, como veremos con más detalle en el capítulo 5.

Merece destacarse también, en este sentido, la mayor facilidad del inglés para utilizar de modo extraoracional palabras de enlace que en castellano se emplean más corrientemente uniendo los diferentes elementos de una oración compuesta (véanse más adelante los capítulos 5 y 6).

La necesidad de densificar el discurso exige un análisis del encadenamiento lógico de las ideas, es decir, la trama argumentativa, y la introducción de elementos de enlace que expliciten las relaciones presentes en el plano conceptual y que aumenten el grado de articulación.

Sin embargo, antes de llevar a cabo esta operación siempre es preciso decidir su pertinencia, pues pudiera ser que la sucesión de frases independientes cumpliera un propósito retórico, como ocurre de modo evidente en el siguiente ejemplo, procedente de la intervención de un diputado del Parlamento Europeo:

> *We have to find a balanced agreement, I entirely agree. We have to find a global agreement, I entirely agree. And I entirely agree that we have to do it within the timescale. It can be done within the timescale. The issues are defined. What is needed is the political capacity to move, not the technical capacity to analyze. We have had seven years of analysis. We need now seven weeks of action and decision.*

Tenemos que llegar a un acuerdo equilibrado, estoy completamente de acuerdo. Tenemos que llegar a un acuerdo global, estoy completamente de acuerdo. Y estoy completamente de acuerdo en que tenemos que hacerlo dentro de los plazos. Puede hacerse dentro de los plazos. Los problemas están delimitados. Lo que se necesita es la capacidad política para avanzar, no la capacidad técnica para analizar. Hemos tenido siete años de análisis. Ahora necesitamos siete semanas de acción y decisión.

Tanto en el nivel supraoracional como en el nivel oracional, el inglés tiende a asegurar con mayor frecuencia la articulación y la cohesión del discurso por medio de la anáfora. En castellano, cuando no tiene efectos rítmicos buscados, la repetición puede empobrecer la expresión.

El enlace intraoracional: asíndeton, parataxis, hipotaxis

Al estudiar gramaticalmente la articulación de las distintas partes de la oración compuesta se distingue entre yuxtaposición (enlace asindético), coordinación (enlace paratáctico) y subordinación (enlace hipotáctico). En la unión asindética, los elementos están relacionados sin palabras de enlace; en la paratáctica y la hipotáctica, por conjunciones coordinantes y subordinantes, respectivamente. La hipotaxis es la forma de relación más compleja, presenta una mayor jerarquización entre los elementos oracionales y permite una gama más amplia de matizaciones expresivas. Por ello, cuanto más culto y complejo sea el lenguaje, más denso será su grado de hipotaxis. La parataxis, en cambio, denota un uso lingüístico menos elaborado (por ejemplo, un uso infantil o coloquial), y el asíndeton subraya los aspectos del lenguaje que no son los lógico-discursivos.

Por supuesto, estas relaciones no son exclusivas de los componentes de una oración compuesta, y en el apartado anterior hemos visto la facilidad del inglés para separar con puntos segmentos discursivos enlazados en castellano dentro de una misma frase. Por otra parte, no hay que olvidar que el asíndeton también puede expresar relaciones coordinadas y subordinadas.

Como ya se ha dicho en el capítulo anterior, el inglés muestra una marcada preferencia por la yuxtaposición y la coordinación; el castellano, en cambio, hace un uso general mucho más amplio de la subordinación. La subordinación, en inglés, implica un uso «latinizante» del lenguaje, que en inglés contemporáneo ha perdido gran parte del predicamento que tuvo en otro tiempo; se ha hecho menos frecuente y está quedando reducido a un registro de lengua cada vez más culto y elaborado. Además, en inglés, es mucho más usual el empleo de períodos yuxtapuestos, en los que las relaciones de coordinación o subordinación tienen lugar sin la intervención de un nexo oracional explícito; por ello, en el trasvase al castellano se hace necesaria la restitución de tales nexos.

asíndeton   *Linked with Guatemala in colonial days, Chiapas became a Mexican state in 1824; its boundaries were fixed in 1882.*

Unida a Guatemala en la época colonial, la región de Chiapas se convirtió en un estado mejicano en 1824, y sus fronteras quedaron fijadas en 1882.

> *The linguistic analysis of literature is not an interpretation of
> what the text means; it is an explanation of why and how it means
> what it does.*

El análisis lingüístico de la literatura no es una interpretación de
lo que el texto quiere decir, sino que es una explicación de por qué y
cómo dice lo que quiere decir.

En el primer ejemplo, la relación de coordinación se ha explicita-
do en castellano mediante la conjunción copulativa «y»; en el
segundo, mediante la adversativa «sino».

> *Astronomers determine the age of the Universe by measuring the
> Hubble constant, the rate at which the Universe is expanding.*

Los astrónomos calculan la edad del universo midiendo la constante de Hubble, que es la velocidad a la que éste se expande.

En este ejemplo, el asíndeton oculta una subordinación de tipo
adjetivo, que en castellano se explicita por medio de una oración
relativa explicativa.

Un nexo interoracional que suele omitirse con frecuencia en
inglés es la partícula *«that»*, ya sea como conjunción subordinante o
como pronombre relativo.

> *We figured it must have been a random quality check to keep the
> troops in line.*

Imaginamos que debe de haber sido un control de calidad aleatorio
para mantener el orden entre las tropas.

> *One fringe party features a "doctor" who urges viewers to find comfort
> in the biorhythms he emits through their television sets.*

Un partido marginal presenta a un «médico» que insta a los teles-
pectadores a buscar alivio en los biorritmos que emite a través del
televisor.

> *Eventually came the day we had been longing for.*

Al final llegó el día que habíamos estado esperando.

En estos tres casos, la presencia en las versiones en castellano de
«que» explicita la relación hipotáctica. En la primera frase, como
conjunción que introduce una subordinada sustantiva de comple-

mento directo; y en la segunda y la tercera, como pronombre relativo que introduce una subordinada adjetiva.

El orden de las palabras

Todas las lenguas tienen modos propios de ordenar las palabras dentro de la frase y muestran en esta ordenación una mayor o una menor laxitud, lo cual no implica, por supuesto, que todas las posibilidades tengan el mismo valor comunicativo. Un rasgo prácticamente fijo del inglés es la anteposición del adjetivo; otro, la presencia del sujeto delante del verbo. El castellano permite variaciones en ambos casos. En relación con el segundo de ellos, ya hemos comentado que la mayor libertad sintáctica del castellano con respecto a la rigidez del inglés es posible gracias a la conservación en castellano de las desinencias verbales.[80]

Además, la existencia de esta flexión es la que permite también la omisión del sujeto en castellano, al contrario de lo que ocurre en inglés, donde esta presencia es casi siempre obligada. Este fenómeno puede dar lugar a calcos de estructura cuando en la versión castellana se mantienen los sujetos pronominales (véase el capítulo siguiente).

Otro rasgo sintáctico diferenciador es la tendencia del inglés a colocar el verbo al final de la oración. Las soluciones en castellano pueden ser variadas, pero coinciden en evitar la presencia del verbo en último término.

When a wave passes, it distorts space so that the lengths of the tubes vary.

Cuando pasa una onda, distorsiona el espacio, con lo cual varían las longitudes de los tubos.

---

80. En inglés puede producirse la inversión sujeto-verbo en los casos en que un elemento posverbal (un adverbio o un complemento) ocupa de forma atípica la posición inicial dentro de la oración: «*Here comes the bus*», «*Equally inexplicable was his behaviour towards his son*», «*Go away!, said one child*». Véase, entre otros, Michael Swan, *Practical English Usage,* Oxford, Oxford University Press, 1996, § 343-347.

These artificial languages have not made much progress, though an international society of Esperanto speakers does exist.

Estas lenguas artificiales no han realizado grandes progresos en su difusión, a pesar de la existencia de una sociedad internacional de esperantistas.

Delors himself says that "new institutional arrangements" for the EC are needed, at least partly to avoid having small countries frequently in the chair.

El propio Delors afirma que la CE necesita «nuevos acuerdos institucionales», al menos para evitar que los pequeños países ocupen con demasiada frecuencia la presidencia.

The typical mention of the translator in a review takes the form of a brief aside mention in which more often than not, the transparency of the translation is gauged.

La típica referencia que se hace al traductor en una reseña es un breve comentario incidental en el que, la mayoría de las veces, lo que se juzga es la transparencia de la traducción.

Este rasgo sintáctico del inglés está relacionado con sus estrategias para otorgar relieve a determinados elementos. En principio, un procedimiento usual, tanto en inglés como en castellano, para otorgar relieve es la inversión del tema y el rema; sin embargo, existen en inglés estructuras que permiten anteponer el elemento al que se quiere dar énfasis y que al traducirse al castellano pueden exigir una ligera reordenación.

That Mars is inhabited by beings of some sort or another we may consider as certain as it is uncertain what those beings may be.

Podemos estar tan seguros de que Marte está habitado por algún tipo u otro de seres como poco seguros de la naturaleza de dichos seres.

How far we would have been permitted to proceed I do not know.

No sé hasta dónde se nos habría permitido llegar.

Whether women are scared remains to be seen, but they clearly are angry.

Queda por ver si las mujeres están asustadas, pero de lo que no cabe duda es de que están furiosas.

En estos ejemplos, desde el punto de vista de la presentación de la información vemos que, en inglés, el rema o la información nueva, se ha antepuesto al tema o aquello de lo que se habla (la distinción entre tema y rema se retomará en el capítulo 8). Los casos de divergencia en que puede resultar más difícil mantener la inversión tema-rema se producen especialmente ante oraciones subordinadas inglesas introducidas por «*that*» y, también, por partículas «*wh-*».

Capítulo quinto

Rasgos diferenciales entre el inglés y el castellano (2): elementos morfológicos

Tras analizar ciertas diferencias existentes entre el inglés y el castellano en el plano de las estructuras sintácticas y presentar con ayuda de ejemplos de traducción algunos modos de salvarlas, pasaremos revista a continuación a las divergencias más frecuentes que aparecen en el trasvase del inglés al castellano desde el punto de vista de las categorías morfológicas.

Artículo

En el uso del artículo se producen grandes y frecuentes discrepancias entre el inglés y el castellano, a pesar de que ambas lenguas tienen sistemas similares. Dejando de lado variaciones estilísticas, hay varias diferencias de uso que, por su frecuencia, suelen provocar interferencias en las traducciones. Veremos a continuación dos casos de transformación del artículo indefinido inglés (en uno se omite y en otro se convierte en artículo definido en castellano) y el caso de su no utilización en inglés (donde el castellano emplea el artículo definido).

En inglés, a diferencia de lo que ocurre en castellano, se utiliza el artículo indefinido ante un predicado genérico: «*she's a teacher*» («es maestra»). Sin embargo, en castellano es posible utilizar en ocasiones el artículo indefinido para hacer una sutil diferencia:

She is a Bolshevist and nothing else.
Es una bolchevique y nada más.

Life is a dream.
La vida es sueño.

Life is a dream.
La vida es un sueño.

Según Wandruszka, «con el substantivo predicado sin artículo adjudicamos al sujeto una determinada categoría y con el artículo sugerimos una forma o figura».[81] Utilizado de este modo, el artículo desempeña su papel esencial, que es, como dice Emilio Alarcos, «una singularización de un objeto cualquiera de entre los de la clase designada por el sustantivo, o bien de una porción o variedad cualquiera de lo que denota este».[82] Se trata de una posibilidad que no existe en inglés, que coloca el artículo en ambos casos. La individualización se hace patente —y, en castellano, el artículo se vuelve necesario— cuando el sustantivo va acompañado de un adjetivo: «*He is a good doctor*» («Es un buen médico»).

Otro caso habitual de interferencia en el uso del artículo indefinido es en las aposiciones predicativas.

When I was a young girl, I used to play the piano.
De joven tocaba el piano.

Had she been an Englishwoman, she would have expected him to play the organ on Sunday and help her bottle jam.
De haber sido inglesa, habría esperado de él que tocara el órgano los domingos y la ayudara a meter la mermelada en tarros.

Tampoco se utiliza en castellano cuando en inglés se encuentra ante «*hundred*», «*thousand*» ni ante «*certain*», una incorrección muy extendida en castellano. Ni tras «*such*» («*such a crime*»), «*what*» (exclamativo: «*what an interesting book*»), «*as*» (para denotar función o comparación: «*he disguised himself as a Moor*»), «*of*» («*what a demon of a man*»).

Otros ejemplos de divergencia, citados por García Yebra, se producen en una multitud de dichos y expresiones fijas («*an eye for an eye*», «*to take an oath*»).

Hablando del artículo indefinido, la recomendación que hace García Yebra a quienes traducen del inglés al castellano es:

---

81. Mario Wandruszka, *Nuestros idiomas: comparables e incomparables*, trad. Elena Bombín, Madrid, Gredos, 1976, vol. 1, p. 326.
82. Emilio Alarcos Llorach, *Gramática de la lengua española*, Madrid, Espasa Calpe, 1995, p. 123.

muy pocas veces será correcto dar al artículo indefinido, antepuesto sistemáticamente por el inglés [...] al predicado genérico y a la aposición predicativa, un equivalente formal con el uso de nuestro artículo indefinido. En general, siempre que haya duda sobre si debe usarse o no el citado artículo, será mejor omitirlo.[83]

Por otra parte, son muchas las ocasiones en que el artículo indefinido del inglés no debe transformarse en un artículo indefinido en castellano, que más que un artículo las gramáticas consideran un cuantificador o un adjetivo.[84] En lugar de utilizar el cuantificador impreciso, el castellano tiende a marcar la determinación.

A poet must have talent.
El poeta tiene que tener talento.

It has been my habit for many years to take a nap after lunch.
Desde hace muchos años tengo la costumbre de dormir la siesta después de comer.

Soviet experts at a migration conference organised by the Council of Europe in Vienna in January reckoned that perhaps 2m people would apply to leave in 1992 and the same number the following year.
En la conferencia sobre emigración organizada en Viena por el Consejo de Europa en el mes de enero, los expertos soviéticos reconocieron que unos 2 millones de personas podrían solicitar salir del país en 1992 y otros tantos al año siguiente.

A belief in immortality and physical resurrection was central to Egyptian religion, both to the sun worship of early periods and to the later cult of Osiris.
La creencia en la inmortalidad y la resurrección física fue un elemento central en la religión egipcia, tanto en la adoración del sol de las primeras épocas como en el posterior culto a Osiris.

En esta última frase encontramos varios ejemplos de otro caso de divergencia: la omisión del artículo en inglés donde el castella-

---

83. Valentín García Yebra, *Teoría y práctica de la traducción*, Madrid, Gredos, 1982, vol. 2, p. 459.
84. Véanse Emilio Alarcos Llorach, *Gramática de la lengua española*, Madrid, Espasa Calpe, 1994, p. 66, o Francisco Marsá, *Diccionario normativo y guía práctica de la lengua española*, Ariel, Barcelona, 1986, pp. 126-127.

no prefiere utilizar el artículo definido. Esta omisión se produce en inglés con mayor facilidad cuanto más general es el concepto en cuestión.

También se produce ante tratamientos, cargos y títulos profesionales (cuando no están situados en aposición): «*Mr Brown is here*», «*Justice Smith came in*», «*Professor Phillips said so*».

Así como en expresiones preposicionales, como algunas que preceden a sustantivos que indican lugares específicos («*at church*», «*from work*») o tienen una función adverbial («*at night*», «*at noon*»).

Y ante nombres de personas o nombres geográficos con adjetivo («*Old Joe*», «el viejo Joe»; «*French Morocco*», «el Marruecos francés»). Cuando los nombres geográficos no llevan adjetivo, algunos países aún conservan el artículo o muestran cierta oscilación en su uso debida quizá a la influencia no sólo del inglés sino también del francés («*the States*», «Estados Unidos», «los Estados Unidos»; en este último caso, con el verbo construido en plural); sin embargo, la tendencia general es que lo pierdan (por más que algunos topónimos se resistan a ello: «el Líbano», «la India»). Por otra parte, la regla que rige en castellano la elección de un artículo masculino o femenino en los casos de nombres geográficos acompañados de algún complemento o adjetivo es la siguiente: son femeninos todos los nombres acabados en *a* átona.

Tampoco se utiliza el artículo en inglés, a diferencia del castellano (que sí que lo exige, ya sea definido o indefinido), ante la expresión de porcentajes.

El inglés, por último, utiliza con mucha frecuencia la ausencia de artículo en el plural de cantidades indeterminadas, donde en castellano es necesario el artículo definido:

Molecules are clusters of two or more atoms.
Las moléculas son grupos de dos o más átomos.

Comentando el gran partido que saca el inglés de la ausencia de artículo, Wandruszka comenta que no deja de ser curioso que, siendo el inglés en tantos aspectos «la más "moderna" de nuestras lenguas»,[85] haya conservado aquí los usos medievales y latinos. Y

---

85. Mario Wandruszka, *Nuestros idiomas: comparables e incomparables*, trad. Elena Bombín, Madrid, Gredos, 1976, pp. 288-289.

explica este rasgo «conservador» por la tendencia de esta lengua a la brevedad y la inmediatez.

Tanto García Yebra como Wandruszka ofrecen, en las obras citadas, abundantes ejemplos de éstas y otras discrepancias.

Adjetivo

Los adjetivos en inglés tienen dos características bien definidas: morfológicamente, son invariables y, sintácticamente, casi siempre van antepuestos al sustantivo. En castellano, en cambio, si bien algunos son genéricamente invariables, la mayoría no lo es, y prácticamente todos marcan el número. Además, su valor expresivo cambia según vayan antepuestos o pospuestos. Algunos, incluso, modifican su significado al cambiar de posición.[86] Este fenómeno también ocurre en inglés en algunos casos contados (como «*concerned*», «*present*», «*proper*» o «*responsible*»).[87]

Una primera posibilidad de interferencia surge al calcar la tendencia a la anteposición del inglés. No se trata de un simple cambio de posición, puesto que, en castellano, el adjetivo pospuesto (explicativo) limita el significado del sustantivo, mientras que antepuesto (epíteto) lo suplementa, hace que tienda «a valorarse más la cualidad expresada por el adjetivo que al significado de su soporte sustantivo».[88]

Por ello, cuando se copia el orden inglés y se antepone el adjetivo, se le da un uso ornamental (apropiado cuando se cita una característica ya implícita: «la blanca nieve») o figurado (en los casos de adjetivos que suelen ir pospuestos) que puede no ser pertinente en ese contexto específico. Este tipo de calco sintáctico, al igual que ocurre con tantas otras incorrecciones, no es exclusivo de las obras

---

86. Véase Francisco Marsá, *Diccionario normativo y guía práctica de la lengua española*, Ariel, Barcelona, 1986, pp. 131-132.

87. Véanse Randolph Quirk y Sidney Greenbaum, *A University Grammar of English*, Harlow, Longman, 1993, 28ª ed., pp. 116-117; así como Michael Swan, *Practical English Usage*, Oxford, Oxford University Press, 1996, 2ª ed., § 16.

88. Francisco Marsá. ob. cit.. p. 131.

traducidas, como señala García Yebra,[89] quien ofrece y comenta varios ejemplos «originales» como el siguiente:

allí donde la corriente impetuosa frena antes de pasar a una dulce-mente mecida inmovilidad

Vázquez-Ayora recuerda que posponer el adjetivo «cuando las cualidades van inseparablemente unidas a la imagen del sustantivo sería recargar el estilo»[90] («las mansas ovejas», pero no al revés); mientras que los llamados «adjetivos de relación» («ofrenda floral» en vez de «ofrenda de flores») se resisten a ser antepuestos y no admiten grados de comparación.

En construcciones en las que el adjetivo califica a varios sustantivos, hay que evitar el peligro de traducir el adjetivo calificando únicamente al primero de ellos.

English biblical translator, humanist, and Protestant martyr.

En las versiones apresuradas o de traductores principiantes no es raro encontrar el adjetivo calificando sólo al primer sustantivo: «traductor bíblico inglés, humanista y mártir protestante», cuando lo correcto es:

Traductor bíblico, humanista y mártir protestante inglés.

Este tipo de construcciones no deja de encerrar sus trampas; no siempre el adjetivo califica a todos los sustantivos que lo siguen:

The body cavities were filled with powder of myrrh and other aromatic resins and perfumes.
Las cavidades corporales se rellenaban con polvo de mirra y otras resinas aromáticas, así como con perfumes.

---

89. Valentín García Yebra, *Teoría y práctica de la traducción*, Madrid, Gredos, 1982, vol. 2, pp. 567-568.

90. Gerardo Vázquez-Ayora, *Introducción a la traductología*, Washington (D.C.), Georgetown University Press, 1977, pp. 128-129.

En estos dos ejemplos la incorrección sintáctica se refleja en una incongruencia semántica. Además, como se ha visto y se verá más adelante con mayor detalle, la normas que rigen la utilización de la coma difieren bastante entre los dos idiomas. De todos modos, recalcaremos aquí que la separación, tan frecuente en inglés, de dos adjetivos por una coma los carga en castellano de valor expresivo.

Otra característica sintáctica del inglés es su facilidad para la adjetivación de sustantivos, lo cual obliga en castellano a la consiguiente elaboración discursiva y a recurrir a la transposición o la modulación.

The revolution was feeding upon itself, producing angry street mobs

Aquí, más que por un derivado de «calle», la palabra *«street»* queda mejor traducida con una sinécdoque: «urbanas».

La revolución se alimentaba a sí misma y producía airadas turbas urbanas

In principle, a translational analysis of the SL text based on its comprehension is the first stage of translation and the basis of the useful discipline of translation criticism.

En principio, un análisis translatorio del texto de la LO basado en su comprensión constituye la primera fase de la traducción y el fundamento de la útil disciplina de la crítica de traducciones.

Encontramos en este último ejemplo tres adjetivos que deben posponerse obligatoriamente: un adjetivo de relación (*«translational analysis»*, «análisis translatorio») y dos sustantivos adjetivados que se transponen en sustantivos introducidos por la preposición «de» y, en un caso, también el artículo (*«translation criticism»*, «crítica de traducciones»; *«SL text»*, «texto de la LO»).

Con mucha frecuencia hay que recurrir en estos casos a un adjetivo de relación o, sobre todo, a la transposición del adjetivo en un sustantivo precedido por «de». Sin embargo, esta facilidad del inglés para la adjetivación no se limita a los sustantivos. Otro ejemplo de la flexibilidad adjetivadora de esta lengua es su capacidad de composición recurriendo a los guiones, especialmente frecuente en la terminología técnica, aunque no aparece sólo con ese uso.

In an age of twenty-four-hour-a-day currency trading or, for that matter, global warming, have national bodies such as cabinets or commerce departments much relevance?

En una época de intercambio monetario ininterrumpido o, para el caso, de calentamiento global, ¿qué sentido tienen órganos nacionales como los gabinetes ministeriales o los ministerios de comercio?

En este caso ha podido utilizarse un adjetivo («ininterrumpido») en castellano, pero lo usual es tener que recurrir a la paráfrasis. Además, no se trata sólo de facilidad estructural en el uso de este recurso, sino también de lo elevado de su frecuencia.

Community energy policy has three major tasks. The first is to continue to reduce total energy consumption by introducing more energy-efficient industrial processes, switching to less energy-intensive industries, "extensivising" agriculture, and conserving and recycling energy-using products.

La política energética comunitaria tiene tres tareas principales. La primera es proseguir con la reducción del consumo global introduciendo procesos industriales más eficaces en términos energéticos, orientándose hacia industrias con un consumo de energía menos intensivo, «extensivizando» la agricultura y conservando y reciclando los productos que gastan energía.

En este ejemplo paradigmático de lo que ha dado en llamarse «eurolalia» aparecen en sólo dos frases tres compuestos formados con *«energy»*, además de los dos *«energy»* como adjetivo autónomo. Para las formas autónomas, se ha utilizado en la traducción el adjetivo «energéticas» y la omisión del término; en los compuestos, una perífrasis adverbial («en términos energéticos»), un sustantivo precedido de «de» («de energía») y una oración de relativo («que gastan energía»). Estas cinco soluciones diferentes, sin ser las únicas posibles, dan una muestra de la gama de posibilidades con las que el traductor puede contar a la hora de evitar las repeticiones adjetivales.

Japan possesses many strengths: a highly educated workforce, a long-term commitment to develop key industries, easily-available capital at low-interest rates, high levels of R&D investment, masses of engineers, and a dedication to top-quality design and super-efficient production.

Japón posee múltiples ventajas: una fuerza de trabajo muy cualificada, un compromiso a largo plazo con el desarrollo de industrias clave, capital de acceso fácil a bajos tipos de interés, elevados niveles de investigación científica y desarrollo tecnológico, grandes cantidades de ingenieros y una entrega al diseño de alta calidad y la supereficacia productiva.

De los cinco adjetivos formados con guiones de esta frase, uno se ha traducido por una perífrasis («*long-term*», «a largo plazo»), tres por complementos de nombre, con el adjetivo en diferentes posiciones («*easily-available*», «de acceso fácil»; «*top-quality design*», «diseño de alta calidad»; «*low-interest rates*», «bajos tipos de interés»), y el último, que es un caso de prefijación («*super-efficient production*», «supereficacia productiva»), ha intercambiado su categoría gramatical con el sustantivo al que calificaba.[91]

La gran facilidad adjetivizadora del inglés, reforzada por la existencia de sufijos (por ejemplo, «*-able*», «*-ible*», «*-ul*», «*-less*», «*-ly*», «*-like*», «*-y*» o «*-ish*»), permite con toda naturalidad la creación de nuevas palabras, incluso a partir de nombres propios o marcas comerciales.

But sometimes I think it would be so much easier to be jerking expressos in Lynwood, leaving the Tupperware-sealed, Biosphere 2-like atmosphere of Microsoft behind me.

Aunque a veces pienso que sería mucho más fácil estar detrás de una barra preparando cafés en Lynwood y dejar atrás la atmósfera hermética, tupperwaresca y a lo Biosfera 2 de Microsoft.

El inglés, además, permite una mayor yuxtaposición de adjetivos, lo cual obliga a realizar verdaderos malabarismos estilísticos para «gestionar» la avalancha adjetival:

The youngest, Herr Macker, a pale, steel-frame-spectacled, white-collared, dark suited bank clerk with hair like a cap of brown felt, was at least five years older than he.

---

91. En los casos de prefijación, es muy frecuente que el inglés marque la separación de los dos elementos mediante un guión. En castellano, la tendencia de la lengua es no utilizar este recurso. Si bien la presencia del guión puede ser útil en algunas ocasiones, lo cierto es que suele abusarse de él, incluso en textos escritos originalmente en castellano.

El más joven, Herr Macker, un empleado de banca con la tez pálida, gafas de montura metálica, cuello blanco, traje oscuro y un cabello que parecía un sombrero de fieltro marrón, era al menos cinco años mayor que él.

Cinco adjetivos antepuestos («*pale*», «*steel-frame-spectacled*», «*white-collared*», «*dark suited*» y «*bank*») a un solo sustantivo («*clerk*») se han transformado en sustantivos modificados por otros sustantivos o por adjetivos. Merece la pena destacar en este ejemplo el modo en que la yuxtaposición de unos adjetivos tan anodinos construye una imagen poderosa en términos expresivos.

Sin embargo, esta aglomeración no se produce únicamente cuando se quiere subrayar el valor expresivo de un fragmento. También en la más pura denotación es habitual encontrar calificando al nombre, como mínimo, tres o cuatro adjetivos, acompañados además de algún adverbio.

Three unfinished, roughly blocked-out standing statues of Djoser have been placed to one side of this court. They show the king in ritual pose wearing a nemes headcloth, long beard, and holding the flail and sceptre.

En uno de los laterales del patio se alzan tres toscas estatuas inacabadas de Dyoser que muestran al rey en la postura ritual, de pie, con el tocado nemes, barba larga y sosteniendo el mayal y el cetro.

El sustantivo «*statues*» tiene cuatro adjetivos, uno de ellos con un adverbio. «*Roughly blocked-out*» se ha reducido a «toscas», y «*standing*» («de pie») se ha trasladado a la frase siguiente, que en la traducción se ha unido con la primera por medio de una oración de relativo.

El orden de los adjetivos en inglés es algo que, más que al genio, pertenecería casi al arcano de la lengua. Las gramáticas disienten sobre la cuestión. La posición de los adjetivos está regida por un conjunto de normas y usos que van desde lo estrictamente fijado en el caso de construcciones estereotipadas del estilo de «*black and white*» («blanco y negro») o «*safe and sound*» («sano y salvo») hasta las sutilezas de lo relacionado con la eufonía y el ritmo.

Una norma general —demasiado general para ser siempre de utilidad— es traducirlos de derecha a izquierda, siguiendo el orden inverso de la presentación, puesto que en principio el adjetivo más cercano al sustantivo está unido a él con más fuerza. El problema de esta regla es que sólo sirve en los casos sencillos, en los que los elementos de la serie adjetival son autónomos. Sin embargo, las excepciones son demasiado frecuentes, y nunca hay que perder de vista la gradación y los efectos retóricos que ésta pretende conseguir.

What impressed people about these machines was that they were "rapid, regular, precise, tireless."

Lo que más impresionaba de esas máquinas era que eran «rápidas, regulares, precisas, incansables».

Historically, the Russian and Soviet state formed one of the world's most heterogenous multi-national Empires.

Históricamente, el Estado ruso y soviético ha formado uno de los imperios multinacionales más heterogéneos del mundo.

En el primer ejemplo, el orden de la presentación (de izquierda a derecha) elegido en la traducción proporciona a la frase una mayor fuerza retórica; en el segundo, los dos adjetivos de «*state*» («*Russian*» y «*Soviet*») se han traducido también de izquierda a derecha, siguiendo un orden histórico.

Vázquez-Ayora[92] cita un ejemplo en el que parece entrar en juego el factor de la eufonía.

As he sank low in the water, a strange, hollow voice sounded within him.

A medida que se hundía, una voz hueca y extraña resonó en su interior.

Su solución invierte el orden de los dos adjetivos, «una voz hueca y extraña», dando prioridad al adjetivo más cercano al sustantivo inglés; pero, para evitar la yuxtaposición de dos sílabas tónicas («voz hueca») y luego la yuxtaposición de dos átonas («hueca y extraña») y para dotar estas cinco palabras de un ritmo trocaico, parecería preferible:

A medida que se hundía, una voz extraña y hueca resonó en su interior.

---

92. Gerardo Vázquez-Ayora, *Introducción a la traductología*, Washington (D.C.), Georgetown University Press, 1977, p. 125.

Ante enumeraciones complejas, en las que puede haber dos o más núcleos, se hace necesario realizar un cuidadoso análisis previo de los adjetivos. Cuando alguno de ellos está modificado por un adverbio u otro adjetivo, por ejemplo, o se traduce por una perífrasis, resulta más acertado optar por el orden lineal de la presentación.

> *However useful the expression might have been in the 1950s, when poor, non-aligned and recently decolonized states were attempting to remain independent of the two Superpower blocs, the rise of super-rich oil-producing countries a decade later already made the term questionable.*

> Por útil que fuera en la década de 1950, cuando unos Estados pobres, no alineados y recién descolonizados intentaban mantenerse independientes de los dos bloques de las superpotencias, el auge de los riquísimos países productores de petróleo una década más tarde ya convirtió la expresión en cuestionable.

En este ejemplo, que se refiere a la expresión «Tercer Mundo», se ha seguido el orden lineal de la presentación en el primer grupo de adjetivos («*poor, non-aligned and recently decolonized*») y, en el segundo («*super-rich oil-producing*»), «*super-rich*» se ha transformado en un superlativo antepuesto («riquísimos») y «*oil-producing*» en un grupo pospuesto formado por un nombre con un complemento de nombre («productores de petróleo»).

En ocasiones, el adjetivo más cercano al sustantivo, que está unido con mayor fuerza a él, debe traducirse inmediatamente después (como adjetivo o complemento de nombre) y hay que anteponer (con moderación) los que tengan valor apreciativo (como ocurre en el último ejemplo citado). También puede ocurrir que, además de este adjetivo situado junto al sustantivo, haya otros que estén especialmente ligados entre sí o con modificadores específicos.

> *America's productivity and growth rates were slowing, and its increasingly large federal deficits were troubling bankers and congressmen alike.*

> Las tasas de productividad y crecimiento de Estados Unidos disminuían, y sus déficit federales cada vez más grandes inquietaban a banqueros y congresistas.

En «*increasingly large federal deficits*», distinguimos dos grupos, «*increasingly large*» y «*federal*». En este ejemplo también se pone de manifiesto la posible ambigüedad a la que puede dar lugar la facilidad del inglés para convertir sustantivos en adjetivos. En ocasiones, como en «*America's productivity and growth rates*», puede surgir la duda sobre si una palabra (en este caso, «*productivity*» es un sustantivo autónomo o está ligado a una secuencia adjetival. El sentido y el hecho de que «*productivity rate*» también pueda funcionar como una construcción usual han decantado al traductor a considerar la palabra inglesa como un sustantivo adjetivado.

Michael was a short, fat, somnambulistic little man who looked like a well-boiled prawn with a mop of dark, curly hair.

Michael era un hombrecito bajo, gordo, con aire de sonámbulo, muy semejante a una gamba bien cocida y con una pelambrera de rizos oscuros.

De los cuatro adjetivos que calificaban a «*man*», los tres primeros se han traducido pospuestos siguiendo el orden lineal, pero el que lo precedía inmediatamente, «*little*», estaba especialmente unido al sustantivo, de modo que en la traducción se ha fundido con él. No es posible dar reglas generales sobre cuándo hay que seguir un orden lineal o inverso; en muchas ocasiones, lo que varía es el valor expresivo. Hablando de criterios de posposición, Vázquez-Ayora[93] comenta, como se ha dicho más arriba, que los adjetivos de relación no se anteponen jamás y aconseja posponer los de color, edad y nacionalidad. Pero, entre los ejemplos que cita, encontramos uno («*a young Norwegian sailor*») que contradice, al menos parcialmente, esa norma («un joven marinero noruego»), con lo que los tres últimos tipos de adjetivos «posponibles» se reducen a dos, color y nacionalidad. Además, los adjetivos de edad pueden muchas veces fundirse con el sustantivo («*young man*», «*old woman*»), algo similar a lo que se ha visto en el ejemplo anterior del adjetivo de tamaño, «*little man*», en que el adjetivo se incorporó al sustantivo en forma de sufijo. (Por supuesto, ambos procedimientos pueden combinarse: «*little old woman*», «viejecita».)

---

93. Gerardo Vázquez-Ayora, *Introducción a la traductología*, Washington (D.C.), Georgetown University Press, 1977, pp. 125, 127.

*The prospect of a growing mismatch between people and resources
deeply troubled a learned and inquisitive English country curate
named Thomas Robert Malthus, who in 1798 commited his thoughts
to paper in a work which has made him world famous.*

La perspectiva de un creciente desequilibrio entre la población y los
recursos preocupaba profundamente a un culto e inquieto coadjutor
rural inglés llamado Thomas Robert Malthus, quien en 1798 formuló
sus pensamientos en una obra que lo ha hecho famoso en el mundo
entero.

De los cuatro adjetivos antepuestos a «*curate*», los dos primeros,
con valor apreciativo, se han antepuesto, y el adjetivo de nacionalidad efectivamente se ha pospuesto, aunque a continuación del
adjetivo que precedía inmediatamente al adjetivo, que también ha
tenido que posponerse obligatoriamente por ser un adjetivo de
relación.

En todo caso, como se ha dicho, lo más importante es hacer un
análisis de los elementos adjetivales y reordenarlos por grupos
nucleares. En el siguiente ejemplo, que recoge el autor que estamos
mencionando,[94] hay dos grupos definidos:

the second major subordinate compound sentence type

Por un lado, «*second major type*» y, por otro, «*subordinate
compound sentence*». La traducción que da Vázquez-Ayora, fiel a su
regla de traducción oblicua y de huir de lo literal, es:

el tipo de oración compuesta y subordinada que ocupa el segundo
lugar en importancia

Sin embargo, es posible sin problemas:

el segundo tipo principal de oración subordinada compuesta

De todos modos, cuestiones estilísticas aparte, en las dos versiones
hay dos grupos diferenciados que se han traducido de modo unitario.

---

94. Gerardo Vázquez-Ayora,*Introducción a la traductología*, Washington (D.C.),
Georgetown University Press, 1977, pp. 123, 125.

Como puede verse, la cuestión de la posición de los adjetivos pone a prueba la sensibilidad lingüística del traductor, así como su dominio de los recursos de la lengua a la que traduce. Algunos adjetivos se posponen, como los de relación, los que se transponen en un sustantivo complemento de nombre o los de color y nacionalidad. Otros se anteponen, en la medida en que se los quiere cargar de valor expresivo. Y otros, como los adjetivos de tamaño, pueden fundirse con el sustantivo al que califican en forma de sufijo. Por último, ante las secuencias adjetivales del inglés, resulta esencial analizar los elementos e identificar sus relaciones dentro de la secuencia para asignar a cada uno una posición pertinente.

Demostrativos

Los demostrativos pertenecen, como los artículos, los pronombres personales y los adverbios de lugar y tiempo, al grupo de los deícticos, cuya característica es que «señalan» hacia otro elemento del que dependen para obtener su sentido pleno. Los deícticos pueden señalar hacia atrás (referencia anafórica) o hacia adelante (referencia catafórica) y contribuyen a dotar al discurso de cohesión sintáctica y coherencia argumentativa.

La demostración señala la posición relativa de las cosas. El inglés tiene dos grados de proximidad (*«this»*, *«that»*), mientras que el castellano posee tres («este», «ese», «aquel»); esta característica puede provocar interferencias a la hora de traducir los demostrativos ingleses y conducir a una infrautilización del sistema demostrativo castellano.

Los demostrativos cumplen en inglés las mismas funciones que en castellano, pero también presentan unas características particulares. Veamos a continuación este comportamiento específico con ejemplos en los que aparece el demostrativo *«this»*.

El adjetivo demostrativo, que puede denotar en inglés familiaridad en un estilo informal, posee una carga catafórica. En ninguno de los siguientes fragmentos se menciona en el contexto previo el referente del adjetivo, y en el primero de ellos, además, ni el personaje ni la anécdota aparecen citados anteriormente.

Libby Barton laughs shrilly, slapping her thigh. "And so he said he wanted the actress to open the box for this yeast infection medication in front of this luncheon of ladies and sing—guess what song he wanted her to sing?"

Libby Barton ríe estridentemente, dándose una palmada en el muslo.

—Y entonces dijo que quería que la actriz abriera la caja del medicamento contra los hongos en medio de un salón lleno de señoras distinguidas y cantara... ¿a que no adivináis qué canción quería que cantara?

Bug Barbecue told me all this depressing stuff, of how the constituent elements of his personality weren't around before he was born, so why should we worry about what happens to them afterwards?

Bug Barbecue me soltó un rollo depresivo diciéndome que, si los elementos constitutivos de su personalidad no estaban juntos antes de que naciera, ¿a santo de qué tenía que preocuparse de lo que les pasara después?

All of us got into this big discussion about what sort of software dogs would design if they could.

Nos pusimos a hablar todos sobre la clase de software que diseñarían los perros en caso de que pudieran hacerlo.

Como vemos, las soluciones son diversas; sin embargo, el demostrativo desaparece en la versión en castellano, muchas veces transformado en un artículo indefinido.

El pronombre demostrativo, en cambio, se emplea en inglés cumpliendo una función anafórica. En castellano, es necesario explicitar casi siempre el referente. Las soluciones dadas a esta explicitación de la referencia anafórica pueden ser muy variadas y dependen de cada situación concreta, pero lo más usual suele ser la utilización de un pronombre relativo precedido a veces de «lo» o «algo» o de un sustantivo precedido de un demostrativo o un artículo.

In Rome a statue of Marsyas, a favourite art subject, stood in the Forum; this was imitated by Roman colonies and came to be considered a symbol of autonomy.

En el Foro de Roma se alzaba una estatua de Marsias, que era un tema muy apreciado; esta práctica fue imitada por las colonias romanas y, con el tiempo, llegó a considerarse como un símbolo de autonomía.

One of the most dramatic prognoses of MOND is that the circular velocity of the outermost stars in spiral galaxies should become independent of their distance from the galactic center, regardless of mass distribution within the galaxy. This directly contradicts the predictions of Newtonian dynamics as manifested, for example, in the fact that the velocities of planets decrease with their distance from the sun.

Uno de los pronósticos más espectaculares de MOND (Dinámica No Relativista Modificada) es que la velocidad circular de las estrellas exteriores de las galaxias espirales debe ser independiente de su distancia del centro galáctico, al margen de la distribución de la masa dentro de la galaxia; algo que contradice frontalmente las predicciones de la dinámica newtoniana tal como se manifiesta, por ejemplo, en el hecho de que las velocidades de los planetas disminuyen en proporción a su distancia al sol.

The movement continues in equally flamboyant style until the second theme begins. This includes a more delicate little phrase on violins and violas, first in the major mode, and then repeated in the minor.

El movimiento continúa con un estilo igualmente florido hasta que empieza el segundo tema, que incluye una pequeña frase más delicada en los violines y las violas, primero en modo mayor, y luego repetida en modo menor.

In his Essay on Population, *Malthus focussed upon what appeared to him the greatest problem facing the human species: namely, "that the power of population is indefinitely greater than the power in the earth to produce subsistence for man". This was so, he argued, because the populations of Britain, France and America were doubling every 25 years whereas there was no certainty that food supplies could increase at the same rate repeatedly.*

En el *Ensayo sobre la población*, Malthus se refería a lo que, en su opinión, era el mayor problema al que debía enfrentarse la especie humana; a saber, «que el poder de la población es indefinidamente mayor que el poder de la tierra de producir subsistencia para el hombre». La causa de ello, sostenía, era que las poblaciones de Inglaterra, Francia y Estados Unidos se duplicaban cada veinticinco años, mientras que no existía certeza alguna de que las existencias de alimentos pudieran aumentar repetidas veces en la misma proporción.

En todos estos ejemplos, el pronombre «*this*» recibe en las versiones en castellano tratamientos diferentes, que, por supuesto, no son los únicos posibles, sino que han dependido de la voluntad estilística del traductor.

El uso del demostrativo, tanto el adjetivo como el pronombre, es característico del lenguaje infantil e informal, como puede verse en su uso en *The Catcher in the Rye* de J. D. Salinger, por ejemplo; en este caso, es más fácil mantener en la traducción los pronombres, pero los adjetivos obligan a una mayor elaboración por parte del traductor.

Posesivos

La divergencia en el uso de los posesivos puede conducir a un caso claro de lo que se ha denominado anglicismos de frecuencia. El castellano hace un uso comedido de ellos, en comparación no sólo con el inglés sino también con el francés y el alemán. Desde el punto de vista del castellano, la utilización que hace el inglés de los posesivos es realmente inflacionaria, y la frecuencia con la que aparecen en esta lengua supera con creces el grado tolerable de redundancia.

> *The woman, in fact, holds her hands by her sides and tilts her head at an angle of five and a half degrees. Her hair falls just to her shoulders.*

> En realidad, la mujer tiene las manos junto al cuerpo y ladea la cabeza en un ángulo de cinco grados y medio. El pelo le llega a los hombros.

En este ejemplo, los cinco posesivos se han convertido en otros tantos artículos definidos.

Por lo general, los adjetivos posesivos ingleses se convierten en artículos definidos. Muchas veces, además, esta transposición se complementa con la introducción de un dativo de interés (que expresa la persona que recibe las consecuencias de la acción), unido en ocasiones al verbo (enclisis), que recoge parte de la carga semántica del posesivo inglés. Es lo que ocurre, sin enclisis, en la segunda frase del ejemplo anterior. O, con pronombre enclítico, en la siguiente:

The blood began to trickle down his chest.
La sangre empezó a correrle por el pecho.

Otra posibilidad es la transposición del posesivo por un «se» reflexivo.

He smiled, patted his pockets, and rubbed his forefinger and thumb in the Greek way of expressing money.
Sonrió, se palpó los bolsillos y frotó el dedo índice con el pulgar como hacen los griegos para referirse al dinero.

En este ejemplo, el primer «*his*» (de «*patted his pockets*») se ha desglosado en dos transposiciones; por un lado, un pronombre reflexivo («se palpó») y, por otro, en un artículo definido («los bolsillos»); el segundo «*his*» ha sufrido una simple transposición en artículo definido.
Por supuesto, es posible la combinación del uso del pronombre reflexivo y el pronombre dativo.

Pay her a compliment and her eyes will light up.
Dile un cumplido y se le iluminarán los ojos.

Por otra parte, merece comentarse también la concordancia que se produce en inglés —y no en castellano— cuando el posesivo se refiere a partes corporales y los poseedores son varios.

We use brown and white plastic folding patio chairs, so our backs are completely shot.
Utilizamos sillas plegables de jardín de plástico marrón y blanco, de modo que tenemos la espalda completamente molida.

La abundancia de posesivos ingleses se pone de manifiesto en el abanico de posibilidades morfológicas «*his*», «*her*», «*its*», «*your*» y «*their*» frente al único «su» en castellano. El siguiente es un ejemplo sencillo:

They didn't aspire to be a couple. They were friends. Maria called Sam, «My friend.» I was also her friend.
No aspiraban a ser una pareja. Eran amigos. Maria llamaba a Sam «mi amigo». Yo también era un amigo de Maria.

En casos como éste, el que aparece a continuación y los del siguiente apartado, referidos a los sujetos pronominales, se hace muchas veces necesaria en castellano una explicitación del referente para evitar posibles ambigüedades.

And she had seen that if he was to pursue his destiny, her art would have to be subordinate to his.

Y ella se había dado cuenta de que, para que él alcanzara su destino, tendría que subordinar su arte al de él.

Pronombres personales

El rasgo más notable de divergencia entre el inglés y el castellano es aquí la presencia obligatoria en inglés del pronombre personal en función de sujeto. En realidad, la elipsis del sujeto se permite en inglés en un caso particular: en oraciones con sujeto correferencial y unidas por «and», «or», «but», «yet», «so» o «then» (en el sentido de «luego»); en castellano, en cambio, el morfema indicador de la persona en el verbo constituye una marca suficiente que hace innecesario el sujeto pronominal, y éste sólo se explicita cuando quiere deshacerse una posible ambigüedad (por ejemplo, en los casos de coincidencia en la desinencia verbal, como ocurre en la primera y la tercera persona del imperfecto de indicativo) o cuando se quiere dar a la frase un valor enfático o expresivo.

En el siguiente ejemplo, encontramos un caso de elisión del sujeto en inglés, así como tres sujetos pronominales que desaparecen en la versión en castellano.

He was banished from the University of Toulouse and moved to Lyon, where for a time he was imprisoned for the justifiable homicide of a painter; he was released by royal pardon.

Expulsado de la Universidad de Toulouse, se desplazó a Lyon, donde estuvo un tiempo encarcelado por el homicidio en defensa propia de un pintor; fue indultado por el rey.

En la traducción del siguiente párrafo, extraído de las actas literales del Parlamento Europeo, hay que omitir sistemáticamente todos los sujetos pronominales.

So when we enter into these negotiations, in this area as in all the other ones that have been mentioned – textiles, aircraft, steel, all these important sectors which I do not have time to go into in detail today – we will listen to what has been said in Parliament. We will listen and are in close contact with the representatives of European industry and culture in these various debates. We have to find a balanced agreement, I entirely agree. We have to find a global agreement, I entirely agree. And I entirely agree that we have to do it within the timescale. It can be done within the timescale. The issues are defined. What is needed is the political capacity to move, not the technical capacity to analyze. We have had seven years of analysis. We need now seven weeks of action and decision.

Así que, cuando entremos en esas negociaciones, tanto en este ámbito como en todos los otros que se han mencionado —textil, aeronáutica, siderurgia, todos esos sectores importantes en los que no tengo tiempo de entrar hoy en detalle—, escucharemos lo que se ha dicho en el Parlamento. Lo escucharemos y estamos en estrecho contacto con los representantes de la industria y la cultura europeas en los diversos debates. Tenemos que encontrar un acuerdo equilibrado, estoy completamente de acuerdo. Tenemos que encontrar un acuerdo global, estoy completamente de acuerdo. Y estoy completamente de acuerdo en que tenemos que hacerlo dentro del plazo. Puede hacerse dentro del plazo. Las cuestiones están delimitadas. Lo que hace falta es la capacidad política para avanzar, no la capacidad técnica para analizar. Hemos tenido siete años de análisis. Ahora necesitamos siete semanas de acción y decisión.

En este fragmento, los trece pronombres personales se han omitido en la traducción. Su repetición, que en inglés contribuye al efecto retórico global, es inadmisible en castellano, donde el estilo oratorio se conserva con la repetición de las demás estructuras.

En el siguiente fragmento, de la misma procedencia, el traductor tiene que hallar los modos de compensar esta omisión, puesto que el efecto retórico general depende en mayor medida que en el ejemplo anterior del sujeto pronominal.

Mr President, a plague threatens Europe at the moment. Twenty million people are already touched by it. It disables, it demoralizes and it creates a climate of fear within the family, within the Community and within society in general. It threatens in the long term our very democracy and it feeds the growth of fascism, racism and xenophobia. That plague is unemployement.

Señor Presidente, una plaga amenaza en estos momentos Europa. Veinte millones de personas están afectadas ya por ella. Es una plaga que incapacita, que desmoraliza y que crea un clima de miedo en el seno de la familia, en el seno de la Comunidad y en el seno de la sociedad en general. Es una plaga que amenaza a largo plazo nuestra misma democracia y que alimenta el auge del fascismo, el racismo y la xenofobia. Es una plaga que se llama desempleo.

Mientras que en inglés el pronombre personal «*it*» cumple en este ejemplo la función anafórica encargada de la iteración enfática, en castellano se intenta alcanzar el mismo objetivo con la repetición de otras estructuras.

En principio, los sujetos pronominales de un texto inglés deben desaparecer sistemáticamente en la traducción al castellano, salvo cuando haya riesgo de ambigüedad o se considere conveniente dar una nota de énfasis (para marcar un contraste, por ejemplo).

When she tries to talk about the firing, he gets all jolly and brushes it away, saying the future's just going to be fine.

Cuando mi madre intenta hablarle del despido, adopta un aire jovial y cambia de tema diciendo que todo se arreglará.

En este ejemplo hay dos casos en los que el traductor se ha visto obligado a recurrir a la explicitación. Por un lado, la posible confusión de personas («cuando intenta», ¿él/ella?) ha desaparecido con la transformación del pronombre «*she*» en «mi madre» y la introducción del pronombre enclítico «le»; por otro, se ha hecho explícita la carga semántica contenida en «*it*».

Adverbio

Quizá la diferencia más evidente entre las dos lenguas en este apartado sea la profusión de adverbios acabados en «-*ly*», que la flexibilidad del inglés permite crear y utilizar con mucha más frecuencia añadiendo ese sufijo a adjetivos, participios y otras palabras. En castellano, la derivación en «-mente» a partir de la forma femenina del adjetivo también es posible —y perfectamente correcta—, pero su utilización es mucho más moderada.

En inglés, es bastante común que aparezcan varios de estos adverbios muy próximos, incluso en la misma frase.

Indeed, in the nature of things there is usually no entirely suitable past, because the phenomenon these ideologies claim to justify is not ancient or eternal but historically novel.

De hecho, en la naturaleza de las cosas no suele haber un pasado del todo adecuado, porque el fenómeno que tales ideologías pretenden justificar no es antiguo ni eterno, sino históricamente reciente.

En la versión castellana, el primer adverbio («*usually*») se ha convertido en un verbo («suele»); el segundo («*entirely*»), en una locución adverbial («del todo»); y, el tercero («*historically*»), en un adverbio en «-mente», aunque también podría traducirse, en segunda opción, por la perífrasis «en términos históricos».

El cambio de la categoría gramatical (transposición) es el principal recurso para una «dosificación» moderada de los adverbios en «-mente». En el ejemplo anterior, uno de ellos se ha transformado en un verbo; también pueden convertirse en nombres o, más frecuentemente, en locuciones adverbiales o adjetivos:

A sign of how seriously governments in rich countries are taking the issue was the conference held this week in Rome.

La conferencia celebrada esta semana en Roma es una muestra de la importancia otorgada por los países ricos al problema.

It is a papyrus known as the Royal Canon of Turin, in which museum it is to be found. Originally the property of the king of Sardinia, tragically, it was badly packed and severely damaged during transportation.

Se trata de un papiro conocido con el nombre de Canon Real de Turín, en cuyo museo se halla. Perteneció en un principio al rey de Cerdeña;

por desgracia, fue mal embalado y sufrió graves desperfectos durante su traslado.

En el primer ejemplo, el adverbio «*seriously*» se convertido en el
sustantivo «importancia»; en el segundo, cuya segunda frase contiene cuatro adverbios (en 18 palabras), éstos se han transformado en
dos perífrasis adverbiales («*originally*», «en un principio»; «*tragically*»,
«por desgracia») y en dos adjetivos («*badly*», «mal»; «*severely*»,
«graves»). El adverbio «*tragically*» quizá merezca un comentario
particular, puesto que se trata de un tipo de adverbio llamado en
inglés «*attitudinal disjunct*» (disjunto de actitud) o «*sentence adverb*»
(adverbio oracional),[95] que comenta el contenido de lo que se dice e
implica una transferencia —y, en cierta medida, un enmasca-
ramiento— del punto de vista del locutor; estos adverbios pueden
traducirse por un adverbio o una locución adverbial, con un simple
desplazamiento en el orden de la frase, o por una paráfrasis que
explicite la actitud del hablante.

*In this way we unfortunately discover that much has been lost;
negatives that have gone missing, colour processing that has gone
wrong.*

Y así nos estamos llevando la desagradable sorpresa de descubrir
que muchas se han perdido; los negativos han desaparecido, los
revelados en color se han estropeado.

Un caso particular de divergencia destacable entre el inglés y
el castellano es el de los adverbios de lugar y de tiempo (deícticos).
En inglés, «*now*» tiene el sentido de «ahora» y «entonces», por lo
que un error característico es utilizar el «ahora» en un texto en
pasado.

*When he was denied the opportunities that seemed within his grasp
and particularly the chance of making some impression on the
Emperor, he quarrelled with his employer and, not for the first but
now for the last time, was dismissed.*

---

95. Véanse Randolph Quirk y Sidney Greenbaum, *A University Grammar of
English*, Harlow, Longman, 1993, 28ª ed., pp. 243-246; así como A. J. Thompson y
A. V. Martinet, *A Practical English Grammar*, Oxford, Oxford University Press,
1996, 4ª ed., pp. 58-59, § 40.

Cuando se le negaron las oportunidades que parecían estar a su alcance y, en particular, la posibilidad de causar cierta impresión al emperador, se peleó con su patrono y, no por primera vez aunque sí ya por última, fue despedido.

Now the ridiculous humans were leaving, a cat could get in a few hours of serious snoozing.

Cuando por fin se iban los ridículos humanos, un gato podía dedicarse a dormir unas cuantas horas a pierna suelta.

Algo parecido a lo comentado en el caso de los demostrativos ocurre con los adverbios «*here*» y «*there*», que indican proximidad o lejanía: el castellano dispone de una gradación con tres elementos, «aquí», «ahí» y «allí».

Algunos adverbios, los adverbios de relieve («*just*», «*only*», «*simply*», «*too*», entre otros), pueden presentar en la traducción problemas cuando no se transmite el relieve o el énfasis pretendido o cuando se calca su posición dentro de la frase inglesa.

And I felt like for a moment that maybe an idea is more important than simply being alive, because an idea lives a long time after you're gone.

Y durante un instante he sentido que a lo mejor una idea es más importante que el mero hecho de estar vivo, porque una idea vive mucho tiempo después de que hayas desaparecido.

The gauntlet simply must be taken up.

Hay que recoger el guante, no hay otra posibilidad.

It's as if the notion of freeway construction simply vanished in 1975.

Es como si la idea de construir autopistas se hubiera esfumado sin más en 1975.

Saudi Arabia banned slavery only in 1962.

Arabia Saudí no abolió la esclavitud hasta 1962.

The companies are mounting more aggressive safeguards, too.

Además, las compañías están montando dispositivos de seguridad más dinámicos.

As if bandits didn't represent enough of a threat to civilians, the countryside is strewn with forgotten land mines as well.

Como si los bandidos no representaran una amenaza suficiente para los civiles, las zonas rurales también están llenas de minas antipersonales olvidadas.

Como se ve, además de las adiciones necesarias en castellano para mantener el énfasis o el relieve, la posición de los adverbios dentro de la frase puede estar sujeta a múltiples variaciones. Con frecuencia, el adverbio o la locución adverbial están situados en inglés más a la derecha y, en muchas ocasiones, en segundo término de la frase, como ocurre en el siguiente ejemplo:

The most direct reverberations of this will be felt in regions with similar structures of agriculture, notably Italy and Southern France which will face more intense competition in horticulture, wine and olive production. Iberian producers, similarly, face more intense competition for products which enjoyed protection.

Las repercusiones más directas de la ampliación se dejarán sentir en las regiones con estructuras agrícolas similares, sobre todo, Italia y el sur de Francia, que se enfrentarán a una competencia más intensa en horticultura y la producción de vino y aceite. De modo similar, los productores ibéricos se enfrentan a una competencia más intensa en productos que han gozado hasta ahora de protección.

En la traducción, el adverbio *«similarly»* se ha desplazado hacia la izquierda. El orden de los adverbios en la frase también está sujeto a convenciones ligeramente diferentes en ambos idiomas en el caso de los adverbios transicionales ingleses (*«then»*, *«however»*, *«thus»*, *«hence»*, *«indeed»*, *«therefore»*, entre otros). Cuando hay dos oraciones contrapuestas con una de estas partículas, en inglés es posible separarlas con un punto y, en ese caso, muchos autores prefieren no colocar el nexo en primer término de la segunda oración; en castellano, es más usual colocarlo entre las dos oraciones, que muchas veces pueden unirse con un punto y coma (véase también el capítulo 6).

Winnie Mandela became an internationally known spokeswoman for both her imprisoned husband and for the aspirations of South Africa's black majority. Her reputation was seriously tarnished in 1988-89, however, when her bodyguards became linked with the beatings of other black youths, one of whom was killed.

Winnie Mandela se hizo famosa internacionalmente como portavoz de su encarcelado marido y de las aspiraciones de la mayoría negra sudafricana; sin embargo, su reputación quedó seriamente empañada en 1988-1989, cuando se relacionó a sus guardaespaldas con el apaleamiento de varios jóvenes negros, uno de los cuales murió.

Verbo

Como hemos mencionado en el capítulo 3, la extremada simplicidad morfológica del verbo inglés (que tiene entre 1 y 8 formas) contrasta con la riqueza de terminaciones verbales del castellano. Esta escasez morfológica, combinada con la ya casi total ausencia de terminaciones de casos del inglés,[96] afecta a la sintaxis del inglés obligándole a un orden relativamente rígido de las palabras en el interior de la oración, un orden sin el cual la comprensión sería imposible. En inglés, por ejemplo, la segunda persona del verbo no está marcada por lo que se refiere al número, el género o el nivel de familiaridad, lo cual obliga al traductor a interpretar y especificar lo que el original no especifica.

En relación con los tiempos verbales, también encontramos en inglés y castellano patrones divergentes que fuerzan la mano del traductor. El modo indicativo inglés tiene 16 tiempos, mientras que el castellano tiene 19. En algunos casos, existe una correspondencia formal e incluso cierto grado de semejanza por lo que respecta al uso; como, por ejemplo, en el presente continuo inglés (formado con el auxiliar «*to be*» en presente seguido de gerundio) y el presente de la perífrasis verbal de gerundio castellana (formada por el presente del verbo «estar» seguido de gerundio), que ambas lenguas utilizan para expresar acciones que ocurren en el momento presente. Los llamados tiempos progresivos se utilizan abundantemente en inglés para expresar aspectos del presente, el pasado y el futuro, mientras que el aspecto durativo en castellano utiliza mucho menos la formalmente similar perífrasis de gerundio, por lo que el uso excesivo por

---

96. Recordemos que la distinción entre las formas de sujeto y objeto del pronombre relativo «*who/whom*» sólo es hoy corriente cuando el pronombre sigue a una preposición y que incluso en este caso intervienen mecanismos tendentes a suprimir la «*m*» final: «*The person to whom I lent the book*» se convierte, sobre todo en el inglés hablado, en «*The person I lent the book to*» e incluso en «*The person who I lent the book to*»).

parte del traductor de estas formas progresivas en castellano constituye una forma insidiosa de interferencia lingüística.

El inglés carece de un tiempo pasado que corresponda al imperfecto castellano, ya que el pasado simple se utiliza tanto para la acción incidental como para la habitual, tiempos del verbo designados en castellano con el pretérito simple y el imperfecto, respectivamente. Por lo tanto, el traductor debe recurrir al contexto para interpretar el valor del pasado simple y elegir entre los dos tiempos del castellano. Así, de los siguientes versos del Soneto V de Shakespeare,

> *Those hours that with gentle work did frame*
> *The lovely gaze where every eye doth dwell*

encontramos dos interpretaciones diferentes de la referencia temporal en el verbo «*to frame*», la primera debida a Agustín García Calvo, y la segunda, a Gustavo Falaquera:

> Esas horas que orlaban en gentil cenefa
> la amable vista en que todo ojo se demora
>
> Las horas, que enmarcaron con tan gentil labor
> esa admirable mirada, atracción de los ojos,

Asimismo, el traductor debe ser consciente de las funciones adicionales de los tiempos futuro y condicional que aparecen en inglés en oraciones subordinadas adjetivas después de un antecedente hipotético, donde el castellano utiliza una forma subjuntiva:

> *We must look for a clue that will explain his sudden departure.*
> Debemos buscar una razón que explique su súbita partida.
>
> *We wished to design a set of experiments which would allow us to verify the results of earlier studies.*
> Deseábamos idear un conjunto de experimentos que nos permitieran comprobar los resultados de los estudios previos.
>
> *The head of the laboratory, Grigori M., had been given the task of finding poisons which would stimulate natural death.*
> Al director del laboratorio, Grigori M., se le encomendó la tarea de encontrar venenos que estimularan la muerte natural.

Presentaremos a continuación una tabla completa de los tiempos del indicativo en ambas lenguas y comentaremos las discrepancias y los posibles escollos en el uso de tiempos emparentados. La correspondencia entre los tiempos verbales ingleses y castellanos dentro de la misma escala temporal —pasado, presente y futuro— se da sólo de forma muy parcial, y con frecuencia encontramos, por ejemplo, que un tiempo pasado inglés debe traducirse por un presente castellano, un pasado simple por un pluscuamperfecto o un futuro por un presente. Las similitudes formales por un lado y la divergencia en el uso por otro ponen a prueba la habilidad del traductor a la hora de tejer un tapiz en el que los hilos y colores del revés inglés no se trasluzcan en el producto acabado.

Inglés	*Castellano*
presente	presente
presente continuo	perífrasis de gerundio (presente)
pasado simple	pretérito perfecto simple o indefinido
pasado continuo	perífrasis de gerundio (pretérito perfecto simple)
	pretérito imperfecto
	perífrasis de gerundio (pretérito imperfecto)
presente perfecto	pretérito perfecto compuesto
presente perfecto continuo	perífrasis de gerundio (pretérito perfecto compuesto)
pasado perfecto	pretérito pluscuamperfecto
pasado perfecto continuo	perífrasis de gerundio (pretérito pluscuamperfecto)
	pretérito anterior
futuro	futuro
futuro continuo	perífrasis de gerundio (futuro)
futuro perfecto	futuro perfecto
futuro perfecto continuo	perífrasis de gerundio (futuro perfecto)
condicional	condicional
condicional continuo	perífrasis de gerundio (condicional)
condicional perfecto	condicional compuesto
condicional perfecto continuo	perífrasis de gerundio (condicional perfecto)

Además de los usos compartidos del presente (como, por ejemplo, la descripción de acciones habituales, hechos con validez extratemporal o acontecimientos futuros), cabe comentar que el ámbito de uso del presente inglés es mucho más restringido que el del castellano. El presente con valor de pasado, por ejemplo, es muy poco utilizado en inglés, a diferencia de lo que ocurre en castellano, donde a menudo se encuentra en una narración para sustituir el pretérito perfecto simple (o pretérito indefinido) y puede utilizarse con buenos resultados al traducir verbos en pasado simple inglés dentro de una narración en pasado para trasladar al lector al tiempo de la acción y realzar así la inmediatez y la fuerza de la descripción:

Después de descansar algunos días, levaron anclas los atrevidos aventureros y dirigieron las proas al polo meridional. Pronto perdieron de vista la tierra... ¡Quizá había terminado ya la costa occidental del África! Viran a babor para cerciorarse, y el mar los repele.
—¡Adelante! —exclama Díaz—. Corramos unas leguas más hacia el Sur.

Si se quiere obtener una traducción natural que explote plenamente la gama expresiva del castellano, deben tenerse en cuenta estos usos diferenciales no presentes en el inglés.

En cambio, esta lengua emplea con gran frecuencia el presente continuo para expresar acciones que ocurren en el momento de la palabra. El castellano prefiere aquí el presente.

Why are you laughing?
¿Por qué te ríes?

The bus is coming.
Ya viene el autobús.

Is it still raining?
¿Todavía llueve?

I am writing to introduce myself as the copy-editor for the above volume.
Le escribo para presentarme como responsable de la edición del volumen citado.

En inglés también se utiliza el presente continuo, donde el castellano vuelve a preferir el presente, para hacer referencia a un futuro cercano o percibido como cercano.

We are leaving for Valencia in two hours.
Salimos para Valencia dentro de dos horas.

His cousin is emigrating to Canada next year.
Su prima se va a Canadá el año que viene.

Sin embargo, en este último caso —el presente continuo inglés empleado como expresión de un futuro previsto o planeado—, la posibilidad práctica de interferencia es menor puesto que, en castellano, el futuro de intención emplea medios distintos, entre los que se incluyen el presente, el futuro o la perífrasis verbal de infinitivo (de carácter progresivo y relativamente orientada hacia el futuro).

Donde la posibilidad de calco aumenta de modo exponencial es en el caso anterior de uso del presente continuo, un tiempo ubicuo en inglés para expresar las acciones en curso. Si bien el castellano también cuenta con tal posibilidad, su uso para intensificar o prolongar la actualidad del verbo es mucho más comedido.

I'm looking forward to going home at the weekend.
Tengo ganas de volver a casa el próximo fin de semana.
Estoy deseando volver a casa el próximo fin de semana.

Si el traductor optara aquí por la segunda versión —calcando la forma durativa inglesa—, transmitiría un grado de impaciencia o, quizá, de exasperación ausente en la primera, que, de modo adecuado, utiliza el presente para traducir el presente continuo inglés.

Ahora bien, cuando la perífrasis durativa se halla modificada por un adverbio que denota una frecuencia elevada (como «*always*», «*continually*», «*forever*», «*constantly*»), puede utilizarse el presente continuo como tiempo de una acción habitual, en lugar del presente simple, y entonces sí que transmite irritación por parte del hablante, como vemos en:

She always complains.
Siempre se queja.

She is always complaining.
Siempre está quejándose.

En este caso los usos en las dos lenguas coinciden: «Siempre está quejándose» es una opción de traducción evidente; aunque no la única que podría considerarse, puesto que este aspecto particular podría trasladarse con expresiones como «no parar de» + infinitivo, por ejemplo.

Como vemos, el hecho de que la perífrasis de gerundio pueda utilizarse en castellano para expresar acciones que ocurren en el momento presente para subrayar el aspecto durativo del verbo se combina con el poder de atracción del original inglés y puede conducir a anglicismos en la traducción.

Debemos mencionar también que el inglés utiliza el presente en lugar del presente continuo para expresar actualidad en verbos que no se utilizan generalmente en formas durativas: verbos de percepción involuntaria («*see*», «*hear*», «*feel*», «*notice*», etcétera); verbos de emoción («*love*», «*hate*», «*adore*», «*like*», «*dislike*»); verbos de actividad mental («*think*», «*know*», «*believe*», «*feel*», «*forget*», «*realize*»); verbos de propiedad o posesión («*own*», «*possess*», «*owe*», «*belong*»); verbos auxiliares («*can*», «*may*», «*must*», «*be*», «*have*»); y algunos otros verbos (como «*seem*», «*matter*» y «*contain*»). Todos estos verbos de estado (utilizados en oraciones estativas, situadas en el límite entre las oraciones activas y las pasivas, en la medida en que en ellas el sujeto no produce la acción, sino que es la acción la que se produce en él) y auxiliares se utilizan con tiempos simples en contextos que normalmente requerirían formas continuas.

Sin embargo, casi todos pueden utilizarse idiomáticamente en cualquier tiempo —no sólo en el presente continuo— en un sentido activo y adoptan en tales casos la forma progresiva:

Please tell me if I am being a nuisance.
Si te molesto, no dudes en decírmelo.

They have been seeing a lot of each other recently.
Han pasado mucho tiempo juntos últimamente.

You will be hearing from us.
Recibirá noticias nuestras.

Estos ejemplos ponen de manifiesto que, en la transformación de las formas continuas inglesas, el traductor puede tener que recurrir muchas veces a verbos completamente diferentes de los que suelen utilizarse para trasladar los verbos originales ingleses.

Otro ámbito de dificultad especial en relación con la traducción al castellano de los tiempos verbales ingleses es el ya apuntado de cómo tratar los tiempos pasados ingleses y, en particular, el pasado simple. El aspecto durativo en pasado está cubierto por el pasado continuo, pero el pasado simple desempeña dos funciones que, por lo general —aunque no siempre—, se encarga de especificar el contexto: la expresión de una acción acabada pasada, ya sea este pasado reciente o remoto, y la expresión de una acción habitual pasada. Por ello, suele traducirse por tres tiempos en castellano: el pretérito perfecto simple, para las acciones acabadas consideradas de modo independiente de cualquier otra acción; el pretérito perfecto compuesto, para las acciones acabadas ocurridas en un pasado inmediato (y para acciones no realizadas hasta el presente); y el pretérito imperfecto, para acciones habituales, así como para acciones y estados no limitados por referencias temporales:

As a student, he supplemented his grant by working as a courier.

De estudiante, complementaba los ingresos de su beca trabajando de mensajero.

The pock-pock of a distant tennis ball sounded at irregular intervals, then disconcertingly stopped altogether.

El poc poc de una lejana pelota de tenis sonaba a intervalos irregulares y, de pronto, desconcertantemente, se detuvo.

'You played it perfectly, Miss Darlington. You have a real feeling for my music.'

—Su interpretación ha sido magnífica, señorita Darlington. Tiene usted una sensibilidad especial para mi música.

She liked walking in the rain.

Le gustaba caminar bajo la lluvia.

También puede ser necesario utilizar un pluscuamperfecto en castellano para trasladar el sentido de un pasado simple inglés si la acción expresada por el verbo es anterior a otra expresada por otro verbo en pasado, como en:

I'm going to Paris tomorrow; didn't I tell you?
Me voy mañana a París. ¿No te lo había dicho?

El presente perfecto inglés y el pretérito perfecto compuesto castellano se emplean para expresar una acción pasada acabada, vista en relación con el presente.

Britain has produced few outstanding composers.
Gran Bretaña ha producido pocos compositores sobresalientes.

I have already done the shopping.
Ya he hecho las compras.

Aunque en inglés estadounidense existe una tendencia a que el presente perfecto sea sustituido por el pasado simple («*I did the shopping already*»). Hay, sin embargo, algunas expresiones de tiempo que utilizan «*since*» y «*for*» en las que el presente perfecto y el presente perfecto continuo ingleses se traducen por formas en presente en castellano (del mismo modo que el pasado perfecto y el pasado perfecto continuo se traducen por formas en imperfecto):

Trading activity in Barcelona has traced an unbroken line since the thirteenth century.
La actividad mercantil de Barcelona se remonta de forma ininterrumpida al siglo XIII.

For several months now, we have been receiving reports of a revolutionary new vaccine to prevent AIDS.
Desde hace unos meses estamos recibiendo informes de una nueva vacuna revolucionaria contra el sida.

El presente perfecto continuo se utiliza en inglés mucho más frecuentemente que en castellano, donde suele preferirse, como se ve en el ejemplo anterior, una perífrasis verbal con «venir» o «llevar» + gerundio en estos casos en que la acción continúa en el presente:

We've been waiting for you all morning.
Llevamos esperándote toda la mañana.

El pasado perfecto continuo inglés («*We had been waiting...*») se traduce por el imperfecto del verbo conjugado de la perífrasis de gerundio cuando la continuidad de la acción permanece ininterrumpida en el momento en que es evocada («Llevábamos esperándote...»).

El inglés expresa la futuridad con diversos medios, de sobra conocidos por el traductor que traduce de esta lengua (con «*will / shall*» + infinitivo; «*be going to*» + infinitivo; presente de «*be*» + gerundio; presente; «*will / shall*» + «*be*» + «*-ing*»; «*be to*» + infinitivo; «*be about to*» + infinitivo) y que pueden traducirse en castellano por el futuro, el presente o la perífrasis verbal de infinitivo («ir» + infinitivo). Como, por ejemplo:

> *I'll just finish this letter and then you can tell me what happened.*
> Enseguida acabo esta carta y entonces me explicas lo que ha pasado.
>
> *We shall be moving to Galicia in the Autumn.*
> Nos trasladamos a Galicia en otoño.

Además, el presente puede utilizarse para traducir «*I'll...*» en ofrecimientos para hacer algo y en preguntas como «*Shall I...?*» o «*Do you want me to...?*» cuando se busca la aprobación de una acción propuesta:

> *I'll carry that case for you.*
> Dame la maleta, te la llevo.
>
> *Shall I wrap it for you?*
> ¿Se lo envuelvo?

En ocasiones, las formas negativas «*won't*» + infinitivo (como «*wouldn't*» + infinitivo) pueden convertirse en una traducción en un escándalo —en el sentido etimológico de la palabra y, quizá, también en el moderno—, puesto que esta forma sirve igualmente como negación del futuro (o el condicional) y como negación de la volición:

> *Disappointingly, Previn won't conduct the Orchestra tonight.*
> Es una lástima, pero Previn no va a dirigir la orquesta esta noche.
> Es una lástima, pero Previn no quiere dirigir la orquesta esta noche.

En tales casos, la forma del futuro continuo inglés puede emplearse (aunque no de modo necesario) para evitar la ambigüedad y designar un simple hecho futuro desprovisto de voluntariedad o intencionalidad.

Disappointingly, Previn won't be conducting the Orchestra tonight.
Es una lástima, pero Previn no dirige la orquesta esta noche.

Otros dos usos del futuro inglés que sería imprudente por parte del traductor trasladar por el futuro castellano son las funciones predictiva e insistente, de las que en castellano se encarga el presente:

On average, French men will report having 13 sexual partners in their lifetime, while women will report between 2 and 5.
Por término medio, los franceses declaran tener relaciones sexuales con 13 personas distintas a lo largo de su vida, mientras que las francesas entre 2 y 5 parejas.
He will keep interrupting me.
No para de interrumpirme.
Se empeña en interrumpirme.

En este último caso, es el traductor quien debe, en última instancia, deshacer la ambigüedad y decidir cuál de los dos sentidos está implícito en el original (o si lo están los dos).
Ya nos hemos referido a la importancia de la forma en «-*ing*» en su calidad de gerundio en relación con el sintagma verbal inglés para expresar el aspecto durativo en todos los tiempos. Sin embargo, la forma en «-*ing*» también se utiliza como nombre verbal en contextos que, en la traducción castellana, exigen un verbo en subjuntivo, en infinitivo o, incluso, un nombre:

Her husband's uncontrolled drinking exasperated her.
La desesperaba la desmedida afición a la bebida de su marido.
El hecho de que su marido bebiera de forma tan desmedida la desesperaba.
The dinner was spoilt by their arriving so late.
El que se retrasaran tanto estropeó la cena.

Su gran retraso echó a perder la cena.

Please say nothing to Mark about my being so fond of him.

Por favor, no le hables a Mark del cariño que siento por él.

You couldn't make out what the preacher said, any more, on account of the shouting and crying.

El griterío ya no dejaba oír lo que decía el predicador.

Utilizada con valor de oración de relativo, la forma en «*-ing*» puede traducirse en castellano por un participio pasivo o por una subordinada adjetiva:

The man sitting at the table in the corner.

El hombre sentado a la mesa del rincón.

I suddenly thought of the woman selling trinkets outside the cathedral.

De pronto pensé en la mujer que vendía baratijas a la puerta de la catedral.

El participio presente (participio activo) puede usarse en una construcción absoluta como alternativa a una subordinada adverbial, en cuyo caso puede traducirse por un gerundio o, mejor, por una oración subordinada introducida por una conjunción del estilo de «como»:

Wishing to travel down to London immediately, and having no money for the train fare, he decided to hitch a lift.

Como deseaba ir a Londres enseguida y no tenía dinero para el billete de tren, decidió hacer autostop.

Debe notarse, sin embargo, que en inglés, al contrario de lo que ocurre en castellano, el sujeto de la forma en «*-ing*» no necesita ser el mismo que el del verbo de la oración principal que viene a continuación:

The rent on the flat being quite reasonable, we made up our minds to take it.

Como lo que pedían por el piso era bastante razonable, decidimos alquilarlo.

En castellano, el gerundio simple indica simultaneidad, y el gerundio compuesto, anterioridad; por ello debe evitarse de modo especial el llamado «gerundio de posterioridad» («Entró en el cine, sentándose en la tercera fila»). Hablando de la conveniencia de evitar el uso del gerundio, Francisco Marsá dice que su frecuencia es poco elegante, casi siempre resulta cacofónico y «en no pocas ocasiones indica falta de imaginación o de esfuerzo en busca de otras fórmulas lingüísticas más adecuadas».[97]

Cuando el participio presente inglés expresa una posición física suele traducirse en castellano por un participio pasivo o una oración de relativo:

The garden was lit by paper lanterns hanging from the trees.
El jardín estaba iluminado con farolillos que colgaban de los árboles.

We looked up and saw a woman leaning on the balcony.
Alzamos la cabeza y vimos a una mujer asomada al balcón.

Debido a la doble función de la forma en «*-ing*» como participio presente y gerundio, pueden surgir en ocasiones ambigüedades, como en la frase:

He loves sailing boats.
Le encanta navegar.
Le encantan los veleros.

Sin embargo, en la práctica, el contexto o la concordancia suelen proporcionar la clave de la interpretación.

El participio pasado inglés (participio pasivo) se utiliza, como en castellano, en la formación de los tiempos perfectos y la voz pasiva o con función adjetiva, ya sea calificativa (*attributive function*) o atributiva (*predicative function*). Más divergencias presenta con respecto al castellano cuando actúa como ablativo absoluto, donde el participio pasado sustituye a un sujeto + un verbo pasivo (del mismo modo en que el participio presente puede sustituir a un sujeto + un verbo activo):

---

97. Francisco Marsá, *Diccionario normativo y guía práctica de la lengua española*, Barcelona, Ariel, 1986, p. 201.

Their mission accomplished, they began the long journey home.

Una vez cumplida la misión, emprendieron el largo viaje de regreso.

The contract signed, I was now committed to working for the company for the next three years.

Tras firmar el contrato, me veía obligado a trabajar para la compañía durante los siguientes tres años.

Al traducir estas construcciones, no debe olvidarse que el castellano tiende aquí a evitar el uso del participio (y a sustituirlo por un verbo o un sustantivo) o, como mínimo, a evitar colocarlo en primer término de la oración y que, al contrario del uso inglés, el sustantivo castellano se pospone al participio.

En inglés, la voz pasiva se utiliza con mucha mayor libertad que en castellano, que tiende a evitar la verdadera voz pasiva utilizando una pasiva refleja, una forma impersonal o una forma activa:

Five new cinemas have been opened this year.

Este año han abierto cinco cines nuevos.

The room was soon filled with reporters.

La sala pronto se llenó de periodistas.

The cases have been checked in.

Se han facturado las maletas.

The letter was brought by your friend.

Tu amigo ha traído la carta.

Las críticas al abuso de la voz pasiva en castellano son una constante desde hace bastante tiempo. Ya en 1867, el insigne filólogo colombiano Rufino J. Cuervo escribía:

Hay entre nosotros escritores, por otra parte apreciables, que, afectando claridad, usan a cada triquitraque las construcciones: *fue combatida la idea, son recibidas las cartas, era oída la misa*, etc., en lugar de *se combatió la idea, se reciben las cartas, se oía la misa* o *combatieron la idea, recibimos las cartas*, etc. Aunque este modo de expresarse es en sí correcto, su abuso es una de las cosas que más desfiguran el genio de nuestra lengua, y que más dan a un escrito aire de forastero, quitándole todo sabor castizo.[98]

En nuestros días, el inglés ha recogido del francés el testigo de esta influencia. En general, la pasiva se emplea cuando la acción del verbo o su objeto es de mayor interés que el agente o cuando este último no se conoce; en realidad, la mayoría de las oraciones pasivas inglesas no expresan un agente. La pasiva también se utiliza en inglés como forma de evitar el orden fijado SVO cuando se quiere realzar el objeto; esto puede conseguirse en castellano mediante su anteposición, aunque evitando la pasiva (como en el último de los ejemplos citados: «La carta la ha traído tu amigo»).

Además de su elevada frecuencia de uso en comparación con la forma correspondiente en castellano, la pasiva inglesa posee muchas caracterísiticas específicas, de las cuales la más notable quizá sea la capacidad de convertir no sólo el complemento directo sino también el indirecto en sujeto gramatical de la oración:

They sent him a reminder.

A reminder was sent to him.

He was sent a reminder.

Si bien las dos primeras construcciones son posibles en castellano, aunque la segunda confiere a la expresión cierta rigidez formal o cierto tono oficial («Le fue enviado un aviso»), la tercera no lo es; por ello, la búsqueda de la naturalidad conduce a la elección de una forma activa impersonal («Le enviaron un aviso») o de una pasiva refleja («Se le envió un aviso»).

Además de esta particularidad de la pasiva inglesa de construirse con verbos intransitivos, merece destacarse que también es posible construirla con verbos intransitivos acompañados de una partícula, lo que obliga en castellano a utilizar múltiples estrategias:

The policeman was laughed at.
El policía fue objeto de burla.

---

98. Rufino J. Cuervo, *Apuntaciones críticas sobre el lenguaje bogotano*, Bogotá, Instituto Caro y Cuervo, 1955, 9ª ed. corr., § 340, pp. 352-353.

The play was laughed off the London stage.
Las burlas obligaron a retirar la obra del cartel en Londres.

The bed hadn't been slept in.
En la cama no había dormido nadie.

A diferencia de lo que ocurre en castellano, la pasiva inglesa también se encuentra con frecuencia en formas durativas; sobre todo, en presente y pasado:

Research is being carried out on the mainstreaming of deaf children in the ordinary classroom.
Se llevan a cabo investigaciones en relación con la integración de niños sordos en clases de niños sin problemas auditivos.

Passengers were being warned of delays due to security checks.
Se avisaba a los pasajeros de que había retrasos provocados por los controles de seguridad.

En estos casos, el castellano prefiere una construcción de pasiva refleja, con frecuencia en presente o pretérito, o una oración activa impersonal.

El inglés cuenta con dos construcciones pasivas posibles en relación con verbos de conjetura, como «*believe*», «*think*», «*know*», «*hope*», «*suppose*», «*consider*», «*fear*», así como los de aserción, como «*say*», «*claim*», «*report*», «*rumour*», etcétera:

Ritual human sacrifice is known to have been practised here as late as the 16th century.

It is known that ritual human sacrifice was practised here as late as the 16th century.

It is believed that we have left the country.

We are believed to have left the country.

Debe observarse, en todo caso, que la construcción pasiva de infinitivo tras el verbo «*suppose*» suele transmitir el significado de «*should*», por lo que una frase como «*You are supposed to be working on your dissertation*» es probable que signifique «*You*

should be working on your dissertation» («Tendrías que estar trabajando en tu tesina») más que «*It is supposed that you are working
on your dissertation*» («Se supone que estás trabajando en tu
tesina»). De modo similar, «*He is supposed to be in Edinburgh*»
puede interpretarse como «*He should be in Edinburgh*», «*In theory,
he's in Edinburgh*» («Tendría que estar en Edimburgo», «Teóricamente, está en Edimburgo») o, menos frecuentemente, como «*People
assume that he is in Edinburgh*» («La gente cree que está en
Edimburgo»).

A veces —por ejemplo, cuando aparece en una construcción de
infinitivo o de gerundio tras ciertos verbos—, la pasiva inglesa
puede trasladarse por un subjuntivo en castellano:

> *She wishes to be informed immediately of his arrival.*
> Quiere que le comuniquen su llegada en el acto.

Cabe destacar que, en inglés, se utiliza la pasiva en pasado simple
en la redacción de las actas de reuniones, donde en castellano se
emplea la voz activa y el presente:

> *It was unanimously decided to postpone voting until the afternoon
> session.*
> Por unanimidad, se decide aplazar la votación hasta la sesión de la
> tarde.

Nuestro repaso de las particularidades del verbo inglés y los
desafíos que plantea para la traducción no estaría completo sin una
referencia a uno de sus rasgos más dinámicos; se trata de una
característica que dota a la lengua inglesa y, por extensión, a toda
su literatura de una complejidad y una economía de expresión
distintivas. Nos referimos a la peculiar combinación de verbo y
preposición para formar sintagmas verbales que aúnan
direccionalidad y modo —y, muy a menudo, direccionalidad, sentido
del tacto o sonido—. En estas construcciones, la carga semántica del
verbo inglés puede transferirse a un complemento de modo en
castellano, y la direccionalidad de la partícula o preposición,
transmitirse por medio de un verbo genérico de movimiento, aunque
también caben muchas otras posibilidades, como puede verse en la
traducción de estos ejemplos extraídos de la novela de Dermot
Healy, *A Goat's Song*.

Then, like a voice from hell, some message crackled across the radio.

Entonces, como una voz procedente del infierno, un mensaje crepitó secamente por la radio.

The skipper tacked to port and they chugged slowly forward.

El capitán viró hacia el puerto, y avanzaron lenta , resoplantemente.

Their arms worked furiously in short circles as they jabbed out to catch the wet net.

Los brazos se afanaban con furia y describían breves círculos al proyectarse para agarrar la red mojada.

As he watched, the electric wires dipped and rose, then were suddenly halted by a pole. Then they started again, swooping down and off. They'd fling themselves high onto the grips of the trapeze. Take off and, at the next juncture, just as Jack was becoming hypnotized, the wires swung away out of sight from the rails.

Ante sus ojos, los cables eléctricos descendían, se alzaban y eran súbitamente detenidos por un poste. A continuación, volvían a empezar, se lanzaban y luego salían disparados hacia lo alto hasta atrapar la barra del trapecio, y saltaban de nuevo; de pronto, en la siguiente bifurcación, justo cuando Jack estaba quedándose hipnotizado, se desviaron, se alejaron de los raíles y se perdieron de vista.

En tales casos, la traducción exige una superación de las categorías gramaticales por medio de lo que se ha denominado «transposición cruzada» (véase el capítulo 9), que Gerardo Vázquez-Ayora[99] utiliza para ejemplificar las diferentes perspectivas que caracterizan el inglés y el castellano, en tanto que representantes de las lenguas germánicas y romances, respectivamente. Siguiendo a Malblanc y Vinay y Darbelnet, Vázquez-Ayora señala la preferencia del inglés por la percepción concreta y la del castellano por la abstracción general, que dan lugar a dos representaciones radicalmente diferentes: una centrada en el plano real y otra centrada en el plano intelectual. En algunos de los ejemplos que cita parece haber un claro intercambio entre las diferentes categorías sin que se produzca pérdida semántica; en ellos, la dirección del movimiento y el modo de la acción son expresados por medio de la preposición y el verbo ingleses, mientras que las versiones castellanas utilizan un verbo

---

99. Gerardo Vázquez-Ayora,*Introducción a la traductología*, Washington (D.C.), Georgetown University Press, 1977, pp. 82-84.

específico de movimiento para expresar la dirección y el modo de la acción se expresa con un adverbio o grupo adverbial. Sin embargo, aparecen con frecuencia casos (como, por ejemplo, los citados más arriba procedentes de *A Goat's Song*) que provocan el desasosiego del traductor y lo hacen debatirse entre la Escila de una pérdida semántica y la Caribdis de una importante alteración del tempo o el ritmo de la frase.

Lecturas recomendadas

Alarcos Llorach, E., *Gramática de la lengua española*, Madrid, Espasa Calpe, 1995.

García Yebra, V., *Teoría y práctica de la traducción*, Madrid, Gredos, 1982, 2 vols.

Gili Gaya, S., *Curso superior de sintaxis española*, Barcelona, Biblograf, 1995, 15ª reimpr.

Marsá, F., *Diccionario normativo y guía práctica de la lengua española*, Barcelona, Ariel, 1986.

Quirk, R., y S. Greenbaum, *A University Grammar of English*, Harlow, Longman, 1993, 28ª reimp.

Stockwell, R. P., J. D. Bowen y J. W. Martin, *The Grammatical Structures of English and Spanish*, Chicago/Londres, University of Chicago Press, 1965.

Swan, M., *Practical English Usage*, Oxford, Oxford University Press, 1996, 2ª ed.

Thompson, A. J., y A. V. Martinet, *A Practical English Grammar*, Oxford, Oxford University Press, 1996, 4ª ed.

Vázquez-Ayora, G., *Introducción a la traductología*, Washington (D.C.), Georgetown University Press, 1977.

Wandruszka, M., *Nuestros idiomas: comparables e incomparables*, trad. Elena Bombín, Madrid, Gredos, 1976, 2 vols.

Capítulo sexto

Rasgos diferenciales entre el inglés y el castellano (3): puntuación

Los textos que abordan el problema de la traducción no suelen extenderse sobre el tema de los usos de los signos de puntuación en las diferentes lenguas, y la información pertinente se halla compartimentada en los distintos manuales de estilo monolingües, por lo que dedicaremos un breve capítulo a esta cuestión. Es éste un ámbito en el que el uso, la voluntad de claridad y las intenciones estilísticas prevalecen sobre un corpus definido de normas de cumplimiento obligatorio y general. Como dice Francisco Marsá: «En materia de puntuación, el riesgo no consiste tanto en escribir mal como en inducir a error».[100] Presentamos a continuación con cierto detalle los principales casos de divergencia entre el inglés y el castellano en lo que se refiere a la puntuación. No se trata de una exposición de las normas en uno y otro idioma, sino de una recopilación de los casos en los que existen usos claramente diferenciados que provocan interferencias en el trasvase entre ambas lenguas.

En inglés, existe hoy una fuerte tendencia hacia una forma de puntuar laxa, la «*open punctuation*», que no exige la puntuación estrictamente gramatical, denominada «*close punctuation*».[101] Se tiende a puntuar lo estrictamente necesario, a un uso restringido pero que impida lecturas erróneas.

Dado que esta puntuación laxa es la que presenta mayores divergencias con respecto al uso castellano, los ejemplos que siguen se basarán preferentemente en ella, por más que muchos anglohablantes, sobre todo en el Reino Unido, sigan prefiriendo la forma más estricta de puntuar.

---

100. Francisco Marsá, *Diccionario normativo y guía práctica de la lengua española*, Barcelona, Ariel, 1986, p. 265.

101. Este fenómeno es especialmente acusado en el inglés norteamericano. Sería interesante analizar sus causas: posibles cambios prosódicos y rítmicos, influencia del periodismo, etcétera.

Punto

La principal diferencia en el uso del punto radica en su mayor utilización en inglés, dada la tendencia de este idioma a no hacer tan explícita, en comparación con el castellano, la articulación del discurso. La omisión de los elementos que marcan la relación de oraciones favorece un uso de la puntuación y una concisión que, en castellano, puede dar una impresión de pobreza estilística o de una búsqueda deliberada de efectos expresivos que, en determinados contextos, no es pertinente. En castellano, el punto suele indicar pausa o separación; la relación suele expresarse con otros signos, como la coma y el punto y coma. A la hora de traducir, el resultado de esta preferencia —que ya hemos comentado en el capítulo 4— es que, como dice Vázquez-Ayora, «las más de las veces nos vemos uniendo oraciones y períodos que el inglés deja sueltos».[102]

In 1989 some 1.2m people left Eastern Europe and the Soviet Union. That figure needs breaking down, for it has led to exaggerated fears in Western Europe. Some 700,000 were East Germans or people of German origin. Another 300,000 were ethnic Turks in Bulgaria, half of whom soon returned to Bulgaria. And yet another 70,000 were Soviet Jews.

En 1989, alrededor de 1,2 millones de personas abandonaron Europa oriental y la Unión Soviética; sin embargo, esta cifra tiene que desglosarse porque ha suscitado temores exagerados en Europa occidental. Alrededor de 700.000 fueron alemanes o personas de origen alemán; 300.000, búlgaros de etnia turca, la mitad de los cuales no tardó en regresar a Bulgaria; y 70.000 más, judíos soviéticos.

En muchos casos, el inglés utiliza un punto ante conjunciones, adverbios o locuciones, donde el castellano opta más fácilmente por una pausa menos marcada.

Such individual catastrophes may be rare. However, Clube and Napier calculate that there should be a few giant comets, 50 to 300 kilometres across.

---

102. Gerardo Vázquez-Ayora, *Introducción a la traductología*, Washington (D.C.), Georgetown University Press, 1977, p. 111.

Estas catástrofes individuales quizá sean poco frecuentes, aunque Clube y Napier calculan que deben de existir unos pocos cometas gigantes, con diámetros de entre 50 y 300 kilómetros.

There's no dearth of creation myths, from Easter Island's god that laid a world egg to the Old Testament's six days of genesis. But for the truly weird, imagine the big bang.

Desde el dios de la isla de Pascua que puso un huevo cósmico hasta el génesis en seis días del Antiguo Testamento, no se puede decir que escaseen los mitos de creación; pero, si lo que se busca es algo verdaderamente inverosímil, imaginemos la gran explosión.

Por otra parte, como se ha visto en el ejemplo de este apartado, en las cantidades numéricas escritas con cifras, las dos lenguas utilizan sistemas opuestos de notación, puesto que el punto se utiliza en inglés para señalar los decimales, y la coma —no el apóstrofo—, para las unidades de millar y de millón. En castellano, la práctica es la inversa. También existe otra convención en los números de cuatro o más cifras, el uso del espacio fino en lugar del punto.

Coma

Es en este signo de puntuación donde son mayores las diferencias entre las dos lenguas. El castellano y el inglés utilizan de modo diferente las comas en combinación con ciertas conjunciones. En inglés, por ejemplo, suele emplearse una coma delante de la copulativa «*and*» y la disyuntiva «*or*».

The phrase 'to eat lotus' is used metaphorically by numerous ancient writers to mean 'to forget', or 'to be unmindful'.

La expresión «comer loto» es utilizada metafóricamente por numerosos autores antiguos con el significado de «olvidar» o «ser despreocupado».

Logan was a prominent leader of Indian raids on white settlements, and he took the scalps of more than 30 white men.

Logan fue un destacado organizador de incursiones indias contra asentamientos de colonos y cortó más de 30 cabelleras.

En castellano es incorrecta la colocación de la coma entre estas dos últimas oraciones; no obstante, esta coma se consideraría lícita si los sujetos de las dos oraciones fueran diferentes:

The incident destroyed his popularity, and Lafayette resigned from the guard in October.

El incidente destruyó su popularidad, y Lafayette dejó la guardia en octubre.

De modo inverso, el inglés permite con mayor facilidad la omisión de la coma ante otras conjunciones, una construcción correcta también en castellano (ante «pero», «porque», «si», «aunque»); sin embargo, con frecuencia será recomendable introducir la coma en beneficio de la claridad. Es más, en determinadas frases, la pausa indicada por la coma será insuficiente y deberá emplearse un punto y coma.

Caught in a police dragnet, he was imprisoned in 1874 but made a sensational escape two years later, fleeing to western Europe, where his name soon became revered in radical circles.

Tras ser capturado en una redada de la policía, fue encarcelado en 1874, pero dos años más tarde protagonizó una espectacular fuga y huyó a Europa occidental, donde no tardó en reverenciarse su nombre entre los círculos radicales.

At first, railway axles and springs of cast steel were the only products made in this field, but in 1852 Alfred Krupp manufactured the first seamless steel railway tire.

Al principio, los únicos productos creados en este sector fueron ejes y muelles de acero fundido para los ferrocarriles; pero, en 1852, Alfred Krupp fabricó la primera rueda de ferrocarril de una sola pieza de acero.

Otro caso de discrepancia es el de las oraciones subordinadas adverbiales entre dos coordinadas, que en inglés pueden no ir precedidas de coma.

Guy sided strongly with his mother, and in spite of the help that he received from him, was markedly hostile to his father.

Guy tomó un decidido partido por su madre y, a pesar de la ayuda que recibió de su padre, mantuvo hacia él una postura de clara hostilidad.

Otro uso diferenciado de la coma se produce en las enumeraciones compuestas de tres o más elementos; en inglés, suele emplearse una coma delante de la conjunción que separa los dos últimos términos, en especial, si el último es más extenso. También en este caso, la coma desaparece en el castellano, ya se trate de una sucesión de partes de la oración o de oraciones.

It intersperses chapters describing the history, geography, social life, and religious customs of non-Islamic lands, such as India, Greece, and Rome, with accounts of the oceans, the calendars of various nations, climate, the solar system, and great temples.

Intercala capítulos que describen la historia, la geografía, la vida social y las costumbres religiosas de las tierras no islámicas, como la India, Grecia y Roma, con descripciones de los océanos, los calendarios de diversos países, el clima, el sistema solar y los grandes templos.

Tall, extremely attractive, superficially acquainted with East Indian dances, and willing to appear practically nude in public, she was an instant success in Paris and other large cities.

Alta, extraordinariamente atractiva, poseedora de un conocimiento superficial de las danzas indias y dispuesta a aparecer casi desnuda en público, obtuvo un éxito inmediato en París y otras grandes ciudades.

He received a doctoral degree in literature in Madrid, attended the Sorbonne, and became a secondary school French teacher.

Obtuvo el doctorado de literatura en Madrid, estudió en la Sorbona y se convirtió en profesor de francés de instituto.

Ante adverbios o complementos circunstanciales, los usos de la coma también son diferentes en inglés y castellano. El inglés permite con mayor facilidad su omisión para no romper la continuidad de la frase. En castellano, si los elementos adverbiales o circunstanciales no ocupan dentro de la frase su posición natural, suele ser preferible utilizar este signo de puntuación.

Prevention of outbreaks requires careful sanitation as well as sterile injection and transfusion procedures.

La prevención de los brotes exige una higiene cuidadosa, así como procedimientos estériles de inyección y transfusión.

Initially many scholars did not accept Leakey's interpretations and classifications of the fossils he had found.

En un principio, muchos investigadores no aceptaron las interpretaciones de Leakey, ni las clasificaciones de los fósiles que había descubierto.

The identification of Jesus with the logos is implicitly stated in various places in the New Testament but very specifically in the Fourth Gospel.

La identificación de Jesús con el logos se afirma explícitamente en varios lugares del Nuevo Testamento, pero, de modo muy especial, en el Cuarto Evangelio.

When the final codification of each section was complete, the Masoretes not only counted and noted down the total number of verses, words, and letters in the text but further indicated which verse, which word, and which letter marked the centre of the text.

Una vez acabada la codificación final de cada sección, los masoretas no sólo contaban y anotaban el número total de versículos, palabras y letras, sino que, además, indicaban el versículo, la palabra y la letra que marcaban el centro del texto.

Este último ejemplo contiene otros casos, ya mencionados, de divergencia, lo cual pone de manifiesto la amplitud y frecuencia de las diferencias en el uso de este signo de puntuación.

Utilizada entre dos o más adjetivos que califican a un mismo sustantivo, la coma tiene un uso mucho más frecuente en inglés. En castellano, esta forma de puntuación tiene un valor expresivo, por lo que habrá que recurrir a la conjunción «y» o la anteposición y posposición de los adjetivos.

German epigrammist noted for his direct, unostentatious style.

Epigramista alemán caracterizado por su estilo directo y sencillo.

At Dennis's right sits an attractive, stylish, fortyish-looking woman.

A la derecha de Dennis se sienta una atractiva y elegante mujer de unos cuarenta y tantos años.

En inglés, la coma se utiliza para introducir una cita textual, en lugar de los dos puntos del castellano; o justo después de ella, si el material citado está en primer término dentro de la frase. Además, a diferencia del castellano, la coma se coloca dentro de las comillas.

Léon Gambetta phrased the slogan, le cléricalisme, voilà l'ennemi.

Léon Gambetta acuñó la consigna: *le cléricalisme, voilà l'ennemi.*

"Neither pope nor king," declared Mazzini.

«Ni papa ni rey», declaró Mazzini.

Cuando la cita concluye con un punto de interrogación o de exclamación, la coma se omite en inglés. También ocurre lo mismo tras la raya que cierra un inciso.

When Muhammad forbade the Meccans from killing their children (infanticide being common in pre-Islamic Arabia), Hind snapped, 'Do we have any children left that you didn't kill at Badr?' referring to a battle where a small band of Muslims exacted heavy losses from the Quraysh.

Cuando Mahoma prohibió a los mequíes que mataran a sus hijos (el infanticidio era una práctica común en la Arabia preislámica), Hind replicó: «¿Acaso nos queda algún hijo que no hayáis matado en Badr?», refiriéndose a una batalla en la que una pequeña banda de musulmanes infligiera grandes pérdidas a la tribu de Quraysh.

The book included his "nebular hypothesis" —attributing the origin of the solar system to cooling and contracting of a gaseous nebula— which strongly influenced future thought on planetary origin.

El libro incluía su «hipótesis nebular» —según la cual, el origen del sistema solar se debía al enfriamiento y la contracción de una nebulosa gaseosa—, que influyó poderosamente en las teorías posteriores sobre el origen de los planetas.

Otros dos puntos de divergencia son las convenciones acerca de cifras, que ya se han mencionado al hablar del punto, y las fechas.

And thus came about the final tragedy, the edict of expulsion of all the Jews from Spain on March 31, 1492.

Y así se produjo la tragedia final, el edicto de expulsión de España de
todos los judíos, el 31 de marzo de 1492.

Mars is a small planet, having a mean diameter of 6,787 km.
Marte es un planeta pequeño, con un diámetro medio de 6.787 km.

Punto y coma

El punto y coma es un signo considerado a veces arbitrario; sin
embargo, cumple importantes funciones sintácticas y estilísticas. En
inglés, fue más usual en el pasado de lo que lo es en la actualidad y se
utiliza, como en castellano, en oraciones compuestas para indicar la
relación entre las partes y favorecer la claridad. En el inglés más
contemporáneo tiende a ser sustituido en ocasiones por el punto,
aunque sigue arraigado, sobre todo, en usos elaborados del lenguaje.

Este signo de puntuación es de los que presentan menos divergencias en cuanto a su uso entre el inglés y el castellano.

Raya

Por el contrario, en el uso de la raya (guión largo o, en tipografía,
signo menos) existen amplias divergencias entre ambos idiomas.
Hasta hace poco, este signo era relativamente raro en castellano;
equivale a un paréntesis, aunque con una función diferente: encerrar incisos «sugerentes, irónicos o afectivos, de intención más bien
estilística».[103] Utilizado de esta forma, los manuales indican que
debe cerrarse al final del inciso.

---

103. Francisco Marsá, *Diccionario normativo y guía práctica de la lengua
española*, Barcelona, Ariel, 1986, p. 289.

En inglés, también se utiliza para acotar incisos, pero aparece con mucha frecuencia como forma de explicación, recapitulación o énfasis donde el castellano emplea otras marcas de puntuación: los dos puntos, la coma, el punto y coma o los puntos suspensivos.

Up until then, the Earth was the only world known to possess active volcanoes – although Venus and Mars have volcanic mountains that are probably now extinct.

Hasta entonces, la Tierra era el único mundo con volcanes activos conocidos, aunque Venus y Marte tienen montañas volcánicas que probablemente están ya extinguidas.

These economists believed that price was partly determined by a commodity's utility—that is, the degree to which it satisfies a consumer's needs and desires.

Estos economistas creían que el precio venía determinado en parte por la utilidad de una mercancía; es decir, el grado en que ésta satisface las necesidades y los deseos de un consumidor.

Ives, Stravinsky, and Bártok —these were the composers he most admired.

Ives, Stravinski y Bártok: éstos eran sus compositores más admirados.

'I write terribly little — about three poems a year,' Mr. Larkin says.

«Escribo poquísimo... unos tres poemas al año», afirma Larkin.

También se utiliza como forma de indicar la interrupción del discurso, como equivalente de los puntos suspensivos. O también, con este mismo valor, para señalar la omisión de parte de una palabra.

'Hello, Tim. It's Dr. Thompson calling you back. If you'd—'
—Hola, Tim. Soy la doctora Thompson. He recibido su llamada. Si quiere...

Arthur West was to have been a Sir Charles Grandison, Ashworth a Mr B—, and the ladies variations on Pamela, Clarissa, and Harriet Byron – only, they were to improve on Richardson: they would reject perfect virtue and total depravity for characters who were naturally mixed.

Arthur West habría sido un tal sir Charles Grandison; Ashworth, un tal señor B...; y las damas, variaciones de Pamela, Clarissa y Harriet Byron, con la salvedad de que pretendían mejorar a Richardson:

rechazaban la virtud perfecta y la depravación total en personajes que eran naturalmente mixtos.

En un uso que no es habitual en el inglés contemporáneo, la raya aparece como medio expresivo para señalar las pausas retóricas. El castellano nunca ha marcado el ritmo expresivo de este modo, por lo que debe recurrirse a otros signos de puntuación.

Such a strong wish for wings – wings such as wealth can furnish – such an urgent thirst to see – to know – to learn – something internal seemed to expand boldly for a minute – I was tantalized with the consciousness of faculties unexercised...

Un deseo tan vehemente de alas, alas como las que la riqueza es capaz de proporcionar, una sed tan urgente de ver, de saber, de aprender; por un instante, algo pareció desarrollarse resueltamente en mi interior, quedé fascinada por la conciencia de facultades no ejercitadas...

En obras anteriores a nuestro siglo, donde se hace un uso peculiar de este recurso, puede ser más aceptable mantenerlo, como hace Javier Marías en su traducción del *Tristram Shandy*, si la utilización de otros signos de puntuación crea más problemas que los que resuelve.

Como se ha comentado más arriba, en inglés, cuando el inciso señalado entre rayas se encuentra dentro de otro marcado con comas, la segunda coma se omite.

The Gotha Program, a compromise between the positions of the two parties —although criticized by Marx for its call for government-aided productive organizations— remained the charter of German Socialism until the adoption of the Erfurt Program.

El programa de Gotha, un compromiso entre las posiciones de los dos partidos —aunque criticado por Marx debido a su llamada a la creación de organizaciones productivas con ayuda estatal—, siguió siendo la carta estatutaria del socialismo alemán hasta la adopción del programa de Erfurt.

Asimismo, cabe comentar que, si bien en inglés se produce una oscilación en cuanto a la longitud de la raya («*n-dash*» y «*m-dash*») y al empleo del espacio en combinación con ella (se dan tres posibilidades: el espacio puede ir antes y después de la raya, puede omitirse y puede mantenerse sólo de modo exterior al inciso), en castellano tiene siempre la misma longitud y sólo es correcto utilizar el espacio de un modo: antes y después de la raya.

Guión

La cuestión del uso del guión (o guión corto) en palabras compuestas inglesas es un tema complejo. En efecto, ¿debe escribirse «*taxpayer*», «*tax-payer*» o «*tax payer*»? Las obras de estilo inglesas recomiendan la consulta a un diccionario. Sin embargo, aquí no nos interesa este problema, salvo para constatar que este signo se utiliza con mucha más frecuencia en inglés como elemento que facilita la gran capacidad reproductora de esta lengua. De forma más importante, hay que tener en cuenta que el guión que sigue al prefijo en las palabras inglesas formadas por prefijación se pierde en castellano, que aglutina los componentes en una sola palabra y, si es necesario, modifica el prefijo según la raíz empiece por consonante o vocal («postestructuralismo», «posguerra»; «surcoreano», «sudoeste») o dobla una consonante («prerrevolucionario»). Aunque, de acuerdo con otro criterio, en el caso de «post-» y «sud-», debe escribirse «pos-» y «sur-». Aquí puede ser de utilidad la entrada correspondiente del *Diccionario de ortografía de la lengua española* de José Martínez de Sousa (Paraninfo, 1995)

Como se ha dicho más arriba, aunque es lícito utilizar este recurso cuando se quiere hacer un énfasis especial, conviene no abusar de él.

Comillas

En los ejemplos anteriores se han visto usos diferenciados de las comillas en combinación con el punto y la coma, que el inglés coloca antes de cerrarlas. En el caso de la combinación con el punto y coma, su uso coincide con el del castellano.

La principal función de las comillas es la señalización de citas y diálogos. El inglés norteamericano emplea las comillas altas dobles y, en caso de ser necesario dentro de ellas, las comillas altas simples; en inglés británico, la convención es la inversa. En castellano, coexisten para los diálogos dos fórmulas: las rayas y las comillas dobles. Las segundas se emplean cuando los diálogos están integrados en el párrafo o dentro de otro diálogo señalado por rayas. También se emplean las comillas en el caso de recuerdos o pensamientos.

> 'That's all he has to do to be grounded?'
> 'That's all. Let him ask me.'
> 'And then you can ground him?' Yossarian asked.
> 'No. Then I can't ground him.'
> 'You mean there's a catch.'
> 'Sure there's a catch,' Doc Daneeka replied. 'Catch-22. Anyone who wants to get out of combat duty isn't really crazy.'

> —¿Es lo único que tiene que hacer para que lo rebajen de servicio?
> —Sí. Pedírmelo.
> —¿Y después podrás rebajarlo? —preguntó Yossarian.
> —No.
> —O sea, es una trampa.
> —Claro que es una trampa —contestó el doctor Daneeka—. La trampa 22. Cualquiera que quiera abandonar el servicio no está realmente loco.

> "Yes, I know," he replied, now thoughtfully examining his plane and making small adjustments. "I also know that biological systems can't avoid complexity; it emerges spontaneously. And complexity does seem to increase through time." He told me that if two Boolean networks interact and play games with each other, they become more complex, and get better at each interaction.

> «Sí, lo sé», contestó, examinando pensativamente el avión [de papel] y haciendo pequeños ajustes. «También sé que los sistemas biológicos no pueden evitar la complejidad; es algo que emerge de forma espontánea. Y la complejidad parece aumentar a lo largo del tiempo.» Me contó que si dos redes booleanas interaccionan y juegan entre sí se vuelven más complejas y lo hacen mejor a cada interacción.

Cuando un fragmento entrecomillado o un diálogo está formado por varios párrafos, la continuidad se indica a principio de cada párrafo con las comillas de cierre o comillas de seguir (»). En inglés, en este caso, se abren a principio de cada párrafo y sólo se cierran al final.

> '*I look at the glass and see myself falling through it, and it doesn't seem so bad. My body falls through the air, with my hair blowing around, and my skirt and blouse are blowing around, and I keep falling. Everything is blurry and I see the streetlights and then I hit the ground and it's over.*
> '*I don't even know where this impulse comes from. I know I should be scared of thinking this way, but I'm not. I'm not even sure why I'm thinking like this now instead of three years ago, when he left.*'

> —Me miro al espejo y me veo cayendo por él, y no es una sensación tan desagradable. Mi cuerpo cae por el aire, con el pelo alborotado, la falda y la blusa alborotadas, y sigo cayendo. Todo es borroso y veo las luces de la calle y luego choco contra el suelo y todo se acaba.
> »Ni siquiera sé de dónde proviene ese impulso. Sé que debería asustarme de pensar así, pero no me asusto. Ni siquiera estoy segura de por qué pienso esto ahora y no hace tres años, cuando él me dejó.

En caso de que un fragmento vaya entrecomillado y esté dividido en varios párrafos, se sigue en castellano la misma convención: se abren y se cierran al principio y al final del fragmento y se utilizan las comillas de seguir al comienzo de cada párrafo.

En castellano, si es necesario utilizar comillas dentro de otras comillas, se colocan las comillas altas dobles y, dentro de éstas, las sencillas.

Mayúsculas

Por último, aunque este apartado pertenezca más bien al ámbito de la ortotipografía, observaremos aquí que, en el empleo de las mayúsculas, se produce una multitud de interferencias provocadas por su uso en inglés donde el castellano suele preferir la utilización de las minúsculas. Éstos son los casos más frecuentes de confusión; en todos ellos el castellano utiliza, a diferencia del inglés, las minúsculas:

a) tratamientos, títulos y cargos («*Doctor*», «doctor»; «*Cardinal Newman*», «cardenal Newman»; «*Prince Charles*», «príncipe Carlos»; «*Librarian of Trinity College*», «bibliotecario de Trinity College»), aunque en algunas ocasiones se utilizan también en castellano las mayúsculas, por lo que es recomendable la consulta a un manual de estilo.

b) nombres que indican parentesco («*Mother*», «mi madre», «mamá», aunque también, de forma menos usual, «Madre»; «*Aunt*», «tía»);

c) tendencias religiosas, políticas, filosóficas, artísticas, etcétera, así como sus seguidores («*Buddhism*», «budismo»; «*Comunism*», «comunismo»; «*Cubism*», «cubismo»; «*Physiocrat*», «fisiócrata»; «*Muslim*», «musulmán»);

d) guerras, batallas, tratados («*Vietnam War*», «guerra de Vietnam»; «*Rapallo Treaty*», «tratado de Rapallo»);

e) denominaciones del calendario o fiestas («*Monday*», «lunes»; «*February*», «febrero»; «*Memorial Day*», «día de Conmemoración de los Caídos», aunque en este caso también se utiliza a veces la mayúscula);

f) lenguas, gentilicios, etnónimos («*Swahili*», «swahili»; «*Besarabian*», «besarabiano»; «*Anasazi*», «anasazi»; «*Goth*», «godo»);

g) accidentes geográficos («*Key West*», «cayo Hueso»; «*Mediterranean Basin*», «cuenca mediterránea»);

h) epónimos («*Homeric*», «homérico»; «*Victorian era*», «era victoriana»);

i) calles, avenidas y edificios («*Lexington Avenue*», «avenida Lexington»; «*42nd Street*», «calle 42»; «*Chrysler Building*», «edificio Chrysler»; «*Lenox Hill Hospital*», «hospital Lenox Hill»; «*Statue of Liberty*», «estatua de la Libertad»), aunque si por algún motivo no se traducen es preferible mantener las mayúsculas («*Baker Street*», «Baker Street»); a veces suele seguirse la norma de escribir las calles cuyo nombre es un número con cifras sólo si llevan la localización «Este / Oeste», aunque no parece haber ningún motivo para no unificar el uso y utilizar siempre las cifras, sobre todo teniendo en cuenta que ello facilita la lectura en los casos de calles con tres cifras.

j) títulos de obras, donde se escriben en inglés con mayúsculas todas las palabras significativas y, con minúsculas, si no están en posición inicial, los artículos, las conjunciones coordinantes y las preposiciones («*Midnight's Children*», «*Hijos de la medianoche*»; «*A Journal of the Plague Year*»; «*Diario del año de la peste*»); y

k) principio de cada verso.

Sobre las discrepancias relacionadas con el uso de mayúsculas y minúsculas en castellano, un terreno en el que abundan las vacilaciones, pueden verse las directrices de José Martínez de Sousa en el *Manual de tipografía y del libro* o el *Diccionario de ortografía de la lengua española* o las de Ramón Sol en el *Manual práctico de estilo*.

Lecturas recomendadas

Agencia Efe,*Manual de español urgente*, Madrid, Cátedra, 1994, 14ª ed. corr. y aum.

Chicago Manual of Style, Chicago, University of Chicago Press, 1993, 14ª ed.

Fowler, H. W., *A Dictionary of Modern English Usage*, Oxford, Oxford University Press, 1991.

Marsá, F.,*Diccionario normativo y guía práctica de la lengua española*, Barcelona, Ariel, 1990, reimpr.

Martínez de Sousa, J., *Diccionario de ortografía técnica*, Madrid, Pirámide, 1987.

—, *Diccionario de tipografía y del libro*, Madrid, Paraninfo, 1995, 4ª ed.

—, *Diccionario de ortografía de la lengua española*, Madrid, Paraninfo, 1995.

País, El, *Libro de estilo*, Madrid, Ediciones El País, 1996, 12ª ed.

Seco, M., *Diccionario de dudas y dificultades de la lengua española*, Madrid, Espasa Calpe, 1986, 9ª ed. ren.

Sol, R., *Manual práctico de estilo*, Barcelona, Urano, 1992.

Capítulo séptimo

Aportes de la teoría

Sobre la relación entre teoría y praxis, Louis G. Kelly ha afirmado que, si la traducción hubiera dependido de la teoría para su supervivencia, se habría extinguido mucho antes de Cicerón.[104] Nada más cierto. Las relaciones entre una y otra constituyen una sucesión de desconocimientos mutuos, roces y malentendidos. Por un lado, los traductores han sido poco dados a dejar constancia de sus experiencias y, cuando lo han hecho, pocos han pasado del nivel empírico. Por otro, la gran mayoría de la teorización —su crecimiento ha sido exponencial a partir de mediados de siglo— ha procedido de literatos traductores y, sobre todo, de profesionales de la academia con una experiencia en ocasiones marginal o muy acotada. Desde el punto de vista del traductor profesional, la especulación teórica, tal como se practica mayoritariamente hoy, es percibida como dotada de un lenguaje y unas preocupaciones muy alejados de los propios. Si bien el traductor profesional se equivoca al rechazar en bloque todo el conjunto por considerar que nada en él puede serle de utilidad alguna, su postura resulta más comprensible cuando se constata la magnitud de la jungla bibliográfica que ha proliferado en las últimas décadas. A ello deben añadirse las actitudes un tanto presuntuosas por parte de algunos teóricos académicos que han considerado que «traducción» era sólo lo que ellos postulaban como tal —a veces una definición bastante reductora— y que sólo era posible llevar a cabo con éxito dicha actividad si se aceptaba su marco metodológico concreto. Semejante postura es similar a la que afirma que el conocimiento de la métrica permite hacer buenos versos y no deja de tener cierto aire de familia con lo que pensaba el señor Jourdain, que no concebía que pudiera hablarse en prosa sin saber lo que era «hablar en prosa».

Es indudable que el traductor se equivoca. La traducción es un proceso de toma de decisiones en el que hay que valorar y elegir entre diferentes opciones, que podrán ser o no las más adecuadas en cada

---

104. Louis G. Kelly, *The True Interpreter*, Basil Blackwell, Oxford, 1979, p. 219.

ocasión, pero sobre todo que permiten y condicionan a su vez nuevas
opciones, y para las cuales constituye una inestimable ayuda la
sistematización. Como justificación cabe argüir que las condiciones
en que se ve obligado en ocasiones a realizar su labor no favorecen
en absoluto una reflexión generalizadora por encima del nivel de la
práctica inmediata ni la tarea adicional de intentar desbrozar
pautas prácticas en las densidades de unas teorías que muchas
veces no lo tienen en cuenta.

No es cierto, sin embargo, que el traductor empírico carezca de
una teoría; parafraseando a Gramsci, podría decirse que todos los
traductores son teóricos. En la medida en que sus elecciones son
justificables, sería posible dotarlas de coherencia y presentarlas de
forma sistematizada. Éste debería ser uno de los objetivos de la
teoría. Y quizá resida aquí una de las claves de la incomprensión
mutua entre teóricos y prácticos. La disciplina, al establecerse
académicamente a mediados de este siglo, recibió una fuerte influencia del campo de la lingüística, y a ello se sumaron las grandes
expectativas desplegadas en torno al naciente campo de la traducción automática. El resultado de la combinación entre intereses
académicos, lingüísticos e informáticos fue que se hizo un especial
énfasis en el nivel normativo (el cómo tiene que ser) en detrimento
del nivel descriptivo (el cómo es).[105] Perpetuando así el abismo entre
traductólogos y traductores.

Dos tipologías de la reflexión sobre la traducción

Cuando las obras sobre traducción presentan un estado de la
cuestión de la teoría, suelen limitarse a un campo muy específico, el
de los desarrollos académicos con un fuerte peso de la lingüística y

---

105. Hasta hace sólo muy poco se ha hecho caso omiso de la reflexión de Coseriu:
«así como para construir la teoría del hablar hay que observar a los hablantes, para
construir la teoría de la traducción habría que observar a los traductores». («Lo
erróneo y lo acertado en la teoría de la traducción», trad. Marcos Martínez
Hernández, *El hombre y su lenguaje*, Madrid, Gredos, 1985, p. 216).

excluyen cualquier otro tipo de aportación. La ventaja de la propuesta de clasificación histórica de George Steiner (*After Babel*, 1975, 1992) es que amplía ese horizonte y divide la historia de la reflexión sobre la traducción en cuatro períodos.

La etapa empírica, en la que la reflexión surge directamente del trabajo traductor, llegaría hasta el comienzo del siglo XIX e incluiría desde los romanos hasta los comentarios de Hölderlin sobre su traducción de Sófocles, pasando por los traductores bíblicos, los franceses Du Bellay y Huet o los ingleses Chapman, Dryden, Pope y Campbell.

La segunda etapa, la llamada etapa hermenéutica, es de reflexión filosófico-filológica; en ella la naturaleza de la traducción se plantea en el marco más amplio de los problemas de la filosofía y del lenguaje y también se lleva a cabo una historiografía de la traducción. Se inicia con el ensayo de Schleiermacher (1813), que abre la reflexión sobre lo que significa «comprender» un texto. En esta etapa se plantea la pregunta sobre la posibilidad de la traducción y surgen grandes debates entre literalistas y «naturalizadores». Entre los autores de este período se encuentran Schlegel, Humboldt, Goethe, Schopenhauer, Matthew Arnold, Paul Valéry, Ezra Pound, Walter Benjamin y Ortega y Gasset. El período finaliza con el libro *Sous l'invocation de Saint Jérome* de Valéry Larbaud (1946).

La tercera etapa es la etapa lingüística, marcada por el desarrollo de la lingüística y la teoría de la información (Saussure, Hjelmslev, Jakobson, Sapir, Whorf), la aparición de estudios sobre la traducción automática (Academia de Ciencias de la Unión Soviética, MIT) y la profesionalización de la traducción (Federación Internacional de Intérpretes y Traductores [1955], revista *Babel*, asociaciones profesionales, Facultades de Traducción e Interpretación).

La última etapa, la etapa actual, se inicia en los años sesenta y se caracteriza por el renacer de las investigaciones hermenéuticas como resultado de las influencias de Benjamin, Heidegger y Gadamer, la frustración de las esperanzas suscitadas por la traducción automática y el desarrollo de la gramática generativa impulsora de una nueva disputa entre «universalistas» y «relativistas». Se trata de una etapa en la que empieza a dominar la interdisciplinariedad: relaciones de la traducción con la lingüística sistémica (Halliday), la lingüística aplicada (Catford), la estilística comparada (Vinay y Darbelnet), la sociolingüística (Nida y Taber) o la hermenéutica (el propio Steiner), entre otros.

A esta tipología, Susan Bassnett,[106] por ejemplo, ha reprochado la desproporción entre las categorías: mientras que la primera abarca casi veinte siglos, las dos últimas sólo abarcan unas pocas décadas; esta autora también observa que la reflexión empírica está igualmente presente en la actualidad. Por ello, si bien es cierto que el propio Steiner ya advierte que no pretende marcar ninguna línea divisoria absoluta y que las etapas pueden superponerse (como ocurre claramente con las dos últimas), quizá habría que considerar sus categorías como tendencias que pueden coexistir de modo simultáneo, por más que una de ellas sea la dominante y la que caracterice el período histórico. Es lo que hace Louis G. Kelly en *The True Interpreter* (1979) cuando reformula los rasgos dominantes de las etapas steinerianas para convertirlos en actitudes metodológicas transhistóricas. Obtiene, así, tres grandes tendencias, que no son excluyentes en el tiempo y que permiten englobar las diferentes teorizaciones sobre la traducción: la actitud literaria, la actitud lingüística y la actitud hermenéutica.

El enfoque literario, desde los prólogos de Terencio a Jiří Levý, ha considerado que la traducción pertenecía al ámbito de lo literario y se ha mostrado más preocupado por los fines que por los medios.

El enfoque lingüístico y gramático se ha ocupado del análisis de las operaciones semánticas y gramaticales; su tradición más importante, la que va de Agustín de Hipona a los primeros estructuralistas del siglo XX, ha compartido el modelo aristotélico dual del signo.

Y, por último, está el enfoque hermenéutico, que considera el lenguaje como energía creadora; parte del concepto platónico de λόγος y entra en la teoría de la traducción con Herder y los románticos alemanes, quienes intentaron transferir a la propia lengua el poder creador de los grandes escritores extranjeros por medio de la traducción e incluso vieron en ella una forma de alcanzar la «lengua pura» (Hölderlin y, más tarde, Benjamin y Heidegger).

Kelly critica la parcialidad de casi todos los teóricos, puesto que, salvo en alguna contada ocasión, no han sabido percibir lo complementario de sus posiciones. El enfoque literario ha hecho caso omiso, de modo sistemático, de los usos no literarios del lenguaje; el enfoque hermenéutico ha puesto un énfasis excesivo en el uso creador del lenguaje y ha olvidado sus usos rutinarios y automáticos. Ambas aproximaciones han dejado de lado la técnica. Por su

---

106. Susan Bassnett, *Translation Studies*, Londres, Routledge, 1991, ed. rev., pp. 40-41.

parte, el enfoque lingüístico se ha centrado en el léxico y la gramática, y sólo en las últimas décadas se ha dedicado al concepto más amplio del discurso.

De hecho, desde la publicación del libro de Kelly, han aparecido trabajos con mayores pretensiones de globalización; como, desde una perspectiva que engloba los aspectos comunicativos, semióticos y pragmáticos del texto, la obra de Basil Hatim e Ian Mason *Discourse and the Translator* (1990).

Teorías contemporáneas sobre la traducción

A continuación presentamos algunas de las reflexiones más importantes que se han hecho sobre la traducción en las últimas décadas, las de Jean-Paul Vinay y Jean Darbelnet, Eugene Nida y Charles Taber, Octavio Paz, George Steiner, Louis G. Kelly, Jean Delisle, Peter Newmark, Christiane Nord, Basil Hatim e Ian Mason, así como las de los teóricos de la llamada escuela de la manipulación. Todas estas aportaciones pueden situarse dentro del marco formulado por Kelly, ya sea en una de las tres tendencias o intentando realizar una síntesis entre ellas.

El libro de Vinay y Darbelnet *Stylistique comparée du français et de l'anglais* (1958) ha tenido, desde la perspectiva de la estilística comparada, una gran influencia en los estudios sobre la traducción. Prueba de ello es el amplio uso de la terminología acuñada por estos dos autores. Partiendo de los trabajos de Charles Bally y Alfred Malblanc, Vinay y Darbelnet llevaron a cabo una comparación del francés y el inglés en tres planos: el plano léxico, el plano gramatical y el plano del mensaje. En el primero de ellos, se ocuparon de las diferencias entre las dos lenguas en la representación lingüística de la realidad. En el segundo, compararon los elementos de la oración y sus características sintácticas; del estudio de las equivalencias y la clasificación de las diferencias extrajeron siete procedimientos de traducción: préstamo, calco y traducción literal (procedimientos de traducción literal) y transposición, modulación, equivalencia y adaptación (procedimientos de traducción oblicua). En el tercero, analizaron el mensaje en su contexto lingüístico y extralingüístico.

Con su comparación del inglés y el francés en el plano de la lengua, Vinay y Darbelnet pretenden llegar a identificar las dificultades con las que puede encontrarse el traductor y ofrecerle posibles soluciones. Su enfoque está teñido de un marcado cientificismo, puesto que, a pesar de insistir en la no univocidad de estas soluciones propuestas, afirman que los defectos de su método —que, según ellos, se pone de manifiesto en esa misma falta de univocidad— deben achacarse no al enfoque en sí sino a su falta de desarrollo y que una mayor profundización teórica conducirá a un aumento de soluciones únicas.[107]

Entre las críticas que ha recibido la obra de Vinay y Darbelnet cabe mencionar la reticencia ante la idea misma de «procedimientos de traducción». Para Jean Delisle, por ejemplo, más que de «procedimientos» de traducción cabe hablar aquí de etiquetas dadas al resultado de la traducción. Delisle considera además que la obra de Vinay y Darbelnet es más un instrumento de observación de la lengua que un método de traducción.[108] Otras críticas frecuentes han sido no tener en cuenta de modo suficiente el contexto de comunicación, la excesiva predominancia de la lengua en detrimento del discurso, ser sobre todo de utilidad en el caso de las equivalencias fijadas y no dar suficiente importancia a la labor de exégesis textual.

Según Louis G. Kelly,[109] la contribución más importante de la estilística es la diferencia que establece entre lo que pertenece al plano de la lengua y lo que pertenece al plano del autor.

Partiendo del ámbito de la traducción bíblica, Nida y Taber publican en 1969 *The Theory and Practice of Translation*[110] basándose en los aportes de la etnografía y la gramática generativa. Proponen un modelo comunicativo de la traducción que consta de tres partes: análisis, transferencia y reestructuración. La primera fase consiste en dilucidar las relaciones gramaticales de las unidades del texto, los significados referenciales de las unidades semánticas, así como el valor connotativo de la estructura gramatical y las unidades semánticas. La segunda, en transferir estos resultados a un nivel casi frástico, es decir, a un nivel inferior al

107. Jean-Paul Vinay y Jean Darbelnet, *Stylistique comparée du français et de l'anglais*, París, Didier, 1977, ed. rev. y corr., pp. 23-24.
108. Jean Delisle, *L'analyse du discours comme méthode de traduction*, Ottawa, Presses de l'Université d'Ottawa, 1980, p. 88 y pp. 90-94, respectivamente.
109. Louis G. Kelly, *The True Interpreter*, Oxford, Basil Blackwell, 1977, pp. 23-24.
110. Eugene A. Nida y Charles R. Taber, *The Theory and Practice of Translation*, Leiden. E. I. Brill, 1969.

de la frase, donde la diferencia entre lenguas es menor que en el nivel de la estructura superficial. Y la tercera, en reestructurarlos en función del público elegido.

El proceso de traducción se define como la operación de obtención del equivalente natural más cercano en cuanto al sentido en primer lugar y, luego, en cuanto al estilo. Nida distingue dos tipos de equivalencias: la equivalencia formal, en la que se reproducen mecánicamente en el texto de llegada las características formales del texto de partida, con la consiguiente distorsión de los patrones gramaticales y estilísticos que dificulta la comprensión por parte del receptor; y la equivalencia dinámica, en la que, conservando el mensaje, se busca que la respuesta del receptor de la traducción sea esencialmente la misma que la del receptor del original.

El mérito de esta teoría es haberse alejado de la búsqueda y comparación de correspondencias entre elementos de superficie (la equivalencia formal) y, utilizando los principios de la teoría de la información, haber insistido en el papel del destinatario.[111] Sin embargo, da demasiada importancia a las expectativas de los lectores y hace caso omiso de la posibilidad de que lectores de diferentes culturas y épocas realicen lecturas particulares de un mismo texto. Es Meschonnic quien escribe:

> El éxito de la Vulgata y la Biblia del rey Jacobo no sólo no queda explicado por Nida, sino que incluso contradice la teoría de Nida. Echa por tierra la oposición entre forma y sentido-respuesta, entre equivalencia formal y equivalencia dinámica.[112]

---

111. Esto, sin embargo, no constituye ninguna novedad. Ya el propio san Jerónimo distinguió entre esos dos tipos de equivalencia, la traducción palabra por palabra y la traducción del sentido; y para su traducción de la Biblia se decantó por la primera: «Pues yo no sólo confieso sino que abiertamente proclamo que en la traducción de los griegos, fuera de la Sagrada Escritura, donde hasta el orden de las palabras es un misterio, no expreso palabra por palabra, sino sentido por sentido». Al reivindicar la «equivalencia dinámica», Nida adopta la actitud de otro gran traductor bíblico, Lutero, quien escribió: «al traducir me he esforzado por dar un alemán puro y claro». García Yebra considera a san Jerónimo, por su «Carta a Pamaquio sobre la mejor manera de traducir», el primer teórico de la traducción del mundo occidental. Véase su *Traducción: teoría y práctica*, Madrid, Gredos, 1994, p. 94.

112. Henri Meschonnic, *Pour la poétique II*, París, Gallimard, 1973, p. 350: «Le succès de la Vulgate et de la King James Version non seulement n'est pas expliqué par Nida, il contredit même la théorie de Nida. Il ruine l'opposition de la forme et du sens-réponse, de l'équivalence formelle et de l'équivalence dynamique».

Newmark, con igual rotundidad, ha escrito que *«any equivalent-effect is only in the imagination»*,[113] aunque más tarde ha matizado:

> As I see it, 'equivalent response' is the desirable result, rather than the aim of any translation, bearing in mind that it is an unlikely result in two cases: (a) if the purpose of the SL text is to affect and the TL translation is to inform (or viceversa); (b) if there is a pronounced cultural gap between the SL and the TL text.

> the more cultural (the more local, the more remote in time and space) a text, the less is equivalent effect even conceivable unless the reader is imaginative, sensitive and steeped in the SL culture.[114]

Y Robert Larose:

> La equivalencia de efecto no resulta pertinente en cuanto el autor escribe para su propio placer o cuando el lector de la traducción no comparte las mismas informaciones que el lector original.[115]

Por otra parte, la primacía del sentido sobre la forma no está exenta de dificultades; por ejemplo, las derivadas de la separación entre los dos términos, la relegación de lo dependiente de la forma o el postulado implícito de la existencia de *un* sentido.

Octavio Paz escribe en 1971 un artículo titulado *Traducción: literatura y literalidad* donde afirma que el lenguaje es ante todo traducción. Y la traducción «es siempre una operación literaria»,[116] ya se trate de una obra artística o científica, puesto que implica una «transformación» del original que no puede dejar de ser literaria en la medida en que utiliza los recursos literarios (en esencia, la metonimia y la metáfora). Rechaza la idea de la intraducibilidad de

---

113. Peter Newmark, *Approaches to Translation*, Oxford, Pergamon Institute of English, 1982, 2ª ed., p.69
114. Peter Newmark, *Textbook of Translation*, Nueva York/Londres, Prentice Hall, 1988, pp. 48, 49.
115. Robert Larose, *Théories contemporaines de la traduction*, Quebec, Presses de l'Université du Québec, 1989, 2ª ed., p. 79: «L'équivalence d'effet paraît sans pertinence dès lors que l'auteur écrit pour son propre plaisir ou lorsque le lecteur de la traduction ne partage pas les mêmes informations que le lecteur de l'original».
116. Octavio Paz, *Traducción: literatura y literalidad*, Barcelona, Tusquets 1971, p. 10.

la poesía, a la que considera universal: «los significados connotativos pueden preservarse si el poeta-traductor logra reproducir la situación verbal, el contexto poético, en que se engastan».[117]

La actividad del traductor es comparable a la del lector y la del crítico, con las salvedades de que el lector traduce a la misma lengua y de que el crítico hace una versión libre, una transposición. En todo caso, no puede haber una ciencia de la traducción, aunque sí pueda estudiarse la disciplina de forma científica. Citando a Valéry, afirma que la traducción poética «consiste en producir con medios diferentes efectos análogos».[118]

Según Paz, «traducción y creación son operaciones gemelas»;[119] por ello, es imposible separarlas en la historia de la cultura. La literatura no puede compartimentarse por países y, si «todos los estilos han sido translingüísticos»,[120] la traducción se halla en el corazón de todo desarrollo cultural.

El artículo de Paz, a pesar de su brevedad (una docena de páginas), merece citarse como una importante aportación, desde el ámbito de la literatura, a la reflexión sobre el hecho traductor.

Para Steiner (*After Babel*, 1975, 1992),[121] la característica esencial del lenguaje es la apropiación particular que hace cada individuo de la lengua. En el corazón del problema del lenguaje se encuentra la oposición entre lengua pública y lengua privada. Se habla para comunicar, pero el componente privado permite otra función lingüística: ocultar, dejar sin decir.

Ambiguity, polysemy, opaqueness, the violation of grammatical and logical sequences, reciprocal incomprehensions, the capacity to lie —these are not pathologies of language but the roots of its genius.[122]

---

117. Ibídem, p. 12.
118. Ibídem, p. 16
119. Ibídem, p. 16.
120. Ibídem, p. 17.
121. La nueva versión de *After Babel*, publicada por Oxford University Press en 1992, incluye un nuevo prólogo, algunas correcciones y pequeños añadidos (como los comentarios relativos a la gramática generativa), así como una actualización de la bibliografía. Se trata de una versión ligeramente corregida, puesto que, teniendo en cuenta los cambios motivados por un nuevo formato de página, las modificaciones realizadas en el cuerpo principal del libro no llegan a una decena de páginas.
122. George Steiner, *After Babel*, Nueva York/Oxford, Oxford University Press, 1975, p. 235.

172 Manual de Traducción Inglés-Castellano

Los problemas que se plantean en la comunicación entre lenguas son los mismos que se plantean en el interior de una lengua. Por lo tanto, «inside or between languages, human communication equals translation. A study of translation is a study of language».[123]

Según Steiner, la traducción es posible y deseable. Debería estudiarse con textos difíciles y valiosos (poesía y filosofía). Y, citando a Wittgenstein, afirma que el problema de la traducción puede resolverse, aunque no haya un método sistemático para hacerlo.[124] La traducción no es una ciencia, sino —Wittgenstein, de nuevo— un arte exacto.

Dos son las posibilidades en cuanto a «teoría» de la traducción: un modelo del intercambio entre lenguas y un modelo, más amplio y orientado por la hermenéutica, de «all meaningful exchanges, of the totality of semantic communication (including Jakobson's inter-semiotic translation or 'transmutation')».[125] Steiner opta decididamente por esta última posibilidad, porque su interés va mucho más allá del simple estudio del intercambio lingüístico.

Propone un proceso hermenéutico que consta de cuatro etapas: la confianza inicial, el impulso de generosidad del traductor basado en la presuposición de que hay algo que merece comprenderse; la agresión, la maniobra de comprensión que implica invasión y extracción («The translator invades, extracts, and brings home. The simile is that of the open-cast mine left an empty scar in the landscape»);[126] la incorporación, la importación de la significación y la forma, un acto que «can potentially dislocate or relocate the whole of the native structure»;[127] y la necesaria fase final de restauración del equilibrio.

De este modo, queda redefinida la «noción clave» de fidelidad: la fidelidad no es literalismo ni transmisión del espíritu del original.

The translator, the exegetist, the reader is faithful to his text, makes his response responsible, only when he endeavours to restore the balance of forces, of integral presence, which his appropriative comprehension has disrupted.[128]

---

123. Ibídem, p. 47.
124. Ibídem, p. 275. Steiner añade: «It is of extreme importance to grasp the distinction which Wittgenstein puts forward, to understand how 'solution' can coexist with the absence of any systematic method of solution».
125. Ibídem, p. 279.
126. Ibídem, p. 298.
127. Ibídem, p. 299.
128. Ibídem, p. 302.

La visión jakobsoniana que tiene Steiner de la «traducción», que le permite poner en el mismo nivel a las figuras del traductor, el exégeta y el lector, incluye también la figura del artista creador. Permite una amplia zona de transformaciones parciales: desde la traducción literal hasta la variación temática, pasando por la paráfrasis, la imitación y la parodia.

En realidad, lo que hace Steiner no es sólo (como siempre se destaca) colocar la traducción en el corazón del proceso de comunicación humana, sino (algo que se cita con menos frecuencia) convertir la traducción en el eje central de la cultura: «a culture advances, spiralwise, via translations of its own canonic past».[129]

Tras las duras críticas al «impresionismo filosófico-literario»[130] de Steiner, quizá se esconda un recelo ante una vasta erudición «humanista» poco acorde con las tendencias académicas finiseculares dominadas por la especialización. Para Mounin, *After Babel*, siendo la antología más rica escrita sobre la traducción, es al mismo tiempo el modelo de libro que no hay que escribir.[131] Como ha afirmado Kelly, la visión hermenéutica deja al margen importantes aspectos del lenguaje (los usos rutinarios, no creativos), que Steiner juzga sencillamente secundarios. Su interés por la traducción va mucho más allá del intercambio interlingüístico (lo que llama la teoría simplista) y apunta a las convenciones de reescritura que construyen una tradición cultural.

El libro de Louis G. Kelly, *The True Interpreter* (1979), es un importante recorrido de la teoría y la práctica de la traducción en Occidente. Constituye, asimismo, un intento de llegar a una teoría general de la traducción partiendo, por un lado, de las funciones del lenguaje de Bühler (símbolo, síntoma, señal) y, por otro, de una concepción tripartita del signo (significante, significado, oyente o hablante). La función simbólica supone transferencia de información, es referencial y está centrada en el objeto (lleva a la traducción literal); la función sintomática trasciende el simple compromiso intelectual, busca la autoexpresión y está centrada en el emisor (la traducción varía según la relación autor-traductor; puede desembocar en alta literatura o alta traducción); y la función señalizadora

---

129. Ibídem, p. 436.
130. Robert Larose, *Théories contemporaines de la traduction*, Quebec, Presses de l'Université du Québec, 1989, 2ª ed., p. 148.
131. Georges Mounin, *Linguistique et traduction*, Bruselas, Dessart et Mardaga, 1976, pp. 253-260.

intenta influir en los pensamientos y las acciones, tiende a la persuasión y está centrada en el receptor (exige la traducción oblicua).

Kelly critica la mayoría de los modelos por haber mal interpretado la naturaleza del signo lingüístico y desatender alguno de sus aspectos. Y, también, por sobrevalorar el ámbito teórico propio: los teóricos literarios han hecho caso omiso de los usos no literarios del lenguaje; los teóricos hermenéuticos han despreciado los usos no creativos del lenguaje; y los teóricos lingüistas o gramáticos han tendido, hasta tiempos recientes en que ha aparecido el concepto de discurso, a identificar la teoría con el análisis de las operaciones semánticas y gramaticales.

Rechaza por simplistas las distinciones entre traducción técnica y literaria. «The basic variable is not of subject matter, but one of intent».[132] En primer lugar, el traductor realiza una valoración del propósito comunicativo del texto, es decir, hace una valoración en términos bühlerianos del equilibrio entre símbolo, síntoma y señal. En segundo lugar, realiza una valoración de la relación entre contenido y forma, es decir, de los valores del mensaje. El traductor juzga cuál es su responsabilidad y adopta una posición dentro de una estructura de autoridad: o bien decide conservar autonomía y poder de decisión frente al texto (actitud «personal») o bien decide aceptar modelos formales de obligación (actitud «posicional»).

> Commitment, then, based on a personal authority structure, gives rise to translation behaviours akin to an elaborated sociolinguistic code: the translator's approach to text is multidimensional, author or reader-centred and subjective. Where, however, the translator sees the relation between him and the text as positional, the approach is that of restricted sociolinguistic code: unidimensional, text- and object-centred and objective. Thus, depending on the type of authority his text exercises over the translator, fidelity will mean either collaboration or servitude.[133]

Tales actitudes trascienden los géneros. Según Kelly, sólo reconociendo una tipología de la función podrá una teoría de la traducción hacer justicia tanto a la Biblia como a un paquete de cereales.[134]

---

132. Louis G. Kelly, *The True Interpreter*, Oxford, Basil Blackwell, 1979, p. 220.
133. Ibídem, pp. 206-207.
134. Ibídem. p. 226.

El libro de Kelly tiene el mérito de ofrecer un esquema teórico que permite la inclusión de corrientes teóricas diferentes que, a lo largo de la historia, se han considerado mutuamente excluyentes. Asimismo, su modelo funcional de la traducción basado en las categorías de Bühler intenta evitar divisiones reduccionistas en el uso del lenguaje y, de hecho, Hatim y Mason se remiten a él como punto de partida para su formulación del contexto.[135]

Otro libro con cierta repercusión en el ámbito de la reflexión sobre la traducción es el de Jean Delisle, *L'analyse du discours comme méthode de traduction* (1984). En él propone un método interpretativo (basado en el sentido, en contraposición con el comparativo, basado en la significación) para la traducción de

> mensajes pragmáticos (no literarios), generales (no especializados), formulados según las normas de la lengua escrita (no oral), con vistas al aprendizaje en la dirección inglés-francés (no al revés).[136]

Delisle define los textos pragmáticos como aquellos cuyo objetivo principal es la transmisión de una información y que permiten concebir al traductor como un redactor encargado de las ideas contenidas en ellos. Para los demás tipos de textos postula explícitamente la necesidad de otros métodos específicos. Critica las teorías lingüísticas (se refiere sobre todo a Vinay y Darbelnet) por no haber superado de modo suficiente el nivel de la palabra o la frase.

> Cuando busca una equivalencia, el traductor realiza un análisis del discurso. Examina las realizaciones escritas de la lengua en un nivel superior al de la palabra, la frase o el enunciado aislado, al contrario de la mayoría de lingüistas, que analizan las palabras o las frases en sí mismas y por sí mismas.[137]

---

135. Basil Hatim e Ian Mason, *Discourse and the Translator*, Londres/Nueva York, Longman, 1990, pp. 1-2.

136. Jean Delisle, *L'analyse du discours comme méthode de traduction*, Ottawa, Éditions de l'Université d'Ottawa, 1980, p. 22: «messages pragmatiques (non littéraires), généraux (non spécialisés), formulés selon les normes de la langue écrite (non orale), en vue d'un apprentissage dans le sens anglais-français (non l'inverse)».

137. Ibídem, p. 60: «Quand il cherche une équivalence, le traducteur fait une analyse du discours. Il procède à l'examen des réalisations écrites de la langue à un niveau supérieur à celui du mot ou de la phrase ou de l'énoncé isolé, contrairement à la plupart des linguistes qui analysent les mots ou les phrases en eux-mêmes et pour eux-mêmes.»

La distinción entre lengua y discurso conlleva una diferenciación entre dos tipos de equivalencias resultantes del paso de una lengua a otra: las equivalencias de palabras o frases al margen del contexto y las equivalencias de mensajes o enunciaciones. Delisle aplica a las primeras el término «transcodificación» y reserva el de «traducción» para las segundas. Define la traducción como

> la operación consistente en determinar la significación pertinente de los signos lingüísticos en función de un querer-decir concretizado en un mensaje y, a continuación, en restituir íntegramente dicho mensaje por medio de los signos de la otra lengua.[138]

Distingue tres operaciones en el proceso intelectual de la traducción: comprensión, reformulación y comprobación. La primera etapa, de exégesis, consiste en descubrir la intención («*vouloir-dire*») del autor; consta de dos partes, captación de los significados (análisis léxico-gramatical) y captación del sentido (designación contextual). En un segundo momento, se produce en la mente del traductor un proceso analógico (poco conocido todavía) que desemboca en la reexpresión, es decir, en la reverbalización de los conceptos con los significantes de otra lengua. La última fase del proceso cognitivo de la traducción es el análisis justificativo, mediante el cual el traductor intenta comprobar la exactitud de la solución (provisional) obtenida, cotejándola con su interpretación de la intención del autor; este análisis constituye una segunda interpretación (situada entre la reexpresión y la elección final) destinada a comprobar que los significantes elegidos corresponden al mensaje que se quiere transmitir.

Un método de traducción, afirma Delisle, no puede basarse sólo en un componente lingüístico: traducir es una destreza (interpretar y reexpresar) basada en un doble saber (lingüístico y enciclopédico). El objeto de la metodología de la enseñanza de la traducción es el dominio del lenguaje. Consta de cuatro pilares. El primer pilar es el de los usos establecidos de redacción: abreviaturas, tratamientos, unidades, uso de mayúsculas, nombres propios, ortografía, puntuación, etcétera; así como los protocolos de la correspondencia administrativa o comercial y demás códigos de los escritos pragmáticos.

---

138. Ibídem, p. 68: «l'opération qui consiste à déterminer la signification pertinente des signes linguistiques en fonction d'un vouloir-dire concrétisé dans un message, puis à restituer ce message intégralement au moyen des signes d'une autre langue».

El segundo pilar es la exégesis léxica; tiene tres niveles: el nivel cero (vocablos monosémicos), el primer nivel (acepción contextual pertinente) y el segundo nivel (recreación contextual). El tercer pilar es la interpretación de la carga estilística; el estilo se define como «todo lo que se añade a la función puramente denotativa de un texto, todo lo que se superpone a la información pura y simple»[139] y también es comparable

> a un vestido impuesto por los imperativos de la comunicación con el cual el traductor envuelve su texto para adecuarlo a las reglas del género o para llegar a la sensibilidad del lector.[140]

El cuarto pilar es la organicidad textual, es decir, la lógica interna que da coherencia al texto; algunas de las transformaciones que pueden ser necesarias en este nivel son: la redistribución de los elementos de información, la concentración de varios significados en un número inferior de significantes, la implicación o explicitación de elementos de información, los conectores que articulan los enunciados.

En su obra más reciente, *La traduction raisonnée* (1993),[141] Delisle sigue básicamente las mismas líneas teóricas, aunque se trata de una obra mucho más enfocada a la enseñanza de la traducción, con ejemplos, sugerencias de lectura, consejos y ejercicios prácticos. Una parte importante del libro está dedicada a la resolución de las dificultades de traducción, ordenadas en tres niveles: dificultades de orden léxico, dificultades de orden sintáctico y dificultades de orden redaccional.

Entre las objeciones que se han formulado a los postulados de Delisle están las críticas a la doble dicotomía que establece entre textos pragmáticos y literarios, así como entre textos generales y especializados. La frontera entre literatura y no literatura no está nada clara; no existe en absoluto un consenso sobre el hecho de que los textos no literarios no utilicen recursos que impliquen un uso creativo del lenguaje. Larose comenta la falta de criterios para

---

139. Ibídem, p. 113: «tout ce qui se surajoute à la fonction purement dénotative d'un texte, tout ce qui se superpose à l'information pure et simple».
140. Ibídem, p. 118: «à un vêtement imposé par les impératifs de la communication dans lequel le traducteur drape son texte pour le rendre conforme aux règles du genre ou pour atteindre la sensibilité du lecteur».
141. Jean Delisle, *La traduction raisonnée*, Ottawa, Presses de l'Université d'Ottawa, 1993.

establecer la tipología, la binaridad de la clasificación, las dificultades que entraña la primera división (textos pragmáticos/textos
literarios) y, sobre todo, la improbabilidad de la segunda (textos
generales/textos especializados).[142]

En relación con los cuatro pilares que Delisle define en el análisis
de un texto, Larose escribe que los tres primeros (convenciones de
la escritura, exégesis léxica e interpretación de la carga estilística)
tienen más bien que ver con las constataciones de la estilística
comparada y que sólo los conectores contribuyen a la cohesión del
texto. Además, critica el hecho de que no haya profundizado por esa
vía teórica recurriendo a conceptos como los de tema y rema o a los
de referencias anafóricas y catafóricas.

Otra noción que no está exenta de dificultades es la de «desverbalización», el estadio no verbal en el que los conceptos pasan a tener
una base no lingüística. El concepto de «desverbalización» ha sido
defendido con vehemencia por la «escuela del sentido» de París,
cuyas principales representantes, Marianne Lederer y Danica
Séleskovitch, definen la traducción como captación del sentido de un
discurso y reexpresión de las ideas; y el sentido como «querer decir
exterior a la lengua». El modelo del sentido no presenta grandes
problemas en el ámbito de una conferencia internacional porque el
intérprete forma parte del contexto enunciativo y se halla en
posesión —tanto de modo pasivo como activo— de todo un conjunto
de señales inherentes al discurso hablado (entonación, pausas,
gestos), pero Séleskovitch convierte la interpretación en el modelo
sobre el que construye una teoría de la traducción. Dado que lo
principal es la transmisión del sentido, se llega al punto de presentar como paradigmática la «traducción interpretativa» de Freud.[143]

---

142. Robert Larose, *Théories contemporaines de la traduction*, Quebec, Presses
de l'Université du Québec, 1989, 2ª ed., pp. 167-168.
143. Danica Séleskovitch, «Traducir: de la experiencia a los conceptos», trad.
Amparo Hurtado Albir, *Cuadernos de Traducción e Interpretación* (Bellaterra), 4,
1984, p. 66. (Publicado originalmente en *Études de Linguistique Apliquée*, Didier,
24, octubre-diciembre de 1976.) El pasaje en que se menciona el peculiar método
de traducción de Freud se encuentra en Ernst Jones, *Freud*, trad. Mario Carlisky
y José Cano, Barcelona, Salvat, 1986, p. 68: «Freud encontró la manera de no
aburrirse dedicándose a la traducción de un libro de John Stuart Mill, el primero
de cinco voluminosos libros que tradujo. Era para él un trabajo simpático, pues
tenía especiales dotes de traductor. En vez de ir transcribiendo laboriosamente,
párrafo tras párrafo, incluso las expresiones idiomáticas, Freud leía un pasaje,
cerraba el libro y pensaba de qué manera habría enunciado los mismos pensamientos un autor alemán; método éste no muy común entre traductores. Su labor de
traductor era a la vez brillante y rápida».

Para Peter Newmark (*A Textbook of Translation*, 1988), la teoría de la traducción debe ocuparse de determinar el método más adecuado para traducir cada tipo de texto, lo cual debe relacionarse con una teoría funcional del lenguaje; pero, en un sentido más amplio, también debe incluir el corpus de conocimientos que se utilizan al traducir, desde cuestiones generales como la capacidad de esclarecer el subtexto hasta menudencias como la utilización de los signos de puntuación.[144] Su libro propone un análisis traslatorio del texto basado en la elucidación de la intención y la forma. Se trata de identificar la intención textual —que puede diferir de la intención del traductor (en cuyo caso, éste la transformará)—, el tipo de texto (narración, descripción, argumentación y diálogo, siguiendo a Nida), el tipo de lector, las escalas estilísticas (escala de formalidad, escala de dificultad, escala de tono emotivo), la actitud del autor, el marco de recepción de la traducción, la «autoridad» del texto (reflejada en la calidad de la escritura), el grado de denotación y connotación («from a translator's point of view this is the only theoretical distinction between a non-literary and a literary text»),[145] así como los aspectos culturales.

Su teoría de la traducción se basa en las funciones del lenguaje de Bühler tal como las adapta Jakobson (expresiva, informativa, vocativa). De ellas se desprenden dos métodos básicos de traducción: la traducción semántica y la traducción comunicativa.

In general, a semantic translation is written at the author's linguistic level, a communicative at the readership's. Semantic translation is used for 'expressive' texts, communicative for 'informative' and 'vocative' texts.[146]

Newmark rehúye el concepto de ciencia aplicado a la traducción: la considera un arte (traducción semántica) y un oficio (traducción comunicativa).

Considera el «efecto equivalente» como el resultado deseable de toda traducción, no su finalidad; además, deben tenerse en cuenta la posible diferencia de propósito entre texto original y traducción

---

144. Peter Newmark, *A Textbook of Translation*, Nueva York/Londres, Prentice Hall, 1988, p. 9.
145. Ibídem, p. 16.
146. Ibídem, p. 47.

o la posible existencia de un gran vacío cultural entre ambos. El efecto equivalente es básico en la traducción comunicativa de textos vocativos; en textos informativos, es deseable en la medida en que impliquen un pequeño impacto emocional; en la traducción semántica de textos literarios, el principal problema que se plantea es que la reacción frente a ellos es, ante todo, individual (y resulta más fácil conseguir dicho efecto en los textos con mayor grado de universalidad).

Newmark describe una veintena de procedimientos de traducción e identifica una heterogénea serie de problemas prácticos (a muchos de los cuales suele prestárseles poca atención: el diferente valor de los signos de puntuación o el caso de las «palabras inencontrables», por ejemplo) para cuya resolución intenta marcar algunas pautas. Su empirismo radical, que le ha llevado a formular una teoría de la traducción que se podría calificar de minimalista, ha sido muy atacado desde los círculos académicos.

A pesar de ello, su *Textbook of Translation* es un verdadero manual práctico y representa un importante esfuerzo por identificar una variada serie de problemas que muchas veces no se mencionan en otras obras.

En un libro posterior (*Paragraphs on Translation*, 1993),[147] Newmark unifica su teoría dual (traducción semántica/traducción comunicativa) en lo que llama una «teoría correlativa», que intenta responder a la pregunta: ¿cuándo hay que alejarse del texto y cuándo no? Esta nueva formulación consta de tres proposiciones (dos proposiciones y un corolario): a) cuanto más importante sea el lenguaje de un texto, con mayor precisión debe traducirse; b) cuanto menos importante sea, con menor precisión debe traducirse; y c) cuanto mejor escrita esté una unidad del texto, más precisa debe ser la traducción. La importancia puede venir dada por factores situacionales (importancia de la ocasión, importancia acordada por quien encarga la traducción), por el valor dado por el traductor al texto o por el propio lenguaje del texto (por la carga de autoridad que posea, aun siendo anónimo; por ejemplo, un tratado). La precisión se mide por una escala decreciente que, en términos generales, va desde el préstamo (adaptado o no), el análisis componencial, la modulación, la equivalencia funcional, la equivalencia cultural hasta la paráfrasis.

---

147. Peter Newmark, *Paragraphs on Translation*, Clevedon, Multilingual Matters, 1993, pp. 36-39

Esta escala móvil, que tiene la ventaja teórica de ser prospectiva y determina la actitud del traductor ante cualquier texto, guarda un estrecho parecido con las «estructuras de autoridad» postuladas por Louis G. Kelly.[148]

Christiane Nord, en *Text Analysis in Translation* (1991),[149] critica los modelos de traducción basados en el análisis textual del texto de partida que intentan establecer la función (o la combinación de funciones) del texto original para luego reproducirla en el texto de llegada. En el fondo, semejantes modelos hacen gala de cierto inmanentismo ya que atribuyen al texto *per se* una determinada función. Su propuesta es un modelo de análisis textual orientado hacia la traducción en el que la función del texto de llegada no sea fruto del análisis del texto de partida, sino de la elucidación del próposito (pragmáticamente definido) de la comunicación intercultural.

De este modo, rompe la falsa ilusión de simetría que nace del supuesto empeño de mantener la función del texto de partida en el texto de llegada, o su efecto en los lectores originales, en los lectores de la traducción.

Se trata de un enfoque funcionalista centrado en el concepto retórico de *skopos* formulado por Hans J. Vermeer. El *skopos* se

---

148. En realidad, la idea de una escala similar se encuentra también en Schleiermacher, hablando de los conocimientos y la pericia necesarios en la traducción: «Cuanto menos se haya mostrado personalmente el autor en el escrito original [...], tanto más se acercará la traslación a una simple interpretación. [...] En cambio, cuanto más haya prevalecido en la exposición la manera de ver y combinar propia del autor, cuanto más se haya ajustado a un orden libremente elegido o determinado por la impresión, [...] también el traductor tiene que aplicar entonces a su trabajo otras fuerzas y destrezas, y conocer a su escritor y la lengua de éste en otro sentido que el intérprete. Por otra parte, toda negociación en que se interpreta es, generalmente, la estipulación de un caso particular de acuerdo con situaciones jurídicas determinadas; la traslación se hace sólo para los partícipes [...]. Pero no sucede lo mismo con negociaciones que, aun siendo muchas veces en la forma muy semejantes a aquéllas, sirven para determinar situaciones jurídicas nuevas. Cuanto menos puedan éstas, a su vez, ser consideradas como especies de un género conocido, mayor conocimiento científico y perspicacia requiere ya su redacción, y, asimismo, mayor conocimiento de las cosas y de la lengua necesitará el traductor para su trabajo». Citamos la versión de Valentín García Yebra, «Sobre los diferentes métodos de traducir», *Filología española*, XVIII, 63-64, 1978, pp. 345-346.

149. Christiane Nord, *Text Analysis in Translation*, trad. Christiane Nord y Penelope Sparrow, Amsterdam/Atlanta (Ga.), Rodopi, 1991, p. 28. Esta obra es la traducción inglesa del original alemán *Textanalyse und Übersetzen*, Heidelberg, 1988.

define como el propósito del texto en la situación comunicativa en la que se inscribe. Más que la función del texto de partida o el efecto sobre sus lectores, es la finalidad del texto de llegada lo que rige el proceso de traducción. Nord define la traducción como

> the production of a functional target text maintaining a relationship with a given source text that is specified according to the intended or demanded function of the target text (translation skopos).[150]

Su modelo del proceso de traducción es un modelo circular que se separa de los modelos binarios (comprensión, expresión) y ternarios (comprensión, desverbalización, expresión). El primer paso es el análisis del *skopos* del texto de llegada, que muchas veces queda implícito. El segundo, un doble análisis del texto de partida para comprobar, de modo general, si el material del texto es compatible con las «instrucciones de traducción» y luego, de modo más detallado, para identificar los elementos relevantes para la producción del texto de llegada, de acuerdo con su *skopos*. El tercero, la elección de los elementos de la lengua de llegada pertinentes para satisfacer la función deseada del texto de llegada. Y, por último, la estructuración final del texto de llegada, tras lo cual el traductor habrá producido un texto que cumplirá la función para la que fue encargado.

Para Nord, la función comunicativa es el criterio decisivo, al que se subordinan los rasgos semánticos y sintácticos del texto. Eso le permite resolver los problemas que presentan los textos defectuosos o ambiguos, con los que muchas veces se encuentra el traductor profesional.

En el análisis del texto de partida intervienen dos tipos de factores: extratextuales e intratextuales. Nord utiliza una batería de preguntas para hacerlos explícitos.[151] Los factores extratextuales pueden analizarse antes de la lectura del texto y se resumen en la pregunta: ¿con qué función?; los factores intratextuales se desprenden de su lectura y se resumen en las preguntas: ¿qué? y ¿de qué manera?

Los factores extratextuales están centrados en el autor del texto original o el «iniciador» (quien, sin ser el autor, lo utiliza, encarga su

---

150. Ibídem, p. 28.
151. Ibídem, p. 144. Estas preguntas retóricas, como señala la propia Nord, se remontan al menos al estoico Hermágoras de Temnos (siglo II a.C.), quien acuñó la fórmula: «quis quid quando ubi cur quem ad modum quibus adminiculis.»

traducción); los factores intratextuales, en el propio texto. Nord distingue una tercera categoría, el efecto, centrada en el receptor y que, en cierto modo, vincula el texto con su situación. Distingue tres escalas que ayudan a sistematizar el análisis de los efectos textuales: el mayor o menor grado de intencionalidad, el mayor o menor grado de carga cultural y el mayor o menor grado de convencionalidad (u originalidad).

Dado que el diferente equilibrio de estas relaciones se altera en la traducción, es imposible, afirma Nord, postular una equivalencia, en el sentido de igualdad de efectos del texto de partida y el texto de llegada. Lo que tiene que hacer el traductor es decidir qué tipo de efecto es necesario mantener en función del propósito del texto en la nueva situación en la que se inserta (en función del *skopos* de la traducción), lo cual exigirá una traducción «documental» (que refleje la comunicación entre el autor y los receptores originales) o una traducción «instrumental» (en que el texto será utilizado en una nueva situación comunicativa, sin que su receptor sea consciente de que el texto pudo tener una función diferente en su contexto comunicativo original).

El modelo propuesto por Christiane Nord tiene la ventaja de abandonar todo intento de tipología textual y de pretender ser válido para cualquier texto, al margen de las características específicas de las lenguas de partida y de llegada. Sin embargo, no hay que olvidar que su análisis del proceso de traducción es un método para la enseñanza de la traducción, prescriptivo más que descriptivo, y por ello el modelo circular de traducción que propone no acaba de ajustarse (por ejemplo, en la exigencia de dos lecturas previas del original) con la práctica del traductor profesional, enfrentado a unas condiciones de trabajo muy concretas, con una intensa capacidad de lectura y, a veces, muchos años de práctica.

El libro de Basil Hatim e Ian Mason, *Discourse and the Translator* (1990), se presenta como un intento de relacionar «an integrated account of discourse processes to the practical concerns of the translator».[152] Más que adoptar una tipología basada en funciones o en delimitaciones entre lo que es literatura y lo que no lo es —lo primero por demasiado holgado y por hacer demasiado hincapié en las diferencias; lo segundo por inverosímil— deciden considerar todos los textos como prueba de una «communicative transaction

---

152. Basil Hatim e Ian Mason, *Discourse and the Translator*, Londres/Nueva York, Longman, 1990, p. xi.

taking place within a social framework»;[153] ello posibilita una concepción de la traducción, en primer lugar, no restringida a ningún campo particular y, en segundo, como proceso de negociación del sentido entre productores y receptores de textos.

Esta concepción de los textos implica considerarlos como el resultado de una elección motivada, lo cual hace aparecer dos conjuntos de motivaciones: las del productor y las del traductor. Las motivaciones percibidas por el traductor en el texto de partida han dado lugar a lo que ha sido la gran controversia en el ámbito de la reflexión sobre la traducción, el dilema entre traducción literal y traducción libre. El enfoque sociolingüístico introdujo en el debate la consideración de las circunstancias sociales: ¿quién traduce qué, para quién, cuándo, dónde, por qué y en qué circunstancias? La distinción de Nida entre «equivalencia formal» (menor distancia posible entre forma y contenido) y «equivalencia dinámica» (equivalencia de efecto) constituye un intento de sacar el debate del terreno literalidad-libertad. Esta distinción aparece también en Newmark, al hablar de traducción semántica y traducción comunicativa. Ahora bien, toda traducción es, en cierto sentido, comunicativa; por otro lado, es del todo posible que una versión formalmente equivalente consiga una equivalencia en la respuesta del lector. A ello hay que añadir, además, el problema de calibrar el verdadero efecto de un texto sobre sus receptores originales. Por todo ello, Hatim y Mason prefieren considerar la cuestión en términos de equivalencia de efectos propuestos o deseados, del grado de motivación de las estrategias particulares de los textos de partida y de llegada, lo cual conduce al terreno de la pragmática.

En contra del criterio según el cual lo más importante es el tipo de discurso y la respuesta del lector, Hatim y Mason escriben que

to modify style on these grounds, however, is to deny the reader access to the world of the SL text. More importantly, it is a step on the road to adaptation, the logical outcome to which is to turn the producer of the SL text into someone else.[154]

Consideran el estilo como «the result of motivated choices made by text producers»,[155] diferenciándolo así tanto de los hábitos

153. Ibídem, p. 2.
154. Ibídem, p. 9.
155. Ibídem, p. 10.

lingüísticos inconscientes del autor (idiolecto) como de los modelos convencionales de expresión de las diversas lenguas.

Las motivaciones del traductor añaden una segunda dimensión al proceso. Están ligadas de modo inextricable al «sociocultural context in which the act of translating takes place»[156] (que puede nacer de la demanda del cliente, el mercado o el propio traductor).

To study translations in isolation from the factors affecting their production is consequently to miss out an important dimension of the phenomenon. In fact, the social context of translating is probably a more important variable than the texture genre, which has imposed such rigid distinctions on types of translating in the past ('literary translation', 'scientific and technical translation', 'religious translation', etc.).[157]

De este modo, se ha podido hablar de traducción centrada en el autor y traducción centrada en el lector (siendo la adaptación un procedimiento adecuado en determinadas circunstancias). En el caso de los dos traductores bíblicos citados antes, Nida y Meschonnic, el primero estaría interesado ante todo en la transmisión de un mensaje, y el segundo, en la expresión literaria. Sin embargo, en todos los casos, los traductores participan en un «communicative process which takes place within a social context».[158]

De ahí la importancia de una concepción globalizadora del contexto que tenga en cuenta los principios básicos del proceso de traducción. Hatim y Mason definen, de este modo, tres dimensiones del contexto: comunicativa, pragmática y semiótica.

La transacción comunicativa tiene en cuenta la variación debida al usuario (dialectos social, geográfico, temporal y (no) estándar, idiolecto) y la variación debida al uso (registro: el ámbito del discurso, la referencia a lo «que ocurre»; el tono del discurso, la relación emisor-receptor; y el modo del discurso, el medio de la actividad lingüística: escrito, oral y sus variaciones).

La acción pragmática viene determinada por los propósitos de la enunciación; productores y receptores cooperan y se comunican mediante suposiciones (inferencias, implicaciones, presuposiciones) acerca de un medio cognitivo compartido; la equivalencia que

---

156. Ibídem, p. 23.
157. Ibídem, p. 13.
158. Ibídem, p. 3

se busca en la traducción no es la de los actos de habla individuales, sino la de la estructura ilocutiva.

La interacción semiótica regula las relaciones de los elementos discursivos en tanto que «signos»: entre signos diversos en el interior de los textos y entre sus productores y los receptores a quienes se dirigen.

La traducción, pues, debe englobar las relaciones sintácticas (entre un signo y los demás que pertenecen al mismo conjunto sintáctico: corrección idiomática), las relaciones semánticas (entre el signo y las entidades a las que se refiere en el mundo real: diferencias de valor connotativo) y las relaciones pragmáticas (entre el signo y sus usuarios: evaluación de sobreentendidos).

Según Hatim y Mason, esta concepción globalizadora del contexto, encaja mejor con la multifuncionalidad de los textos que la tipología funcional, porque cualquier texto muestra varias de las características postuladas y el nuevo enfoque permite una descripción más verosímil de su naturaleza híbrida.

Más adelante, en el capítulo 8, volveremos a tratar algunos conceptos mencionados por Hatim y Mason.

Bajo el nombre de escuela de la manipulación o, más recientemente, estudios de traducción, se engloba un heterogéneo grupo de estudiosos procedentes en un principio de diferentes países de habla no inglesa (Bélgica, Países Bajos, Israel) que, trabajando en diversos ámbitos, han subrayado el hecho de que la traducción, en tanto que reescritura del texto original supone un proceso de manipulación tendente a insertar la obra en una literatura y una cultura nuevas. Este proceso puede introducir formas novedosas en la cultura de llegada, pero también puede reprimirlas y distorsionarlas. El libro de Theo Hermans *The Manipulation of Literature* (1985)[159] recoge una selección de aportaciones de los principales teóricos.

El movimiento tiene sus raíces en el formalismo ruso, del que adoptan, por ejemplo, el concepto de «extrañamiento» (el procedi-

---

159. Theo Hermans (comp.), *The Manipulation of Literature*, Londres/Sidney, Croom Helm, 1985. El nombre que ha recibido esta corriente teórica («escuela de la manipulación») —que se basa en afirmaciones como la siguiente de Hermans, ob. cit., p. 9: «From the point of view of the target literature, all translation implies a degree of manipulation of the source text for a certain purpose»— es indicativo de los vaivenes que se producen en la historia literaria y de las ideas, puesto que, de percibir y postular una equivalencia entre los textos, las funciones de los textos o las respuestas de los lectores, se pasa a afirmar el hecho de que tal equivalencia es una ficción.

miento de desautomatización del lenguaje), que utilizan en su rechazo a la tendencia a centrarse en el sentido y a preparar el texto para un consumo fácil por parte de los lectores (la traducción debe mantener los recursos desfamiliarizadores). También han subrayado la importancia de los estudios descriptivos como paso previo a la formulación de una teoría y han criticado los modelos teóricos anteriores por imponerse muchas veces a los hechos y deformarlos.

James Holmes, en los años setenta, tuvo una gran importancia en la cristalización de este movimiento. Para Holmes, toda traducción es un acto de interpretación crítica, resultado de un proceso de toma de decisiones que no tienen por qué ser correctas o incorrectas, sino que abren y cierran al mismo tiempo ciertas posibilidades y crean nuevas relaciones.[160] Holmes atacó el concepto tradicional de equivalencia y propuso hacer traducir un poema sencillo a cinco traductores y luego que otros cinco traductores volvieran a traducir a la lengua original cada una de las versiones resultantes. Llamar equivalencia a las veinticinco retraducciones finales, afirmó, «es perverso».[161]

Otro teórico importante en las primeras etapas del movimiento ha sido Itamar Even-Zohar, que ha utilizado el término «polisistema», con el que se refiere al conjunto de los sistemas literarios de una cultura determinada.[162] Even-Zohar establece una jerarquía entre ellos y estudia sus relaciones, así como el papel principal de la literatura traducida en el seno de literaturas jóvenes, periféricas o en crisis. También explora el modo en que la cultura receptora selecciona los textos que se traducen y el modo en que éstos adoptan ciertas normas y funciones como resultado de su relación con otros sistemas de la lengua de destino.

Junto a él, dentro del marco global de la teoría de los polisistemas, Gideon Toury[163] ha criticado los modelos de traducción que se centran en el concepto de equivalencia dinámico-funcional por hacer excesivo énfasis en la fuente: al realizar siempre la comparación con el texto de origen y buscar su grado de correspondencia con él, han despreciado el sistema cultural receptor y postulado una teoría

---

160. James S. Holmes, «On Matching and Making Maps: From a Translator's Notebook», *Delta*, 16, 4, 1973-1974.

161. Ibídem, p. 68.

162. Itamar Even-Zohar, *Polysystems Studies*, número especial de *Poetics Today* (Durham), 11, 1, Duke University Press, 1990.

163. Gideon Toury, *In Search of a Theory of Translation*, Tel Aviv, Porter Institute, 1980, pp. 39-40.

normativa, capaz de reconocer únicamente los ejemplos «correctos», haciendo caso omiso del hecho de que «every linguistic system and/or textual tradition differs from any other in terms of structure, repertory, norms of usage, etc.»[164] Toury coloca la traducción entre los dos extremos de la aceptabilidad total en la cultura receptora y la adecuación total al texto de origen: ninguna traducción es del todo aceptable en la cultura receptora (porque introduce información y formas nuevas extrañas a ese sistema) ni se adecua tampoco del todo al texto original (porque las normas culturales varían de las estructuras del texto de origen).

En los años ochenta, la escuela de los estudios de traducción ha dado lugar a una corriente con base en Lovaina (Lambert, D'Hulst), centrada en el estudio de casos prácticos y el trabajo descriptivo, y a una corriente angloamericana (Bassnett, Lefevere), más orientada a un modelo de estudios culturales y centrada en las instituciones de poder en el seno de una cultura, así como en las pautas que rigen la traducción literaria. Ambas se han distanciado del marco teórico de los polisistemas.

La contribución teórica de la teoría de los polisistemas y de los estudios de traducción ha sido el énfasis en las normas que condicionan la traducción en la lengua receptora y su comportamiento en la cultura de llegada.[165]

Todos estos teóricos pueden situarse en una o varias de las tendencias de la clasificación de Louis G. Kelly. La ordenación cronológica muestra claramente el desplazamiento y la ampliación del interés teórico, desde la palabra y la frase hasta el texto y la cultura. Necesariamente, hemos tenido que limitar la selección, puesto que no se trataba de hacer un repaso exhaustivo del estado de la cuestión en el ámbito de la teoría de la traducción. No se han incluido contribuciones contemporáneas anteriores a la obra de Jean-Paul Vinay y Jean Darbelnet, como el prólogo de Walter

---

164. Ibídem, p. 94.
165. Para más información sobre la escuela de estudios de traducción, puede verse la excelente colección dirigida en la editorial Routledge por Susan Bassnett y el recientemente fallecido André Lefevere; en ella se encuentra la obra de Edwin Gentzler, *Contemporary Translation Theories*, que ofrece una buena visión genealógica de esta escuela, así como de sus preocupaciones teóricas. En castellano, pueden consultarse Miguel Gallego Roca, *Traducción y literatura: Los estudios literarios ante las obras traducidas*, Madrid, Júcar, 1994, y Mª Carmen África Vidal Claramonte, *Traducción, manipulación, desconstrucción*, Salamanca, Ediciones Colegio de España, 1995.

Benjamin a su traducción de los *Tableaux parisiens* de Baudelaire (1923)[166] o el diálogo de Ortega y Gasset aparecido en el periódico bonaerense *La Nación* en 1937;[167] asimismo, consideramos interesantes reflexiones más recientes, como las de Henri Meschonnic,[168] Eugenio Coseriu —mencionadas en el capítulo 2—[169] y Jacques Derrida.[170]

166. Walter Benjamin, «Die Aufgabe des Übersetzers», traducido al castellano como «La tarea del traductor», en *Angelus novus*, trad. H. A. Murena, Barcelona, Edhasa, 1970, pp. 127-143.
167. José Ortega y Gasset, «Miseria y esplendor de la traducción», en *Obras completas*, Madrid, Alianza, 1983, tomo 5, pp. 431-452.
168. Henri Meschonnic, *Pour la poétique, II*, París, Gallimard, 1973.
169. Eugenio Coseriu, «Lo erróneo y lo acertado en la teoría de la traducción», trad. Marcos Martínez Hernández, en *El hombre y su lenguaje*, Madrid, Gredos, 1977, pp. 214-239.
170. Jacques Derrida, «Des tours de Babel», en Joseph F. Graham (comp.), *Difference in Translation*, Ithaca/Londres, Cornell University Press, 1985, pp. 209-248. Este libro contiene el original francés y su traducción al inglés.

Lecturas recomendadas

Bassnett, S., *Translation Studies*, Londres/Nueva York, Routledge, 1991, ed. rev.

Biguenet, J., y R. Schulte (comps.), *The Craft of Translation*, Chicago/ Londres, The University of Chicago Press, 1989.

Catelli, N., y M. Gargatagli, *El tabaco que fumaba Plinio. Escenas de la traducción en España y América: relatos, leyes y reflexiones sobre los otros*, Barcelona, Ediciones del Serbal,1998.

Ducrot, O., *El decir y lo dicho. Polifonía de la enunciación*, trad. Irene Agoff, Barcelona, Paidós, 1986.

Etkind, E., *Un art en crise. Essai de poétique de la traduction poétique*, trad. Vladímir Trubetzkoi, Lausana, L'Age d'Homme, 1982.

Gallego Roca, M., *Traducción y literatura: Los estudios literarios ante las obras traducidas*, Madrid, Júcar, 1994.

García Yebra, V., *En torno a la traducción. Teoría, crítica, historia*, Madrid, Gredos, 1983.

Gentzler, E., *Contemporary Translation Theories*, Londres/Nueva York, Routledge, 1993.

Honig, E., *The Poet's Other Voice. Conversations on Literary Translation*, Amherst, University of Massachusetts Press, 1985.

Lefevere, A. (comp.), *Translation / History / Culture*, Londres/Nueva York, Routledge, 1992.

Schulte, R., y J. Biguenet (comps.), *Theories of Translation. An Anthology of Essays from Dryden to Derrida*, Chicago/Londres, University of Chicago Press, 1992.

Séleskovitch, D., y M. Lederer, *Interpréter pour traduire*, París, Didier Érudition, 1984.

Torre, E., *Teoría de la traducción literaria*, Madrid, Síntesis, 1994.

Capítulo octavo

Análisis textual

En capítulos anteriores hemos hablado de la profunda interrelación entre un texto, es decir, un producto lingüístico de cualquier extensión que constituye una unidad semántica cohesionada por una serie de relaciones léxicas y gramaticales a través de las cuales desempeña una función comunicativa, y la cultura en la que se inscribe. También hemos hablado —y sobre ello volveremos a lo largo del capítulo— de la importancia del uso, la intencionalidad y el contexto situacional. Todos estos factores superan el nivel del texto y proporcionan el marco en el que debemos basar nuestra tarea interpretativa. Antes de descender otro peldaño más en esta escala exegética y presentar las posibilidades de análisis del texto desde el punto de vista de su estructura, queremos resaltar un aspecto del contexto que es imprescindible tener en cuenta, el constituido por el universo de conocimientos a los que el texto hace referencia, explícita o implícitamente.

El énfasis en este aspecto es tanto más importante por cuanto que, si bien el traductor puede llegar a especializarse en un ámbito muy concreto del saber, es muy posible que a lo largo de su práctica se enfrente a textos que, en mayor o menor medida, exijan de él la resolución de problemas relacionados con una multiplicidad de campos, por lo que deberá actuar como un generalista con una disposición para llevar a cabo, cuando la ocasión lo requiera, búsquedas específicas sobre tal o cual tema y con una sensibilidad especial para reconocer las referencias extratextuales, un ámbito en el que englobamos aquí tanto las referencias a conocimientos culturales de tipo general como las más concretas relacionadas con los conocimientos técnicos de una disciplina.

El ámbito peritextual

Al hablar del papel del lector, Umberto Eco recuerda que su competencia no coincide de modo necesario con la del autor y postula que, pese a ello, el texto necesita su colaboración para ser actualizado.[171] La misma relación se establece entre el traductor y la obra que debe traducir, pero con el agravante de que el traductor, en tanto que eslabón entre la obra en la lengua original y la obra en la lengua de llegada, es el encargado de producir una lectura que condicionará todas las demás. Se trata, insistimos en ello, de una responsabilidad de la que debe ser consciente. En ocasiones, en la medida en que varíen las situaciones comunicativas del original y la traducción, se verá obligado a tomar decisiones que modificarán el valor de los elementos explícitos e implícitos del texto, así como su equilibrio. Serán, sin embargo, decisiones muy concretas, destinadas a paliar las diferencias entre unos públicos y otros o a satisfacer los propósitos de la traducción. No entraremos ahora en los casos de divergencias en los usos y los destinatarios de las obras en uno y otro idioma, sino en los casos, más frecuentes, de coincidencia en el horizonte de conocimientos compartidos.

A grandes rasgos, podría establecerse en este acervo una diferenciación entre los conocimientos vinculados a la competencia disciplinaria y los vinculados a la competencia enciclopédica. Se ha considerado que los textos técnicos son los que exigen un dominio temático, centrado en el dominio de una parcela concreta del saber y sus aspectos léxicos y terminológicos. Un ejemplo, extraído de un artículo sobre el GATT, sería el siguiente:

> *The Kennedy round introduced rules against dumping exports. The Tokyo round made it harder for countries to manipulate technical standards, import licences and customs regulations in order to keep imports out. Some countries also signed agreements on government procurement, civil aircraft, and beef and dairy products.*

Aquí, la simple consulta a un glosario especializado resuelve los problemas planteados por el vocabulario:

---

171. Umberto Eco, *Lector in fabula*, trad. Ricardo Pochtar, Barcelona, Lumen, 1981, pp. 73 y ss.

La ronda Kennedy introdujo reglas contra el dumping en las exportaciones. La ronda Tokio dificultó la manipulación por parte de los países de normas técnicas, licencias de importación y reglamentos aduaneros con el fin de impedir las importaciones. Algunos países también firmaron acuerdos relacionados con las compras del sector público, la aviación civil y los productos bovinos y lácteos.

Todo ámbito del saber utiliza un campo léxico propio. En el siguiente pasaje no son menores las dificultades terminológicas:

> *In 1920, in 'Beyond the Pleasure Principle', Freud formulated his theory of the duality of the life and death instincts, and in 1923, in 'The Ego and the Id' he worked out fully the structural theory of the mind in terms of the id, the ego, and the superego.*

> En 1920, Freud expuso en «Más allá del principio del placer» su teoría sobre la dualidad de las pulsiones de vida y muerte y, en 1923, en «El yo y el ello», elaboró en profundidad la teoría estructural de la mente en términos de ello, yo y superyó.

En este mismo texto, aparece el término «*instinct*», que ha hecho correr ríos de tinta. Finalmente, se ha ido extendiendo la distinción propuesta por los autores psicoanalíticos franceses entre «instinto» (ing. «*instinct*», al. «*Instinkt*») y «pulsión» (ing. «*instinct*» o «*drive*», al. «*Trieb*»), que no aparece en la versión canónica inglesa de las obras de Freud, la *Standard Edition* de Strachey. Vemos aquí que la decisión en favor de una opción terminológica determinada implica una toma de posición metodológica, un caso frecuente en lo que se ha dado en llamar —con un oxímoron— ciencias humanas.[172]

Con esto entramos en otro tipo de problemas, de un orden menos concreto, el de los conocimientos disciplinarios presupuestos por el texto. La siguiente frase, de apariencia anodina, contiene una verdadera bomba de relojería que el traductor debe desactivar con su conocimiento del tema que está tratando:

> *One could say that psychoanalysis starts with Freud's discovery in his work with hysterical patients that symptoms have meaning.*

---

172. Sin ir más lejos, la falta de acuerdo en torno al nombre de la disciplina que nos ocupa (traductología, translémica, estudios de traducción, etcétera) pone de manifiesto profundas divergencias metodológicas.

Aquí, la mayor imprecisión genérica del inglés unida al desconocimiento del traductor puede dar lugar a un importante error en relación con el sexo de los pacientes estudiados por Freud. Una traducción correcta sería:

Podría decirse que el psicoanálisis nace cuando Freud descubre, trabajando con pacientes histéricas, que los síntomas tienen significado.

Otro ejemplo de cómo la falta de conocimientos temáticos puede conducir a errores de bulto en lugares insospechados es el que citamos a continuación:

Mozart scored the work for one of the largest orchestras of the day, with parts for clarinets, horns, trumpets and drums.

Los diccionarios bilingües dan sólo «tambor» como equivalente musical de «*drum*»; para el plural, «*drums*», ofrecen «batería». Ahora bien, referidas a una orquesta clásica, ninguna de las dos acepciones es la acertada; el instrumento utilizado en el clasicismo son los timbales, un instrumento semiesférico diferente del tambor ya que utiliza pedales y es capaz de producir diferentes notas. Una traducción correcta sería:

Mozart compuso la obra para una de las mayores orquestas de la época, con partes para clarinetes, trompas, trompetas y timbales.

Esta clase de dificultades temáticas o terminológicas no es exclusiva de una categoría determinada de textos. Es más, en el ámbito literario han dejado de ser raras las obras que hacen una utilización extensiva del lenguaje especializado, ya sea procedente de disciplinas científicas o humanistas. Un caso bien conocido es el de las novelas del propio Umberto Eco.

El segundo gran conjunto de conocimientos es el de los conocimientos enciclopédicos, que plantean dificultades de otro orden, diferentes de las derivadas de los conocimientos léxicos o temáticos. Son referencias a un bagaje cultural compartido por una determinada comunidad que, más que en los diccionarios convencionales —sean generales o especializados—, suelen aparecer en las obras enciclopédicas. A veces, el desconocimiento cultural del traductor puede dar lugar a desaciertos como el siguiente:

El sueldo mínimo y las leyes reguladoras del trabajo infantil eran otras de las bendiciones que llegaban del Nuevo Convenio de la FDR, aunque lo primero quedaba un poco confuso.

En esta simple frase aparecen dos importantes errores de traducción provocados por la traducción abusiva de la expresión *«New Deal»* (por «Nuevo Convenio»), la política económica con que se hizo frente en Estados Unidos a la Gran Depresión y que en castellano no se traduce, así como por la introducción arbitraria del artículo femenino ante las siglas FDR, que en realidad hacen referencia al presidente que impulsó dicha política, Franklin Delano Roosevelt. Más grave que el desconocimiento de la referencia cultural es el hecho de que el error pone de manifiesto una labor de traducción apresurada, en la que no se ha llevado a cabo la labor de búsqueda enciclopédica exigida por la referencia no comprendida.

De modo similar, la expresión *«Celestial Empire»* puede dar lugar a la traducción errónea «Imperio Celestial» en lugar de la correcta «Imperio Celeste», que parece obvia a quienes la conocen. Este sinónimo perifrástico de China no aparece en todas las enciclopedias y pertenece al ámbito difuso de los conocimientos culturales que se adquieren en algún punto de la formación intelectual.

En este sentido, no podemos por menos que subrayar la importancia de todo el corpus de referencias intertextuales, las alusiones a otros textos anteriores, las referencias históricas o a un acervo difuso de conocimientos culturales. El terreno es muy amplio y contiene múltiples grados de dificultad. Como sabe cualquier traductor mínimamente experimentado —y como ha podido verse al final del capítulo 3—, la cultura anglosajona tiene una marcada preferencia por las citas de la Biblia y de Shakespeare, por lo que el recurso a estas obras canónicas constituye una constante en la práctica traductora del inglés al castellano (y aquí se convierte en una herramienta utilísima la existencia de estos textos en formato CD-ROM).

Dirigiéndose a los estudiantes de Harvard, Allan Bloom utiliza irónicamente la terminología marxista y parafrasea, sin citarlo explícitamente, el final de *El manifiesto comunista*:

Change the books, not the ownership of the means of production, and
you change the world: «Readers of the world, you have nothing to lose
but your canon.»

Cambien los libros, no la propiedad de los medios de producción, y
cambiarán el mundo: «Lectores del mundo, no tenéis nada que perder
salvo vuestro canon».

Si el traductor no es capaz de percibir la alusión, no comprenderá
la frase y lo más probable es que la traduzca mal. Las prisas, los
consejos falaces de los diccionarios bilingües o el simple desconocimiento enciclopédico pueden unirse para dar lugar a errores monu-
mentales. Una traducción sobre la batalla de Waterloo explicaba
que una de las causas de la derrota francesa fue el retraso del
«ferrocarril del ejército». Si, en 1815, Napoleón tuvo que esperar en
Bélgica la llegada de un ferrocarril no es extraño que perdiera la
batalla. Seguramente el original se refería a una acepción de la
palabra *«train»* que también existe en castellano cuando hablamos
del «tren de artillería» o, de modo más común, del «tren de lavado».
A veces la ambigüedad del propio texto es la que puede dar lugar
a la confusión, tanto por parte del lector como del traductor que
carecen de unos conocimientos que se dan por sabidos:

Dolet was imprisoned on the double charge of having published
Calvinistic works and a dialogue by Plato denying the immortality of
the soul.

La acusación formulada contra el malogrado traductor y humanista francés fue la de haber hecho una interpretación heterodoxa
de Platón, no la de haber traducido y publicado un diálogo donde
Platón negara la inmortalidad del alma.

Dolet fue encarcelado bajo la doble acusación de publicar obras
calvinistas y un diálogo de Platón en cuya traducción negaba la
inmortalidad del alma.

Una mayor investigación pone de manifiesto que se trataba en
realidad de un diálogo falsamente atribuido a Platón y este dato
podría introducirse en la versión castellana añadiendo, por ejemplo,
«atribuido a» o «espurio». Lo fundamental en todo caso aquí es no

realizar una afirmación contrafáctica, puesto que Platón dedica todo un diálogo, el *Fedón*, a demostrar justamente la inmortalidad del alma.

Como en el caso anterior, tampoco este tipo de problemas es característico de alguna clase de textos, como puede verse en el siguiente ejemplo, extraído de un artículo de divulgación científica sobre Ío, el satélite de Júpiter:

> *When Galileo and his contemporaries turned the first telescopes on Jupiter in 1609, they found the planet was not alone: four specks of light were circling it. The German astronomer Simon Marius named these moons after consorts of the mythological Jupiter, and the innermost was called Io.*

Sin ninguna otra referencia a los satélites mayores de Júpiter, la dificultad oculta, similar a la de «los pacientes histéricos» de Freud, es la planteada por la palabra «*consorts*», que sería erróneo traducir por «las consortes» o «esposas». Se conjugan aquí la inadecuación de la palabra «consorte» (marido con respecto a la mujer, y viceversa), que no es en este contexto la más apropiada (la esposa de Júpiter es Juno), con el posible desconocimiento —de carácter enciclopédico— de los personajes mitológicos que dieron nombre a los cuatro primeros satélites descubiertos en Júpiter: las ninfas Ío y Calixto, la princesa Europa y el príncipe Ganímedes, elegido por su hermosura para ser escanciador de los dioses.

> Cuando Galileo y sus contemporáneos dirigieron los primeros telescopios hacia Júpiter en 1609, descubrieron que el planeta no estaba solo: lo rodeaban cuatro puntos luminosos. El astrónomo alemán Simon Marius bautizó esas lunas con nombres de personajes amados por el Júpiter mitológico y llamó, al más interior, Ío.

En este caso, la referencia pertenece a un corpus de conocimientos «universal»; sin embargo, el traductor también tiene que esforzarse por adquirir un conjunto de conocimientos mucho más particular en términos culturales y que abarca tanto juegos y rimas infantiles y conocimientos escolares como elementos de la tradición oral y popular en el sentido más amplio de la palabra. El título de la película antinuclear de dibujos animados *When the wind blows* remite automáticamente en un anglohablante al mundo de la infancia y la inocencia, puesto que estas palabras están extraídas de una canción de cuna clásica, que no aparece citada de modo explícito en la película: «*Hushabye baby on the tree top,* / *When the wind blows, the cradle will rock.* / *When the bough breaks, the cradle will fall,* / *Down will come baby, cradle and all*». Quien no capte la cita será incapaz de reconocer la carga semántica encerrada en el título, que alude a la amenaza que entraña una confianza ciega en los poderes públicos y el Estado. Una posible solución sería introducir la canción o su traducción como fondo sonoro al principio de la película. Otras podrían ser recurrir a una adaptación cultural o, simplemente, inventar un título de resonancias infantiles. De modo similar, las alusiones a un personaje como Svengali o una obra como *Forever Amber,* por ejemplo, pueden convertirse en nodos de oscuridad; son inmediatamente reconocidas por los anglohablantes, pero, por no pertenecer a la cultura canónica o haber dejado de pertenecer a ella, pueden presentar dificultades incluso para ellos a la hora del esclarecimiento preciso de la referencia. Por lo tanto, el primer paso para la identificación de su procedencia pasará muchas veces por la consulta a varios nativos, que explicarán al desesperado traductor que la primera referencia alude al protagonista de la obra *Trilby* de George du Maurier; y la segunda, a una famosísima novela erótica de Benny Jordan. A partir de aquí, el traductor se encuentra ya en terreno familiar y sabe a qué obras de consulta debe recurrir. La solución al problema será muchas veces la introducción de una pequeña explicitación de la carga connotativa.

Cualquier traductor ha sufrido en carne propia las consecuencias de una labor de documentación que no ha sido todo lo exhaustiva que debería ser o de una falta de conocimientos generales. Es un error considerar que sólo los textos llamados especializados exigen dicho trabajo. La tarea de la traducción exige de su practicante una formación lo más amplia posible y, sobre todo, una disposición para completarla de modo permanente. Para ello se hace imprescindible un continuo compromiso con el aprendizaje y la voluntad de resistir a los insidiosos cantos de sirena de la comodidad.

Es importante ser conscientes de que ni el texto se reduce al formato de la página ni la interpretación al resultado de una lectura rápida. La tarea del traductor es desactivar ese campo de minas de la referencia extratextual. Peter Newmark ha comparado acertadamente la traducción a un iceberg: la mayor parte está debajo de la superficie. Por esta razón, el recurso a las obras de consulta debe convertirse en un automatismo de la labor traductora.

El traductor debe tener un buen dominio de la cultura de la que traduce y ser capaz de emprender tareas de documentación que pueden entrañar cierto grado de especialización, pero sobre todo tiene que poseer un buen oído para reconocer posibles ecos intertextuales, temáticos o culturales, así como para detectar posibles anomalías semánticas en la versión que está produciendo. Tras ese primer paso, su curiosidad y su sentido de la responsabilidad lo llevarán a esclarecer la posible referencia, duda o ambigüedad.

El ámbito textual

Una vez subrayado este punto, continuaremos con nuestro enfoque deductivo y descenderemos al nivel textual, en el que consideraremos el texto como un todo que no puede limitarse a la suma de las partes y en el cual tanto el significado de las palabras (lo que denotan en la lengua, fuera de contexto) como sus peculiaridades fónicas, así como las oraciones y las relaciones sintácticas entre ellas, adquieren un sentido que trasciende los límites estructurales de la oración o el párrafo. Así, la oración «*So I am*» sólo tiene sentido en relación con el enunciado que la precede en el texto, siendo imposible que un traductor comprenda su sentido y traduzca las palabras que conforman este fragmento sin saber la función del verbo «*to be*». Si consideramos estas palabras en su cotexto, es decir, en su emplazamiento concreto dentro del texto, que es un diálogo extraído de *Under the Greenwood Tree* de Thomas Hardy, no tendremos ninguna dificultad en captar el sentido referencial, además del valor gramatical de la oración:

> '*I thought you said you were going to wear your grey gown all day tomorrow on your trip to Yalbury, and in the evening too, when I shall be with you, and ask your father for you?*'
> '*So I am.*'

Dado que la traducción se ocupa de la reexpresión del sentido, que se inscribe siempre en una situación compleja en la que la construcción de este sentido viene determinada por la conjunción de los elementos que conforman la textura del mensaje y por la interacción progresiva entre ese conjunto expresivo y el lector, es lógico que el punto de mira del proceso traductor —tanto en la fase de análisis y comprensión del texto original como en la de reformulación del mensaje y producción de un texto en la lengua receptora— sea el texto en su totalidad. El proceso de traducción requiere reajustes y modificaciones constantes del texto traducido a medida que éste va tomando forma, y ello de acuerdo con las exigencias semánticas y estilísticas, siempre contrastadas, del texto original y de la versión traducida. Sólo así se logrará una homogeneidad, una textura y una adecuación de registro capaces de conferir coherencia y autenticidad expresiva al nuevo texto.

La unidad de traducción

La palabra, la oración, el período y el párrafo: todos ellos en contexto deben ser objeto de análisis e interpretación, pero a la hora de traducir se trabaja con un todo semántico orgánico, el texto, que se articula mediante subunidades de sentido cuyas características han sido descritas por varios autores. Ya en 1958, los teóricos Vinay y Darbelnet afirmaban: «Consideramos equivalentes los términos: unidad de pensamiento, unidad lexicológica y unidad de traducción»;[173] unas unidades que, entendidas como cuantos semánticos, Eugene Nida describe como «*meaningful mouthfuls*».[174]

Más modernamente, desde la lingüística del texto se ha destacado que el texto forma una unidad:

Texto es la unidad lingüística comunicativa fundamental, producto de la actividad humana, que posee siempre carácter social; está

---

173. Jean-Paul Vinay y Jean Darbelnet, *Stylistique comparée du français et de l'anglais*, París, Didier, 1977, ed. rev. y corr., p. 37: «Nous considérons comme équivalents les termes: unité de pensée, unité lexicologique et unité de traduction».
174. Eugene Nida, *Toward a Science of Translating*, Leiden, E.J. Brill, 1964, p. 68.

caracterizado por su cierre semántico y comunicativo, así como por su coherencia profunda y superficial, debida a la intención (comunicativa) del hablante de crear un texto íntegro, y a su estructuración mediante dos conjuntos de reglas: las propias del nivel textual y las del sistema de la lengua.[175]

Y este énfasis, trasladado a la teoría de la traducción, ha hecho postular que la unidad de traducción es todo el texto.

Por su parte, Gideon Toury, refiriéndose a la descripción de soluciones traslatorias por medio de la comparación del texto traducido con el texto original, aporta el concepto más flexible de textema y opina que

> the basic units for an actual TT-ST [target text-source text] comparison will be textemes (that is, linguistic units of any type and level, participating in textual relationships and, as a result, carrying textual functions in the text in question)[176]

Peter Newmark, en un intento de despejar cierta nebulosidad teórica en torno al tema del texto como unidad de traducción, insiste en que la unidad de traducción, entendida como segmento del texto original a partir del cual el traductor puede emprender su reformulación en otra lengua, corresponde a una escala móvil que varía según las exigencias del texto en cuestión:

> The largest quantity of translation in a text is done at the level of the word, the lexical unit, the collocation, the group, the clause and the sentence – rarely the paragraph, never the text – probably in that order.[177]

Peter Newmark defiende una postura intermedia entre la unidad restringida de Vinay y Darbelnet y la unidad laxa de los teóricos del análisis del discurso, que consideran que la unidad de traducción es

---

175. Enrique Bernárdez, *Introducción a la lingüística del texto*, Madrid, Espasa Calpe, 1982, p. 85.
176. Gideon Toury, *In Search of a Theory of Translation*, Tel Aviv, Porter Institute for Poetics and Semiotics, 1980, p. 108.
177. Peter Newmark, *A Textbook of Translation*, Londres, Prentice Hall, 1988, p. 55.

todo el texto. Para Newmark, el texto constituye un tribunal de última instancia que dicta la unidad integradora —siempre y cuando ésta exista— a todos los niveles de la traducción.

Nos parece que hay cierta confusión debido a la polisemia del término «unidad». Por una parte, «unidad» se refiere al todo homogéneo, a aquello que imprime carácter a un texto; entendida de este modo, es sinónimo de coherencia textual. Por otra parte, «unidad» significa el segmento dotado de una autonomía —de tipo variable: semántica, rítmica, fónica, formal— susceptible de ser sometido al proceso de reformulación y, de este modo, se identificaría con una unidad de interpretación. La unidad de traducción, en cambio, un término que suele utilizarse comúnmente para hacer referencia a la unidad de análisis o interpretación debería quizá reservarse para designar un segmento del proceso dialéctico de la negociación del sentido del texto de partida y su plasmación en la lengua de llegada.

La lectura del texto

El traductor inicia la primera etapa del proceso traductor, la etapa de la comprensión (designada también, según los autores, con los términos «análisis», «exégesis» y «descodificación»), con una lectura atenta del texto.[178] Esta lectura se realiza dentro de un marco comunicativo y con una finalidad distintos de los del lector común, puesto que se lleva a cabo desde una posición de responsabilidad múltiple: ante el texto original, ante la intencionalidad —en la medida en que se puede averiguar— del autor, ante el «iniciador» de la traducción, ante la lengua , la cultura y el público receptores del texto traducido. El objetivo es extraer todo el contenido y el valor expresivo del texto para luego reformularlos en la lengua de llegada.

El traductor se diferencia del lector común en varios aspectos importantes. Normalmente, la lectura de un texto constituye una

---

178. Para un resumen de los distintos modelos del proceso de la traducción y un desglose de sus fases principales, véase Christiane Nord, *Text Analysis in Translation*, trad. Christiane Nord y Penelope Sparrow, Amsterdam/Atlanta (Ga.), Rodopi, 1991, pp. 30-35.

finalidad en sí. En ese encuentro con el autor, el lector aporta sus conocimientos lingüísticos y culturales, sus experiencias y opiniones personales a la comprensión e interpretación del texto. De este modo, puede decirse que construye su sentido. Al leer, el traductor también pone al servicio del texto todos los resortes de su conocimiento y su experiencia, pero, en este caso, la captación y la comprensión del texto no finalizan el proceso comunicativo abierto por el autor, sino que lo reinician, con lo cual el lector/traductor se convierte en portavoz del autor del texto original y, a la vez, en autor del texto traducido en otra lengua. En esta construcción y posterior reconstrucción del texto, debe evitar cualquier omisión o añadidura que no sea exigida o bien por el esclarecimiento del sentido del texto original (por ejemplo, la explicitación de elementos subyacentes basados en supuestos culturales compartidos por el autor y los lectores originales, pero desconocidos por el público al que se dirige la traducción),[179] o bien por las características sintácticas o estilísticas específicas de la lengua a la que se traduce.

El traductor es también un lector atípico en la medida en que suele realizar unas lecturas en una lengua que no es la propia, ya que la mayoría de los traductores no son bilingües y trabajan preferentemente hacia su lengua materna, que es la que mejor conocen y aquella cuyos recursos expresivos mejor dominan. Dicho dominio es un requisito imprescindible para llevar a cabo la fase final de la traducción, la reformulación en otra lengua del contenido y sentido global del texto de partida y la consiguiente creación de un nuevo texto, que constituye un injerto de ideas, conocimientos y expresividad en la cepa de la lengua y la cultura receptoras. El texto traducido aporta y aclimata algo nuevo y enriquecedor por lo cual —y con la salvedad de los textos estrictamente instructivos— carece de sentido postular que todo texto traducido deba guardar la misma relación con su lengua de expresión que el texto original con la suya, o que el impacto que provoque en su público inmediato sea enteramente análogo al que el texto primitivo causó en el público coetáneo del autor original que compartió lengua y cultura con éste.

En cada una de las dos fases principales, comprensión y reexpresión, el traductor debe contar con una competencia lingüística óptima en sus idiomas de trabajo y, de forma no menos

---

179. En un texto que tratara de la vida estudiantil de la universidad inglesa de Cambridge, por ejemplo, sería desconsiderado no advertir de algún modo al lector de la traducción española que la «*May week*» cae de hecho en junio.

importante, con un amplísimo acervo de conocimientos, especialmente en lo referente a las culturas que nutren el texto de partida
y al público receptor de la traducción. Además, si —a diferencia del
lector original— el traductor no está versado en el tema específico
del texto que le toca traducir (por ejemplo, la avicultura), se verá
obligado a documentarse sobre él antes de emprender la traducción y, seguramente, a lo largo de todo el proceso, recurriendo a
enciclopedias y obras de consulta especializadas en las dos lenguas
o a textos y formatos paralelos (en el caso, por ejemplo, de documentos legales, comerciales y técnicos). El traductor debe esforzarse por ser el mejor lector del texto, puesto que tiene la enorme
responsabilidad de acercar a un autor y un público, los cuales, sin
su mediación, permanecerían en un estado de mutua inaccesibi-
lidad. Es, por lo tanto, una pieza clave en la transferencia y
comprensión de informaciones, opiniones e ideas entre personas,
lenguas y culturas.

En su primera lectura el traductor se familiariza con el texto en
su conjunto, con la materia expuesta en él y con las características
del discurso del autor. También identifica los posibles problemas
planteados por la traducción. Éstos pueden ser de índole textual o
extratextual. Los problemas de tipo textual (relacionados con elementos léxicos o conceptos desconocidos; citas, alusiones u otros
elementos polifónicos, es decir, ecos o glosas intertextuales no
explícitos; ambigüedades) exigen una solución específica mediante
la consulta de diccionarios, obras especializadas, expertos en la
lengua y el tema del texto original y, en casos privilegiados, el autor
del mismo. Los problemas de tipo extratextual (relacionados con el
motivo y la función deseados de la traducción; la especifidad del
lector o los lectores de la traducción; la distancia cultural, ideológica
o temporal entre el autor del original y los receptores de la traducción) influyen en la estrategia traductora adoptada frente al texto en
su totalidad. Una lectura intensiva es la base de un análisis
sintáctico, semántico y pragmático del texto, de modo que todo
traductor principiante debe ser especialmente cuidadoso en esta
etapa de comprensión y, según el grado de complejidad del texto,
realizar una, dos o más lecturas para satisfacer todos los objetivos
de la exégesis. Con la práctica y la experiencia que ésta conlleva, la
lectura exegética se irá convirtiendo en un reflejo instintivo y, en
ocasiones, ante textos que se ajusten claramente a unas especificaciones convencionales de formato (género) y que no presenten
especiales problemas léxicos o discursivos, el traductor profesional

puede llevar a cabo esta lectura de modo simultáneo a la traducción y añadir en la fase de revisión una plusvalía de intensidad que haga más escrupulosa su relectura.

Perspectivas analíticas y tipologías

El análisis textual cuenta con múltiples enfoques y métodos propuestos desde la teoría y la práctica de la traducción, que se enriquecen con las diversas perspectivas de la gramática generativa y transformacional, la semántica, la sociolingüística, la semiótica, la teoría de la comunicación, la lingüística del texto, la crítica literaria y otras disciplinas afines. Los distintos autores dan relieve a uno u otro de estos enfoques, pero de hecho todos son parciales, en modo alguno se excluyen y pueden resultar de utilidad para el traductor. Aunque todos requieren un período de iniciación y práctica, una vez adquirida la técnica y destreza necesarias, pasan a formar parte del análisis polifacético imprescindible para la traducción de cualquier texto. De la misma manera que la contemplación desde distintos ángulos de un objeto tridimensional permite una mejor percepción y comprensión de ese objeto, los distintos enfoques analíticos se complementan, enriquecen nuestro conocimiento del texto de partida y llegan incluso a sugerir pautas para la recreación del texto a través de la traducción.

En primer lugar, y a modo de toma de pulso al texto, está la cuestión de determinar su categoría intertextual. Reconocer el género al que pertenece y, sobre todo, conocer las convenciones del género correspondiente en la lengua y la cultura receptoras resulta imprescindible a la hora de estructurar el nuevo texto y elegir el registro, el léxico y el tono adecuados.

Una primera clasificación se basa en las situaciones comunicativas en que se producen los textos. El resultado es una serie de clasificaciones de géneros o formatos: boletín meteorológico, participación de boda, obituario, currículum vitae, editorial de periódico, informe científico, cuento infantil, etcétera. A lo largo del tiempo y en cada cultura, las situaciones de interacción social han evolucionado de manera peculiar hasta dar lugar a formas de comunicación netamente convencionales y estilizadas (tales como los ejemplos arriba mencionados). Tanto es así que el autor de un mensaje que, desprovisto de intención irónica, exprese la información pertinente sin respetar estas normas o fórmulas consagradas desconcertará, decepcionará, irritará u ofenderá al destinatario, al frustrar las expectativas que éste tenga en relación con un texto que supuestamente se enmarca dentro de un género consabido o institucionalizado, llegando incluso a mermar la credibilidad o la aceptabilidad del texto «indecoroso». Christiane Nord[180] cita el caso de las recetas de cocina, que en inglés hacen uso del imperativo, mientras que la forma sintáctica consagrada en castellano es la pasiva refleja. Compárense, por ejemplo, las siguientes dos recetas para hacer una mayonesa:

> *Break the yolks of the eggs into a mortar or heavy china bowl. Stir the eggs for a minute; then start adding the oil, drop by drop, and pouring if possible from a small jug or bottle with a lip. Stir all the time and in a minute or two the mixture will start to acquire the ointment-like appearance of mayonnaise. Add the oil a little faster now, and finally in a slow but steady stream; when half the oil is used up, add a squeeze of lemon juice or a drop of vinegar and go on adding the oil until all is used up; then add a little more lemon juice or vinegar.* (Elizabeth David, *Summer Cooking*.)

> En una ensaladera de tamaño adecuado se ponen las 2 yemas con media cucharada sopera de vinagre o zumo de limón y un pellizquito de sal. Se revuelve un poco con unas varillas o un tenedor y, lentamente —sobre todo al principio—, se va echando el aceite sin dejar de revolver. Una vez terminado el aceite, se añade el vinagre o el zumo y se rectifica de sal. (Simone Ortega, *Mil ochenta recetas de cocina*.)

El género y su forma convencional existen en las dos culturas y lenguas, aunque no coinciden en cuanto a las estructuras sintácticas empleadas. Aquí el traductor tiene que someter cada elemento del texto original a un examen contrastivo basado en el binomio textual del inglés y el castellano. Luego, de acuerdo con las exigencias de la

---

180. Christiane Nord, *Text Analysis in Translation*, trad. Christiane Nord y Penelope Sparrow, Amsterdam/Atlanta (Ga.), Rodopi, 1991, p. 19.

lengua y el género receptores, y de acuerdo también con los conocimientos presumibles de los lectores de la traducción, decidirá si es conveniente o no realizar algún tipo de adaptación para mantener el propósito del texto. Evidentemente, el formato preciso variará según las características de los lectores. Una receta culinaria dirigida al ama de casa se redactará, dentro de los parámetros del género, de una manera distinta que si se dirige a un maestro cocinero o un estudiante de hostelería.

Hasta aquí hemos hablado de la identificación de ciertos tipos de textos estandarizados (lo que Basil Hatim define como «*text forms*» o «*genres*»),[181] clasificados según el tipo de situación en que se realizan. Otros autores han postulado una tipología de textos basada en las teorías de funcionalidad del lenguaje, sobre todo la del psicólogo Karl Bühler.[182] Bühler concibe el lenguaje como una herramienta (órganon) y clasifica sus usos según el predominio de uno de los siguientes enfoques comunicativos: (1) el emisor, en cuyo caso la función del lenguaje será expresiva; (2) el contenido del enunciado, donde la función será referencial o «representativa»; (3) el receptor, en que la función del lenguaje será apelativa o conativa. Aplicando esta teoría al campo de la traducción, Katharina Reiß, para quien una traducción es válida y equivalente en la medida en que mantiene la función del texto de partida, ha sido pionera en la elaboración de una tipología de textos de acuerdo con su función. Esta aproximación funcionalista, aunque en un principio dirigida a especificar la naturaleza del texto original, contribuyó más tarde a realzar la figura del traductor como artífice más que como simple transportador de textos que han de adecuarse a su función dentro del contexto de la lengua receptora. La clasificación inicial de Reiß[183] propone cuatro tipos:

a) informativo (textos científicos, técnicos) que corresponde a la segunda categoría de Bühler, o lenguaje referencial centrado en el contenido;

b) expresivo (literatura), que refleja la primera categoría de Bühler, o lenguaje expresivo centrado en el emisor;

---

181. Basil Hatim, «A text typological approach to syllabus design in translating», *Incorporated Linguist*, 23, 3, 1984, pp. 146-149.

182. Karl Bühler, *Teoría del lenguaje*, trad. Julián Marías, Madrid, Alianza, 1979.

183. Katharina Reiß, *Möglichleiten und Grenzen der Übersetzungskritik: Kategorien und Kriterien für eine sachgerechte Beurteilung von Übersetzungen*, Múnich, Max Heuber, 1971.

c) apelativo u operativo (material publicitario), relacionado con la tercera categoría de Bühler, o lenguaje conativo centrado en el receptor; y

d) subsidiario (canciones, obras radiofónicas, doblajes y otros textos destinados a los medios audiovisuales y de comunicación).

En 1976,[184] la lista se ve reducida a los tres tipos (a), (b) y (c). Sin embargo, el planteamiento que sirve de base para su taxonomía, según el cual los textos se caracterizan por una única función dominante, no tarda en provocar una oleada de críticas y de modelos alternativos basados en la multifuncionalidad de los textos,[185] además de otros parámetros tales como el tema y el marco comunicativo del texto, con un nuevo énfasis en el destinatario del texto traducido. De hecho, la teoría de la propia Katharina Reiß ha evolucionado en este sentido.

Peter Newmark[186] también considera de especial interés para la traducción la teoría de lenguaje de Bühler y la toma como punto de partida en su propia definición funcionalista de los tipos de texto. Este autor nos propone tres tipos basados en las funciones: expresiva (Bühler 1), informativa (Bühler 2) y vocativa (Bühler 3). Como realizaciones de estos tres tipos, Newmark señala la literatura, los enunciados «de autoridad» (tales como discursos políticos y artículos académicos), las autobiografías, los ensayos y la correspondencia personal (tipo 1); los informes técnicos, los manuales, los órdenes del día y las actas de reuniones (tipo 2); la señalización pública, las instrucciones de uso, la publicidad, la propaganda y la narrativa popular (tipo 3). En cada categoría, Newmark dirige la atención del traductor hacia los rasgos léxicos, sintácticos y retóricos peculiares del tipo en cuestión; además, trata de la necesidad de respetar los usos «idiosincrásicos» del lenguaje expresivo en textos del primer tipo, los formatos convencionales en la lengua receptora de los textos del segundo tipo y la primacía de la relación entre autor/traductor y destinatarios, así como el efecto que se desee producir en éstos, como determinante de la estrategia a la hora de formular un texto del tercer tipo. Además, incorpora y comenta en su apreciación tipológica de los textos las otras tres funciones lingüísticas que

---

184. Katharina Reiß, *Texttyp und Übersetzungsmethode. Der operative Text*, Kronberg, Scriptor, 1976.

185. Véanse, por ejemplo, las aportaciones de Julian House, *A Model for Translation Quality Assessment*, Tubinga, Gunter Narr, 1977; o de Wolfgang Wilss, *The Science of Translation*, Tubinga, Gunter Narr, 1982.

186. Peter Newmark, *A Textbook of Translation*, Londres, Prentice Hall, 1988.

añade Roman Jakobson: la estética (importancia de los efectos sonoros y rítmicos), la fática (fórmulas y expresiones cuyo fin es ganarse la confianza, solidaridad o complicidad del destinatario) y la metalingüística (para designar aspectos propios del lenguaje).

Newmark advierte que las tres principales funciones del lenguaje no suelen darse de una manera exclusiva y que en realidad casi todos los textos incluyen elementos de cada una de ellas: «The epithets "expressive", "informative" and "vocative" are used only to show the emphasis or "thrust" *(Schwerpunkt)* of a text».[187] La utilidad de ésta y de otras tipologías es que agudizan la visión del traductor durante la fase de comprensión/análisis y, por lo tanto, le ayudan a determinar las necesidades metodológicas planteadas por la traducción del texto.

El modelo tipológico más flexible presentado hasta la fecha es, sin duda alguna, el de Basil Hatim[188] y su desarrollo en Hatim y Mason, puesto que se basa en la naturaleza a la vez unitaria y ameboidea de los textos:

> To account for the multifunctionality of texts, what is needed is a comprehensive model of context [...]. The most important feature of such a model is that it brings together communicative, pragmatic and semiotic values and demonstrates their importance for the development of text and the way in which communication takes place. [...] Thus, in looking at text types from a translator's point of view, we intend to examine the ways in which context determines the focus of any given text.[...] The hybrid nature of texts proves amenable to a description of this kind. Shifts of text focus are motivated and our typology will allow for such fluctuations within an overall discoursal plan.[189]

Según este planteamiento, y parafraseando a dichos autores, el tipo de texto constituye un marco conceptual que permite la clasificación de textos de acuerdo con una configuración de intenciones comunicativas al servicio de un propósito retórico global. Es decir

187. Ibídem, p. 42.
188. Hatim, Basil, «A text typological approach to syllabus design in translating», *Incorporated Linguist*, 23, 3, 1984, pp. 146-149.
189. Basil Hatim e Ian Mason, *Discourse and the Translator*, Nueva York/ Londres, Longman, 1990, pp. 138-139.

que, aun reconociendo la multifuncionalidad de los textos (como, por ejemplo, la mezcla de información objetiva y evaluación sujetiva en una autobiografía o un editorial) y su combinación de estilos lingüísticos propios de la exposición por una parte y de la argumentación por otra, sólo una de estas intenciones y sólo una de las correspondientes funciones del lenguaje pueden desarrollarse en una determinada coyuntura del texto: todo sería una cuestión de enfoque contextual dominante. Lógicamente, para reconocer y reproducir un texto «híbrido» es necesario conocer la gama de tipos convencionales de los que proceden y se diferencian. Hatim y Mason ofrecen al traductor una tipología basada en el modo en que el texto gestiona la situación comunicativa y el lenguaje que la sostiene. Así, identifican tres tipos textuales principales: el expositivo, el argumentativo y el exhortativo o instructivo. El primer tipo consta de tres modalidades: exposición conceptual, narración y descripción. Aquí, el discurso se desarrolla de una manera imparcial en relación con los hechos y conceptos propuestos por el texto con el fin de informar al destinatario. El segundo tipo cubre dos modalidades: argumentación sostenida y contraargumentación. Este tipo se caracteriza por la función evaluativa de su discurso; lejos de ser imparcial, su retórica dirige o manipula los conceptos y las relaciones entre ellos para persuadir al receptor del mensaje. Por último, el tercer tipo, la instrucción, incluye dos modalidades que los autores designan «con opción» y «sin opción», donde el destinatario del texto es libre o no de rechazar la propuesta, como en el caso de un texto publicitario y un contrato, respectivamente. El discurso característico de este tipo es operativo, más que persuasivo, y tiene como finalidad provocar un comportamiento o una acción determinados en el receptor. Los tres tipos de Hatim y Mason engloban, pues, siete categorías que, a su vez, incluyen múltiples formas o géneros textuales. Los textos individuales cobran una identidad única dentro de un tipo y una categoría determinados por medio de una configuración y un desarrollo específicos de su registro y sus opciones discursivas en los ámbitos del modo, el campo y el tenor, tres parámetros cruciales para el análisis semántico del texto a los que volveremos más adelante.

Cohesión sintáctica y coherencia semántica: la trenza discursiva

En su tarea de reformulación, el traductor trabaja, desde una comprensión global del texto, en el plano de la unidad lexicológica o del sentido tras un análisis casi automático de la estructura gramatical de la oración. Cuando tropieza con una forma gramatical «aberrante» (frecuentemente se tratará de una variante dialectal), una ambigüedad sintáctica (por ejemplo, el célebre ejemplo: «*Flying planes can be dangerous*» en que hemos de determinar si «*flying*» se utiliza como nombre verbal o adjetivo y si «*planes*» es el sujeto de «*can*» o el complemento de «*flying*») o, a nivel supraoracional, una falta de cohesión en el párrafo, el traductor repite la lectura y somete el problema a un análisis pormenorizado. Las ambigüedades debidas a la homografía, como el ejemplo que acabamos de ofrecer, o el siguiente, «*Stephen was stoned*», casi siempre se resuelven por referencia al entorno supraoracional: éste nos dirá si se trata del protomártir lapidado o de algún conocido bajo la influencia del alcohol o las drogas. Además, la coherencia del discurso, percibida gracias a un seguimiento cuidadoso de su línea argumentativa, puede subsanar las dificultades causadas por la falta de cohesión.

Si los rasgos anómalos ocurren como lapsus en un texto cuya intención es informativa y pretende mantener un registro formal, el traductor, como especialista en comprensión y redacción que es (o debe ser), resolverá la ambigüedad y normalizará la gramática. Si, en cambio, tales anomalías nacen de una voluntad expresiva, y aun más claramente en el caso de que pertenezcan al habla de un personaje dentro de un monólogo o un diálogo, estos rasgos característicos, ya sean idiolectales o dialectales, con sus marcas diatópicas y sociales, deberán reconocerse, respetarse y, de alguna manera, reflejarse en la traducción, puesto que obedecen a la voluntad creativa del autor. Cuando la forma se realza y pasa de ser cauce a constituir parte del caudal del sentido, ésta no debe «normalizarse» en el proceso de la traducción. En ambos casos, el traductor seguirá fiel a su cometido principal, que es cumplir con la intención comunicativa del autor. Así, cualquier traducción de la obra radiofónica *Under Milk Wood* (cuyo subtítulo es *A Play for Voices*) del poeta galés Dylan Thomas que no tenga en cuenta ni intente reflejar las peculiaridades idiolectales y dialectales de sus personajes y establezca un conjunto de estrategias para su posible compensación arrasará la maravillosa tridimensionalidad del paisaje humano creado por el autor. Debido sin duda a una falta de familiaridad con las variantes del inglés no estándar a más de un traductor se le han pasado por alto algunos de estos rasgos tan auténticamente vivos que, como apunta el dramaturgo irlandés John Millington Synge, contribuyen al sabor característico de una buena obra:

> When I was writing *The Shadow of the Glen* some years ago, I got more aid than any learning could have given me from a chink in the floor of the old Wicklow house where I was staying, that let me hear what was being said by the servant-girls in the kitchen. [...] In a good play every speech should be as fully flavoured as a nut or apple...[190]

Un ejemplo de estas «anomalías» que forman una parte esencial de la voz de un personaje sería el uso dialectal de «*never*», que sustituye la negación con «*not*». He aquí un fragmento del diálogo de *Under Milk Wood*, tomado del comienzo de la obra y en rítmico contraste con el estilo de la Primera Voz poética y narrativa que inicia al oyente en los sueños del pequeño pueblo aún envuelto en la noche:

FIRST DROWNED
> *Remember me, Captain?*

CAPTAIN CAT
> *You're Dancing Williams!*

FIRST DROWNED
> *I lost my step in Nantucket.*

SECOND DROWNED
> *Do you see me, Captain? the white bone talking? I'm Tom-Fred the donkeyman... we shared the same girl once... her name was Mrs Probert...*

WOMAN'S VOICE
> *Rosie Probert, thirty three Duck Lane. Come on boys, I'm dead.*

THIRD DROWNED
> *Hold me, Captain, I'm Jonah Jarvis, come to a bad end, very enjoyable.*

---

190. John Millington Synge, en el prefacio a *The Playboy of the Western World*, Londres, Methuen, 1961, pp. 39-40.

FOURTH DROWNED
> *Alfred Pomeroy Jones, sea-lawyer, born in Mumbles, sung like a linnet, crowned you with a flagon, tattooed with mermaids, thirst like a dredger, died of blisters.*

FIRST DROWNED
> *The skull at your earhole is*

FIFTH DROWNED
> *Curly Bevan. Tell my auntie it was me that pawned the ormolu clock.*

CAPTAIN CAT
> *Aye, aye, Curly.*

SECOND DROWNED
> *Tell my missus no I never*

THIRD DROWNED
> *I never done what she said I never.*

FOURTH DROWNED
> *Yes they did.*[191]

Veamos ahora este mismo fragmento traducido al castellano:

AHOGADO PRIMERO
> ¿Te acuerdas de mí, capitán?

CAPITÁN CAT
> ¡Eres Williams el Bailarín!

AHOGADO PRIMERO
> Perdí el compás en Nantucket.

AHOGADO SEGUNDO
> ¿Me ves, capitán? ¿la blanca osamenta parlante? Soy Tom-Fred el fogonero... compartimos la misma chica en una ocasión... se llamaba señorita Probert...

VOZ DE MUJER
> Rosie Probert, calle del Pato treinta y tres. Subid, chicos, estoy muerta.

---

191. Dylan Thomas, *Under Milk Wood. A Play for Voices*, Londres, Aldine Press, 1962, pp. 3-4.

AHOGADO TERCERO
Escucha, capitán, soy Jonah Jarvis, tuve un mal fin, muy divertido.

AHOGADO CUARTO
Alfred Pomeroy Jones, juez de mar, nacido en Mumbles, cantaba como un jilguero, te puse un jarrón por sombrero. Tatuado con sirenas. Sediento como una esponja, lleno de ampollas.

AHOGADO PRIMERO
Esa calavera que tienes junto a la oreja es

AHOGADO QUINTO
Bevan el Rizos. Dile a mi tía que fui yo quien empeñó el reloj de bronce.

CAPITÁN CAT
Sí, sí, Rizos.

AHOGADO SEGUNDO
Dile a mi parienta que yo nunca

AHOGADO TERCERO
nunca hice lo que me dijo que nunca hiciera.

AHOGADO CUARTO
Sí que lo hicieron.[192]

En realidad, dejando de lado mayores elaboraciones estílisticas, la traducción de las tres últimas intervenciones debería ser, aproxidamente:

AHOGADO SEGUNDO
Dile a mi parienta que no

AHOGADO TERCERO
que no hice lo que ella dijo que hice, no.

AHOGADO CUARTO
Sí que lo hicieron.

Los elementos intratextuales que configuran un texto y sobre

---

192. Se trata de la versión publicada por Fontamara en 1979. Hemos consultado también una versión publicada por Sur en 1959 y una tercera versión, en catalán, de Edhasa, de 1987. Las tres versiones contienen el mismo error.

todo su sentido son interdependientes. Ante todo, el traductor ha
de aprehender el tema y los subtemas, los verdaderos focos de
información y evaluación, así como el relieve que el texto da a
cada uno de ellos. En algunos géneros, las pautas exigen, para que
los elementos léxicos y el discurso en general sean correctamente
interpretados, que el tema se defina con claridad antes de que
éste se desarrolle. No siempre ocurre así, sin embargo, en otros
géneros en los que la subjetividad del autor está menos limitada
por esquemas formales de obligación; ejemplos de tales textos
serían las cartas personales y ciertas formas literarias que
invitan o apelan a la intervención estructurante del lector para
desvelar el tema. Como ejemplo, recordemos un poema de Rafael
Alberti extraído de *Sobre los ángeles* cuyo tema el propio lector ha
de descubrir descifrando metáforas y correlatos objetivos, inter-
pretándolo dentro del marco de la colección de poemas de la que
constituye, a su vez, un elemento temático cohesivo:

DESAHUCIO

Ángeles malos o buenos,
que no sé,
te arrojaron en mi alma.
Sola,
sin muebles y sin alcobas,
deshabitada.
De rondón, el viento hiere
las paredes,
las más finas, vítreas láminas.
Humedad. Cadenas, Gritos.
Ráfagas.
Te pregunto:
¿cuándo abandonas la casa,
dime,
qué ángeles malos, crueles,
quieren de nuevo alquilarla?
Dímelo.

El procedimiento analítico de identificar tema y rema, que
consiste en dividir la oración en segmentos de información relativos
a lo ya expuesto por el texto o presupuesto en la situación comunicativa (tema) y otros segmentos portadores de información nueva
(rema), es de gran utilidad a la hora de captar el desarrollo temático

y el relieve argumentativo de un texto. En el caso del poema de Alberti, sin embargo, no nos ayuda a descubrir el tema: no son los desconcertantes ángeles, ni el «tú» enigmático, sino el vacío y la enajenación espirituales que se comunican a través de la sustitución metafórica de «alma» por «casa». El título del poema, junto con la asonancia que liga alma y casa, y el nexo semántico entre las dos, el adjetivo femenino «sola», ayudan al lector a comprender el discurso metafórico, mientras que la intertextualidad, y los ecos de la tradición poética, apuntan al simbolismo de la casa en ruinas.[193] Al mismo tiempo, las insistentes preguntas sin respuesta, el imperativo final y la manera de enfrentarse ese espacio inhóspito del alma a través de una sucesión de sustantivos sin verbos, adjetivos ni conjunciones, que sugiere sufrimiento anónimo y cárceles subterráneas, recrean en el lector el estado de ánimo del yo del poema. En este texto, la coherencia (frágil y amenazada, igual que la entereza del «narrador») no se consigue a través de la cohesión sintáctica y un desarrollo lógico y lineal de la estructura semántica, sino, como hemos visto, mediante otros mecanismos que incluyen efectos fonológicos y la metáfora, esa «aberración semántica» de la que Geoffrey Leech escribe: «Metaphor in its widest sense is the process whereby literal absurdity leads the mind to comprehension on a figurative plane».[194]

La sintaxis y la semántica, el signo y el sentido, son la sustancia del poema. El qué y el cómo de lo que dice el poema no son subordinables ni separables. Y, si bien es cierto que la poesía es un caso extremo de la producción lingüística en que la forma y el ritmo de las palabras y sus combinaciones, además de su valor semántico, se explotan como elementos estéticos, ninguna manifestación lingüística está exenta de la identidad específica que le confieren las palabras en que se realiza. Según Jakobson, en el lenguaje no poético, el significante es un simple soporte del significado, y la lengua hace de vehículo para comunicar el mensaje. La traducción (no poética), en este supuesto, sería como descargar un camión (lengua A), cargar otro (lengua B) con la misma mercancía (mensaje), y entregar el mensaje a su destinatario. El problema es que la carga y la descarga no se realizan en abstracto, sino entre

---

193. Encontramos la casa como símbolo del alma humana en Quevedo (*Heráclito Cristiano,* Salmo XVII) y en Teresa de Jesús (*Castillo Interior, o las Moradas*), entre otros clásicos españoles.

194. Geoffrey Leech, *A Linguistic Guide to English Poetry*, Londres, Longman, 1969, p. 49.

contextos lingüísticos y culturales específicos y diferenciados, y que los contenedores situados al principio y al final del trayecto no tienen las mismas dimensiones ni están sujetos al mismo sistema de medidas.

Las palabras, en cuanto que significantes, no son nunca simples vasos transparentes. Por definición, preceden al significado; se componen de sonidos, de fonemas diferenciados cuya distribución no se repite, por lo general, en las palabras que constituyen el conjunto reexpresado en otra lengua. Estos vasos tienen forma y «color», y cualquier mensaje que se vierta en ellos se teñirá inevitablemente de ese color. Al menos una parte del trabajo del traductor consiste en distinguir ese color y ser consciente de cómo contribuye al sentido y a la percepción del mensaje.

Reproducimos a continuación un poema de Gerard Manley Hopkins, seguido de la traducción de Dámaso Alonso, junto con unas consideraciones del poeta/traductor con respecto al resultado de sus esfuerzos.

THE STARLIGHT NIGHT

Look at the stars! look, look up at the skies!
O look at all the fire-folk sitting in the air!
The bright boroughs, the circle-citadels there!
Down in dim woods the diamond delves! the elves'-eyes!
The grey lawns cold where gold, where quickgold lies!
Wind-beat whitebeam! airy abeles set on a flare!
Flake-doves sent floating forth at a farmyard scare! —
Ah well! it is all a purchase, all is a prize.
Buy then! bid then! –What? –Prayer, patience, alms, vows.
Look, look: a May-mess, like an orchard boughs!
Look! March-bloom, like on mealed-with-yellow sallows!
These are indeed the barn; withindoors house
The shocks. This piece-bright paling shuts the spouse
Christ home, Christ and his mother and all his hallows.[195]

LA NOCHE ESTRELLADA

¡Oh, mira a las estrellas, mira, mira a los cielos!
¡Qué ardientes muchedumbres se asientan en el aire!

---

195. *The Poems of Gerard Manley Hopkins*, Londres, Oxford University Press, 1970, p. 66.

¡Oh villas refulgentes, redondas ciudadelas!
En umbría de bosques, se ahondan los diamantes.
¡Los ojos de los elfos! ¡Qué frío en esas grises
praderas donde el oro, el oro vivo yace!
¡Sacudido serbal, al viento! ¡Aéreos álamos,
todos en llama! ¡Copos de palomas, flotantes,
que huyeron en bandadas, al susto del cortijo!
—¡Ah, ese cielo se compra, todo es premio!
                                                    —¡Comprarle!
¡Pujar!
        —¿Qué?
              —Rezo, y votos, y limosna, y paciencia.
Mira: ¡un hervor de Mayo, del huerto entre el ramaje!
Mira: ¡es Marzo en flor de oro, que el salgar ha nevado!
... Es el granero. El grano, dentro de los umbrales.
Tras esa valla fúlgida, está en la casa Cristo,
está el esposo, Cristo, sus santos y su madre.[196]

Después de un estudio de los rasgos característicos del poeta
inglés, donde hace hincapié en su uso brillante de la aliteración, su
invención a la hora de crear palabras compuestas y sus innovaciones
rítmicas dentro de la métrica inglesa, Dámaso Alonso comenta su
traducción de éste y cinco poemas más de Hopkins:

> He aquí unos rasgos del escritor del que he intentado traducir seis
> poemas. Ya se ha visto en lo que antecede cuán forzosas habían de ser
> las infidelidades. He creído imposible conservar en español muchas de
> las peculiaridades del estilo original: no se busquen en mis versiones los
> característicos compuestos, imposibles en nuestra lengua; tampoco, o
> escasísimamente, la magia de la aliteración, la riqueza y reconditez del
> vocabulario, la extrañeza de la sintaxis, el realce de la rima [...]; no se
> busquen tampoco las delicadezas del *Sprung Rhythm*, menos aún las de
> sus complicaciones (*outrides*, etc.). El resultado es éste: Hopkins, que en
> el original es un poeta tan difícil como Góngora o Mallarmé [...], en mis
> versiones resulta liso, bastante sencillo, casi diáfano. La impresión que
> recibe el lector es, pues, engañosa. Y esta diafanidad no es sino el signo
> de mi fracaso: el índice de todo lo que se ha destruido, de todo lo que se
> ha perdido al pasar al español. Lo que intenté es que no se perdieran el
> pensamiento ni su apasionada y temblorosa emoción. En este sentido,
> procuré ser fiel, y, en lo posible, a la par, al espíritu y a la letra; en caso

196. Dámaso Alonso, *Poetas españoles contemporáneos*, Madrid, Gredos, 1952,
pp. 418-419.

de conflicto entre ambos, o con las peculiaridades de nuestra lengua española, antes que a la letra, a la intención.[197]

Como advertirá el lector, el poema traducido, a pesar de las «deficiencias» señaladas por su autor, ha conservado las imágenes y buena parte de las ideas y la emoción del original. Además, ha adquirido un «color» y una textura poética propios, fieles a la lengua y tradición poética receptoras, al hacer uso del alejandrino polirrítmico y de un sistema de asonancia en los versos pares.

En el caso de textos —y nos referimos a todo tipo de textos— de estructura compleja, un análisis léxico, junto a un estudio de la función de los conectores y de otros mecanismos de cohesión empleados en el discurso, debería marcar las pautas de comprensión y reformulación. Como ya se ha observado, el género determinará en gran medida la terminología, las formas sintácticas y la ordenación de la información dentro del texto (artículos de periódico, informes científicos, etcétera), pero otros elementos estilísticos y retóricos, tales como la relativa sencillez o complejidad de sus oraciones (nucleares, frente a otras más densas con desplazamiento de cláusulas o unidades inferiores, incrustaciones, etcétera), las comparaciones y los contrastes, el uso de metáforas, símiles, alusiones y citas, así como la ironía, por nombrar sólo algunos de ellos, forman parte en menor o mayor medida del discurso de todo tipo de textos. Por consiguiente, el traductor deberá no sólo captarlos en su análisis, sino también saber evaluar su papel en el conjunto del mensaje y manejar los elementos pertinentes y correspondientes al elaborar el texto traducido. Parece acertada Christiane Nord cuando escribe:

> In ordinary communication an intuitive, unconscious, or 'passive' knowledge of stylistic patterns will be more than sufficient to ensure the comprehension of the text. However, the recipient/translator cannot manage without an active command of such patterns of expression both in SL and TL, since it enables him to analyse the functions of the stylistic elements used in the source text, and to decide which of these elements may be appropriate for achieving the target function and which have to be changed or adapted.[198]

---

197. Ibídem, pp. 416-417.
198. Christiane Nord, *Text Analysis in Translation*, trad. Christiane Nord y Penelope Sparrow, Amsterdam/Atlanta (Ga.), Rodopi, 1991, p. 84.

El análisis sintáctico y léxico, además de su necesaria aplicación a fragmentos de interpretación difícil o dudosa, también tiene un valor «profiláctico». Si se realiza de manera contrastiva, tomando nota de las formas sintácticas características de la lengua inglesa, como la voz pasiva o las largas inserciones a la izquierda, que son posibles —aunque menos toleradas— en castellano (véase el capítulo 4), así como de los términos que sugieren parónimos en castellano y cuyo campo semántico no coincide con el del término inglés (véase el capítulo 9), se evitarán buena parte de las interferencias que hacen caer a todos los traductores, en algún momento u otro, en una literalidad que vulnera o bien las normas sintácticas o estilísticas del castellano, o bien el sentido del texto inglés.

En las páginas anteriores hemos tratado el análisis del tejido discursivo refiriéndonos sobre todo al reconocimiento sintáctico (cohesión). A continuación, abordaremos el mismo tema centrándonos en el reconocimiento semántico (coherencia), y volveremos a referirnos cuando sea necesario a los aspectos sintácticos. En la práctica, estos dos procesos suelen simultanearse o alternarse, según las necesidades exegéticas. La semántica se define como el estudio del sentido, y se interesa por las palabras y otras unidades de expresión más allá de su función estrictamente sintáctica dentro de la oración. La construcción de un modelo integrador de la semántica y la pragmática, el texto y el contexto en el que éste se inscribe, constituye hoy uno de los principales retos de la teoría. Cuando un estudiante de lengua inglesa o de traducción pregunta al profesor: «¿Qué significa la palabra «x»?», a éste le viene inevitablemente a la cabeza como preámbulo a la respuesta: «Depende del contexto...». La cautela de Wittgenstein, para quien no hay que preguntar por el significado de una palabra sino por su uso, hace más comprensible la cautela del profesor:

> Para una *gran* clase de casos de utilización de la palabra «significado» —aunque no para *todos* los casos de su utilización— puede explicarse esta palabra así: El significado de una palabra es su uso en el lenguaje.[199]

---

199. Ludwig Wittgenstein, *Philosophische Untersuchungen*, traducido al inglés por G. E. M. Anscombe y publicado póstumamente en texto paralelo, *Philosophical investigations*, Blackwell, Oxford, 1953, § 43: «Man kann für eine große Klasse von Fällen der Benützung des Wortes »Bedutung«—wenn auch nicht für alle Fälle seiner Benützung—dieses Wort so erklären: Die Bedeutung

Este énfasis en la palabra y el lenguaje como un fenómeno situacional se deriva en gran parte del trabajo del etnólogo de origen polaco Bronislaw Malinowski[200] y, en especial, de su teoría del contexto de situación. Esta teoría fue desarrollada como fruto de su experiencia a la hora de transmitir en lengua inglesa el contenido de una serie de textos escritos por él mismo en trobiandés. Malinowski inventó el término «contexto de situación» para referirse al entorno global, tanto lingüístico como cultural y social, del texto, haciendo hincapié en el aspecto funcional o pragmático del enunciado. Sostenía que, para explicar a sus lectores ingleses el sentido de las palabras utilizadas por los pescadores de las islas Trobiand, era preciso describir no sólo las circunstancias inmediatas en que eran pronunciadas, sino muchos aspectos de su cultura. Al principio, sus observaciones sobre la necesidad de entender los términos de una lengua en relación con su contexto de situación y de cultura se limitaron al estudio de las lenguas primitivas, pero en 1935 reconoció que estos aspectos eran igualmente imprescindibles para la comprensión de enunciados en cualquier idioma, con independencia de su estado de desarrollo:

> I opposed civilised and scientific to primitive speech, and argued as if the theoretical uses of words in modern philosophic and scientific writing were completely detached from their pragmatic sources. This was an error, and a serious error at that. Between the savage use of words and the most abstract and theoretical one there is only a difference of degree. Ultimately, all the meaning of all words is derived from bodily experience.[201]

El nuevo enfoque situacional y su aplicación a la lingüística, o más bien, la semántica, fueron desarrollados por el lingüista británico John Firth,[202] cuyo trabajo sirvió de base para la sociolingüística

---

eines Wortes ist sein Gebrauch in der Sprache.» Hemos utilizado la versión castellana: *Investigaciones filosóficas*, trad. Alfonso García Suárez y C. Ulises Moulines, Barcelona, Instituto de Investigaciones Filosóficas/Crítica, 1988, p. 61.
    200. Bronislaw Malinowski, «The problem of meaning in primitive languages», en C. K. Ogden y I. A. Richards, *The Meaning of Meaning*, Londres, Kegan Paul, 1923.
    201. Bronislaw Malinowski, *Coral Gardens and their Magic*, Londres, Allen & Unwin, 1935, p. 58.
    202. John R. Firth, «The technique of semantics», *Transactions of the Philological Society* , 1935, reproducido en John R. Firth, *Papers in Linguistics, 1934-1951*,

(Dell Hymes),[203] la semiótica social (Michael Halliday)[204] e incluso para filósofos del lenguaje (John Searle).[205]El traslado al campo de la traducción de estas indagaciones en el ámbito de la semántica no se hizo esperar. Concretamente, Eugene Nida, con su insistencia en el análisis semántico del texto,[206] la importancia del contexto[207] y la necesidad de buscar la «equivalencia dinámica», dio un nuevo ímpetu al debate sobre la metodología de la traducción. Realzando dentro del marco de la situación comunicativa la importancia del receptor del mensaje, tanto en la producción como en la traducción de un texto, Nida y Taber[208] definen la equivalencia dinámica como aquella que produce en el receptor de la traducción una respuesta lo más semejante posible a la del receptor del texto original. Sin embargo, estos autores no consideran la posibilidad de que esa primera respuesta al mensaje original no se corresponda a las intenciones del autor del mismo, ni el espinoso problema de averiguar exactamente cuáles fueron esas intenciones.

Leemos en Halliday y Hasan que el contexto de situación es la clave del éxito de la comunicación. Refiriéndose a los receptores de un mensaje, escribe:

> We always have a good idea of what is coming next, so that we are seldom totally surprised. We may be partly surprised; but the surprise will always be within the framework of something that we knew was going to happen. And this is the most important phenomenon in human communication. We make predictions – not consciously , of course; in general, the process is below the level of awareness – about what the

---

Londres, Oxford University Press, 1951. En este artículo, el autor afirma que la finalidad de la lingüística es el estudio del significado (*meaning*), y que el significado es una función del contexto. Véase también su artículo «Personality and language in society», *Sociological Review* , 42, 1950, pp. 37-52, igualmente reproducido en la citada obra de John R. Firth.

203. Dell H. Hymes, «Models of the interaction of language and social setting», *Journal of Social Issues*, 23, 1967.

204. Michael A. K. Halliday,*Language as Social Semiotic: the social interpretation of language and meaning*, Londres, Arnold, 1978.

205. John R. Searle, *Speech Acts*, Cambridge, Cambridge University Press, 1969.

206. Eugene A. Nida, *Language Structure and Translation*, Stanford, Stanford (Ca.) University Press, 1975.

207. Eugene A. Nida, «The setting of communication. A largely overlooked factor in translation», *Babel*, 24, 3-4, 1978, pp. 114-117.

208. Eugene A. Nida y Charles R. Taber, *The Theory and Practice of Translation*, Leiden, E. I. Brill, 1969.

other person is going to say next; and that's how we understand what
he or she does say. [...] How do we make these predictions? The first
step towards an answer is: we make them from the context of situation.
The situation in which linguistic interaction takes place gives the
participants a great deal of information about the meanings that are
being exchanged, and the meanings that are likely to be exchanged.[209]

Las observaciones de Halliday y Hasan se aplican no sólo a la
comunicación verbal, sino a todo tipo de texto verbal o escrito. Es
decir, que un texto nace de una situación determinada, desempeña
una función comunicativa o expresiva y desarrolla una estructura
sintáctica y semántica cuyas pautas el receptor reconoce de manera
inconsciente y que le permiten «predecir» o establecer, también de
manera inconsciente, un marco interpretativo para el texto en su
totalidad, aun antes de finalizar la lectura o la audición del mismo.
Lo que diferencia al traductor (y aquí recordamos como ejemplo
paradigmático de ello al intérprete de conferencia que practica la
traducción simultánea) del receptor común es que aquél debe
realizar el proceso de análisis y de predicción de manera consciente
y sistemática para luego poder reproducir un mensaje que no es suyo
(debe tomar nota de los rasgos idiolectales del emisor del texto y
detectar para luego reflejar, sin distorsiones debidas a su propia
postura o perspectiva, cualquier ideología subyacente en su discurso) y adecuarlo a un nuevo contexto de situación.

La relación entre el contexto de situación y el texto se describen
mediante los tres parámetros del discurso: campo, tenor y modo.
Éstos son los parámetros que permiten al lector/traductor construir
un esquema y un marco interpretativo para el mensaje y están
íntimamente relacionados con el concepto de registro. Mientras que
el contexto de situación se dilucida contestando a las preguntas
¿quién dice qué a quién, dónde, cuándo y por qué?, el registro
depende principalmente del qué, el cómo y el por qué se dice lo que
se dice.

El concepto de campo se refiere a lo que ocurre en la situación
comunicativa en la que el texto se genera y funciona, incluyendo el
tema del texto. El modo se refiere a la función del texto dentro del
suceso comunicativo y abarca el canal de comunicación (hablado o

---

209. Michael A. K. Halliday y Ruqaiya Hasan, *Language, Context and Text:
Aspects of Language in a Social-Semiotic Perspective*, Oxford, Oxford University
Press, 1989, 2ª ed., pp. 9-10.

escrito y sus distintas modalidades) y el género, así como la tipología del texto basada en la función retórica del discurso (expositiva, argumentativa, exhortativa, etcétera). Por último, el tenor se refiere a los participantes del acto de comunicación y la interrelación que existe entre ellos. Esta relación se trasluce en el tono en que se expresa el mensaje y se manifiesta en diversos aspectos, tales como el grado de formalidad o informalidad, intimidad o distancia entre los participantes, y el ámbito público o privado en que se desarrolla la comunicación.

Dos elementos más o, mejor dicho, dos sistemas que se entrelazan y, junto con el léxico y la sintaxis, vehiculan el desarrollo temático del texto y confieren sentido (y predictibilidad) al discurso son la cohesión y la coherencia. Son dos de las pautas de textualidad descritas por Robert de Beaugrande y Wolfgang Dressler, siendo las cinco restantes la intencionalidad, la aceptabilidad, la informatividad, la situacionalidad y la intertextualidad. Sobre ellas, los autores citados escriben:

> [they] are relational in character, concerned with how occurrences are connected to others: via grammatical dependencies on the surface (cohesion); via conceptual dependencies in the textual world (coherence); via the attitudes of the participants toward the text (intentionality and acceptability); via the incorporation of the new and the unexpected (informativity); via the setting (situationality); and via the mutual relevance of separate texts (intertextuality).[210]

La cohesión establece una serie de nexos entre los distintos segmentos del texto mediante el uso de la anáfora, la catáfora, los deícticos, los pronombres referenciales en oraciones consecutivas, los conectores, los paralelismos sintácticos, la repetición, la sustitución, etcétera. Estos nexos relacionan los distintos elementos del texto y hacen posible la interpretación de cada uno de ellos en función de los demás, que cada parte del texto sea texto y contexto a la vez. El uso de estos mecanismos de cohesión no siempre coincide en inglés y castellano; por ejemplo, en inglés se recurre con frecuencia a la repetición como referencia anafórica, mientras que en castellano este recurso se considera estilísticamente pobre y se prefiere la sustitución mediante correferentes en forma de sinoni-

---

210. Robert de Beaugrande y Wolfgang U. Dressler, *Introduction to Text Linguistics*, Londres, Longman, 1981, p. 3.

mia o metonimia. Es importante señalar que si el traductor decide evitar la reiteración de un referente, la cohesión léxica mediante sinónimos debe respetar, en su introducción en el texto, la gradación que va de lo específico a lo general, de hipónimo a hiperónimo. Véase el siguiente ejemplo:

En 1883, Cajal consiguió la cátedra de Anatomía de Valencia. Pero fue Barcelona la ciudad en la que vivió sus años fecundos. En 1887 se trasladó a la Ciudad Condal como catedrático de Histología y no abandonaría la capital catalana hasta varios años después.

Peter Newmark[211] nos brinda un curioso ejemplo de cómo se puede llegar a abusar de los pronombres referenciales en aras de la cohesión y desembocar en la casi ininteligibilidad. En la traducción inglesa de la Biblia (la Versión Autorizada del rey Jacobo, 1611) leemos en Isaías, 37:36:

Then the angel of the Lord went forth, and smote in the camp of the Assyrians a hundred and fourscore and five thousand. And when they arose early in the morning, behold, they were all dead corpses.

Gracias a la magia de la traducción, el campamento se puebla al amanecer de muertos resucitados o de vivos extrañamente trocados en cadáveres. Para el traductor moderno del inglés al castellano, este fragmento ofrece una advertencia con respecto a la traducción de los pronombres referenciales. De modo similar a lo que ocurre en el ejemplo anterior con «*they*», tampoco el pronombre castellano «la» marca la diferencia entre los «*her*», «*it*» y «*you*» (usted, femenino) ingleses, ni los pronombres «lo» y «le» , entre «*him*», «*it*» y «*you*» (usted, masculino); por ello, en un texto con varios referentes de la tercera persona, es aconsejable establecer la cohesión anafórica de otro modo, especificando el referente mediante la repetición o la ya mencionada estrategia de la sustitución (véase el capítulo 3). El mismo riesgo de ambigüedad existe a la hora de traducir los adjetivos posesivos «*his*», «*her*» o «*its*» en una oración o secuencia de oraciones en que se den dos o tres de ellos, ya que el posesivo «su» podría referirse a cualquiera de los tres posesivos ingleses mencionados, además de introducir la complicación adicional de «su/*their*» (véase el capítulo 5).

211. Peter Newmark, *A Textbook of Translation*, Londres, Prentice Hall, 1988, p. 59.

La coherencia opera en el nivel del discurso y representa el «querer decir» que subyace a los enunciados unificando conceptualmente el texto. Así, las dos afirmaciones «*I'm hot; open the window*» y «*I'm hot; close the window*» resultan igualmente elípticas aunque coherentes, cada una dentro de su contexto de situación. La primera podría imaginarse en el contexto de una tarde soleada de verano inglés, y la segunda en el de una asfixiante tarde de julio madrileño. La coherencia se mantiene en los dos casos, gracias a la familiaridad del destinatario con el entorno extralingüístico del enunciado. Sabemos que la situación del primer enunciado, el verano inglés, no suele admitir temperaturas excesivamente altas, aunque sí niveles de humedad considerables. Por lo tanto, para combatir la sensación de calor, basta con abrir la ventana y ventilar la habitación. En cambio, nuestro conocimiento de la situación del segundo enunciado nos asegura que abrir la ventana no es la solución adecuada, sino que nos expondrá más bien a una ráfaga de aire aún más caliente. La ausencia de relaciones lógicas entre las oraciones, normalmente dadas por la cohesión sintáctica y suprimidas aquí por la elipsis, no impide la coherencia del discurso; pero, si el traductor no conociera perfectamente la situación de contexto, podría interpretar los enunciados en cuestión como incoherentes e incluso «corregir» lo que percibe como un error o lapsus de expresión en el texto original.[212]

A veces ocurre que, ante la necesidad de ajustar el texto original a un contexto radicalmente distinto al del primer destinatario, según el criterio de la relevancia, el traductor tiene que suprimir o añadir algunos elementos informativos. En otros casos, un texto arranca con una metáfora y luego recurre a ella, sosteniéndola a lo largo del discurso. El traductor, si no logra reproducir en la lengua de llegada la cadena metafórica del texto original, puede optar por una metáfora distinta que proporcione una «equivalencia dinámica» de la imagen original, o bien reproducir la información sin recurrir a figuras retóricas. En todos estos casos, la supresión, ampliación o modificación del texto puede ocasionar un fallo en la cohesión o, lo que es más probable, en la coherencia del texto de llegada, ya que la coherencia, que es signo de la intencionalidad y el desarrollo temático del texto, actúa como un hilo conductor; y, al romperse en cualquier punto, la misma textualidad se ve comprometida. Ade-

---

212. Un concepto útil aquí puede ser el de «isotopía», formulado por Argildas Greimas. La isotopía consiste en la repetición de unidades lingüísticas que dotan de unidad al discurso y posibilitan una lectura uniforme. Véase su *Semántica estructural*, trad. Alfredo de la Fuente, Madrid, Gredos, 1971.

más, la selección de elementos léxicos de la lengua de llegada para traducir conceptos del texto de partida puede introducir armónicos o connotaciones que no estén implícitos en el sistema léxico del texto original y que interfieran con la coherencia conceptual del texto traducido. Un ejemplo muy ilustrativo del tipo de texto susceptible de sufrir modificaciones y pérdidas de coherencia en el proceso de traducción debido a su estructuración conceptual mediante una metáfora sostenida es el siguiente, que encontramos en Neubert y Shreve:

> *"Refocusing up-stream" has become a catch-phrase with people involved in health politics, and the reason for its popularity is as follows: A complacent view of health care may see the health services as pulling drowning people out of a river. It may raise questions about who does the saving, or how they do it and who among those to be saved should take priority. Looking "up-stream", however, raises the question of how people fell into the water in the first place. Did they fall or were they pushed? The orthodox view [...] is that we fall into the water of our own accord.*[213]

Ofrecemos a continuación una versión en castellano:

> La expresión «remontarse a las fuentes» se ha convertido en habitual entre quienes se ocupan de la política sanitaria, y la razón de esta popularidad es la siguiente: según una visión superficial de la asistencia médica, los servicios sanitarios se conciben como una tarea de rescate de náufragos que se ahogan en un río. Desde esta perspectiva, las preguntas que pueden plantearse son: quién realiza el salvamento, cómo lo realiza o qué náufragos deben merecer una atención prioritaria. En cambio, concentrarse en las «fuentes» plantea ante todo la cuestión de cómo llegaron esas personas a caer al río. ¿Cayeron o fueron empujadas? La concepción ortodoxa [...] afirma que caemos al agua por voluntad propia.

Esta traducción opta por reproducir la metáfora sostenida del texto de partida, basándose en la proximidad metafórica y la equivalencia semántica entre «to focus up-stream» (remitirse al origen o motivo desencadenante de un hecho) e «ir a las fuentes».

213. Albrecht Neubert y Gregory Shreve, *Translation as Text*, Kent (Ohio) Londres, Kent State University Press, 1992, p. 100.

Para acomodar la imagen de «*drowning people*» (personas accidentadas que de alguna manera se hunden en la vida) a una metáfora de uso frecuente en castellano, la traducción recurre al procedimiento de ampliación: «náufragos que se ahogan en un río». La imagen deseada, «náufragos», continúa la cadena metafórica y a la vez realza con respecto al texto inglés la indefensión de las personas que hay que rescatar, pero se ha considerado necesario respaldar esta metáfora por la cláusula «que se ahogan en un río», para lograr así un ajuste con la configuración lineal de la imagen original (nacimiento/cauce, causa/consecuencia) y excluir las connotaciones no deseadas de mar que suele revestir la palabra «náufrago».

Lo mismo ocurre en el siguiente ejemplo, procedente de una conferencia de George Steiner, en el que se establece el paralelismo entre la filosofía y la caza.

> *The search for truth is predatory. It is a literal hunt, a conquest. There is that exemplary instant in Book IV of The Republic, when Socrates and his companions in discourse corner an abstract truth. They halloo, like hunters who have unearthed and run down their quarry.*

Aquí, los órganos sensitivos del traductor vuelven a erizarse en un gesto de reconocimiento instintivo; tras ello, intentará proceder con la suficiente sutileza como para no destruir la coherencia de la imagen y trasladar todas las facetas que percibe en ella.

> La búsqueda de la verdad es depredadora. Es una auténtica caza, una conquista. Hay un momento ejemplar en el Libro IV de *La república* en que Sócrates y sus compañeros de debate acorralan una verdad abstracta. Dan gritos de júbilo, como cazadores que han logrado sacar a una presa de la madriguera y la han atrapado.

Son problemas como éstos los que pueden provocar en el traductor una sensación de desasosiego cuando siente que no ha sido del todo capaz de recrear en castellano una versión con la pertinencia, la elegancia y la concisión percibidas en el original. En tales casos, el traductor debe recurrir plenamente a su capacidad exegética y a su sensibilidad lingüística para reproducir en la lengua de llegada unos engranajes tan bien encajados como los que ruedan en el artefacto del texto de partida.

Nos parece evidente que estar en posesión de todos los factores concernientes a la naturaleza y la función del texto de partida y seguir su desarrollo textual y discursivo a través de las pautas léxicas, sintácticas, semánticas y pragmáticas redunda en la mejora de la capacidad exegética del traductor. A su vez, este conocimiento de la mecánica del texto como construcción contribuye a que su traducción sea una auténtica manifestación del habla, una unidad cohesionada y coherente que funcione como acto de comunicación autónomo en su contexto específico.

Lecturas recomendadas

Bell, R. T., *Translation and Translating*, Londres/Nueva York, Longman, 1991.

Bühler, K., *Teoría del lenguaje*, trad. Julián Marías, Madrid, Alianza, 1979.

Halliday, M. A. K., y R. Hasan, *Cohesion in English*, Londres/Nueva York, Longman, 1989, 9ª reimp.

Hatim, B., e I. Mason, *Discourse and the Translator*, Nueva York/ Londres, Longman, 1990.

Newmark, P., *A Textbook of Translation*, Londres, Prentice Hall, 1988.

Nida, E., y C. Taber, *The Theory and Practice of Translation*, Leiden, Brill, 1974.

Nord, C., *Text Analysis in Translation*, trad. Christiane Nord y Penelope Sparrow, Amsterdam/Atlanta (Ga.), Rodolpi, 1991.

Toury, G., *In Search of a Theory of Translation*, Tel Aviv, Porter Institute for Poetics and Semiotics, 1980.

Vázquez-Ayora, G., *Introducción a la traductología*, Washington (D.C.), Georgetown University Press, 1977.

Capítulo noveno

Procedimientos de traducción

Tras comentar la importancia de una concepción global del texto en la que cada elemento adquiere una pertinencia y una función como resultado de sus relaciones con los demás elementos que lo rodean, veremos en este capítulo algunas estrategias con las que el traductor intenta hacer corresponder y recrear en su traducción las fuerzas y los equilibrios que estructuran el texto original.

Para ello partiremos de la obra publicada en 1958 por Jean-Paul Vinay y Jean Darbelnet, *Stylistique comparée du français et de l'anglais*, donde se definieron una serie de procedimientos técnicos de traducción y se clasificaron los siete básicos según un orden creciente de elaboración discursiva. Nosotros utilizaremos esos siete procedimientos básicos, de carácter morfosintáctico, además de otros tres, que estos autores mencionan sobre todo al referirse al plano semántico.

Como hemos visto en el capítulo 7, estos «procedimientos de traducción» han suscitado, entre otras, dos importantes críticas: la de constituir simples constataciones a posteriori más que reglas de traducción a priori y el énfasis que conceden a la lengua en detrimento del discurso.

Estas críticas tienen su parte de razón; pero si bien es cierto que, ante un problema determinado, saber —en caso de que se sepa—que tiene que llevarse a cabo una transposición o una modulación no garantiza en absoluto el resultado de la traducción, también lo es que el hecho de establecer ciertos paralelismos, ciertas conexiones, entre las lenguas ayuda a arrojar una luz sobre las posibles soluciones a los problemas concretos. La comparación en el plano más abstracto de las lenguas constituye un paso previo para la transferencia en el plano más específico de los textos y las situaciones y sirve para poner de manifiesto todo lo que separa los diferentes sistemas lingüísticos.

El hecho es que, a partir de Vinay y Darbelnet, estos conceptos han pasado a formar parte de la reflexión sobre la traducción. Se ha discutido mucho si algunos de ellos (en especial, los llamados procedimientos de traducción directa) pueden o no ser considerados procedimientos de traducción. Algunos autores no consideran traducción la conversión de «*I've left the book on the table*» en «He dejado el libro sobre la mesa». Creemos que se trata de un problema de nomenclatura que, en todo caso, pone de manifiesto una noción demasiado reduccionista de lo que es la traducción.

Otros autores, por su parte, han añadido procedimientos nuevos o desglosado los antiguos; Peter Newmark, por ejemplo, reseña una veintena, aunque juzga aprovechables por parte del traductor unos catorce.[214]

En cualquier caso, nosotros hemos aprovechado los procedimientos enumerados por Vinay y Darbelnet para, a partir de la definición original, reflexionar sobre algunas nociones teóricas relacionadas con ellos, comentar la pertinencia de su aplicación práctica y proponer algunas soluciones para determinados escollos que parecen presentarse de modo recurrente en las traducciones.

Préstamo

Definido por Vinay y Darbelnet como «palabra que se toma de una lengua sin traducirla»,[215] el préstamo da fe de un vacío léxico en la lengua de llegada; por ejemplo, en el caso de una técnica o un concepto nuevos. Con frecuencia, estos términos extranjeros entran en la lengua a través de obras traducidas. Una distinción útil es la que se ha hecho entre «extranjerismo» y «extranjerismo naturalizado» (préstamo). La palabra extranjera tiende, en un primer momento, a permanecer inalterada y puede sufrir luego una adaptación fonética y morfológica. Respecto al préstamo naturalizado, cuando dicha naturalización se produce ante una laguna lingüística en la lengua receptora, no cabe duda de que cons-

---

214. Peter Newmark, *A Textbook of Translation*, Nueva York/Londres, Prentice Hall, 1988, pp. 68-93.

215. Jean-Paul Vinay y Jean Darbelnet, *Stylistique comparée du français et de l'anglais*, París, Didier, 1977, ed. rev. y corr., p. 8: «mot qu'une langue emprunte à une autre sans le traduire».

tituye una forma de enriquecimiento del idioma, por lo que debe hacerse también la distinción entre préstamo necesario y préstamo innecesario.

En el ámbito de la terminología informática abundan los ejemplos de anglicismos puros y anglicismos adaptados. Por ejemplo, «*bit*», «*byte*», «*chip*», «*pixel*» o «*plotter*» han pasado claramente al castellano, sin que hayan arraigado las respectivas alternativas; en cambio, «*diskette*» o los verbos «*format*», «*initialize*» y «*reset*», se han asimilado en «disquete», «formatear», «inicializar» y «resetear».

Encontramos también en este ámbito terminológico todo tipo de situaciones intermedias. Con «*interface*», se oscila entre «interface» e «interfaz»; con «*sort*», entre «ordenar, clasificar», «hacer un sort» y «sortear»; con «*indent*», se tiende más hacia el préstamo innecesario, «indentar, indentado», a pesar de la existencia de «sangrar, sangrado»; con «*software*» y «*hardware*», las formas propuestas en castellano («soporte lógico» y «soporte físico», entre otras) han tenido algo más de éxito, aunque ninguna de ellas figura en la edición de 1992 del diccionario de la Academia.[216]

Pero no sólo en el campo científico y técnico; en muchos otros, el traductor puede encontrar una multitud de situaciones en las que el anglicismo, puro o adaptado, con mayor o menor grado de corrección lingüística, constituye una opción válida, a veces la mejor o a veces la única. Sin embargo, lo cierto es que los anglicismos se toleran mejor en un texto que se lee como si no fuera una traducción. Hay, de hecho, un doble rasero en cuanto a la lectura de los textos: lo que se permite como licencia en un texto original se percibe como incorrecto si se sabe que el texto es una traducción.

Un caso límite en la introducción de extranjerismos, puros y adaptados, sería la creación de una lengua híbrida y críptica, pertinente en el marco de su contexto específico, aunque no por ello deje de producir reacciones encontradas, como el ejemplo de crónica deportiva de un diario cubano citado por Emilio Lorenzo:

> en el sexto inning le dieron un roller entre tercera y short, que fue el primer single del juego [...]. Los del Marianao batearon mucho más, pero anoche tanto los outfielders como los infielders realizaron magníficas cogidas [...]. Formental bateó un roller por el box [...]. Era un hit con todas las de la ley [...]; la cuarta entrada que abrió Pearson

---

216. Véase, para el caso de la terminología informática, Guadalupe Aguado, *Diccionario comentado de terminología informática*, Madrid, Paraninfo, 1994.

con hit de roller por el center. León bateó duro y dio un flay al short. Estando Cabrea al bate, Pearson se robó segunda[217]

El traductor, por lo general no puede permitirse estas libertades. Leído como original, este fragmento produce asombro en un lector no familiarizado con el béisbol, deporte popularísimo en Cuba; leído como traducción, desencadena un alud de comentarios sobre la incompetencia del traductor.

Al margen de los usos más o menos específicos del lenguaje —donde puede haber arraigado con fuerza—, el extranjerismo debe manejarse con precaución, puesto que resulta extremadamente fácil que sea percibido como superfluo por parte del lector. Por ello, el consejo general que da García Yebra a los traductores en relación con el extranjerismo es «evitarlo siempre que sea posible».[218] Si el contexto no aclara de modo suficiente su significado, es posible recurrir a algún tipo de explicitación, ya sea en forma de nota o de aclaración en el propio texto, aunque siempre teniendo en cuenta los conocimientos del lector a los que se dirige el texto.

El siguiente paso del extranjerismo puro en la lengua que lo acoge es la naturalización. Muchos extranjerismos son fáciles de naturalizar, como «*quasar*», «cuásar», o «*Big Bang*», «Gran Explosión». En este último caso, si bien el anglicismo está muy extendido, la versión traducida del término tiene la ventaja de corresponderse perfectamente con «*Big Crunch*», «Gran Implosión», un término menos extendido y, por lo tanto, menos comprensible.

En ocasiones se producen adaptaciones erróneas en el proceso de naturalización, y el resultado es un cruce léxico. Las causas suelen ser la familiaridad con el idioma extranjero, los hábitos lingüísticos de una comunidad determinada, la semejanza morfológica o la simple ignorancia: «*automation*», «automación» en lugar de «automatización»; «*deconstruction*», «deconstrucción» en lugar de «desconstrucción».

Son muchos los traductores (como también muchos los autores) que utilizan los extranjerismos y los préstamos para proporcionar al texto una nota de color local. Esta opinión es la postulada de modo radical por George Moore, tal como la recoge Alfonso Reyes:

---

217. Emilio Lorenzo, «El anglicismo en la España de hoy», en *El español de hoy, lengua en ebullición*, Madrid, Gredos, 1980, 3ª ed., p. 97.
218. Valentín García Yebra, *Teoría y práctica de la traducción*, Madrid, Gredos, 1982. vol. 1. p. 340.

Ciertos sustantivos, por difíciles que sean, deben conservarse como en el original; no hay que transformar las verstas en kilómetros, ni los rublos en chelines o en francos. Yo no sé lo que es una versta ni lo que es un rublo, pero cuando leo estas palabras me siento en Rusia. Todo proverbio debe dejarse en su forma literal, aun cuando pierda algo de sentido; si lo pierde del todo, entonces habrá que explicarlo en una nota.[219]

Este punto de vista, como reconoce el propio Reyes, tiene sus limitaciones; pero, seguido con moderación, son muchos los traductores que lo aplican a medidas, tratamientos, monedas y demás elementos de marcado contenido cultural. La salvedad de la moderación no debe pasarse por alto, pues en ocasiones, como se ha dicho, el uso de extranjerismos puros puede resultar innecesario y tener efectos contraproducentes.

el *folklore* y las costumbres de tártaros y turcomanos

Ni pensar en el *bridge*, con el estado de irritación

No era ingenioso, ni campeón de *croquet*, ni poseía poderes hipnóticos, ni sabía cómo organizar un teatro *amateur*

Tanto en «folklore», como en «bridge» y en «croquet», las cursivas son completamente innecesarias: esas palabras estaban asimiladas al castellano en el momento (principio de los ochenta) de la traducción de los cuentos de Saki de los que están extraídos estos ejemplos (*Cuentos de humor y horror*). En el caso de «amateur», parecen preferible otras soluciones que eviten el extranjerismo («una función de teatro de aficionados», «una función improvisada de teatro»).

El intento de resaltar el tono local de un texto se lleva a cabo aumentando la distancia entre la obra y el lector de la traducción, pero se trata de una distancia, como acaba de verse, que hay que mantener en los lugares adecuados. Si bien podría llegarse a un relativo acuerdo sobre si el hecho de mantener las millas o las pulgadas en tal o cual texto inglés constituye o no una opción válida por parte del traductor, ¿qué ocurriría si nos encontráramos con un personaje que tuviera 104 grados de fiebre o estuviera a 180 sobre 110 de presión?

---

219. Alfonso Reyes, «De la traducción», en *La experiencia literaria*, Barcelona, Bruguera, 1986, p. 155.

Todo traductor traza una línea imaginaria que separa los rasgos socioculturales foráneos que mantiene en una traducción determinada y los que no mantiene. Así, si bien es raro que alguien se dedique a cambiar sistemáticamente en las novelas norteamericanas la numeración de las plantas de los edificios con el pretexto de que en Estados Unidos la planta baja es el primer piso, no lo es tanto que se modifiquen, por ejemplo, los nombres comerciales de medicamentos que tienen diferente denominación a ambos lados del Atlántico.[220]

Por otra parte, suele verse en algunas traducciones del inglés un caso especial de uso desafortunado de los extranjerismos. Nos referimos a aquellos que proceden de una tercera lengua extranjera, sobre todo, del francés. En efecto, es posible encontrar con cierta frecuencia en los textos ingleses palabras o expresiones del estilo de «*bête noire*», «*coup d'état*», «*coup de grâce*», «*engagé*», «*en masse*», «*en passant*», «*fin-de-siècle*», «*naïf*», «*nouveau riche*», «*par excellence*» o «*petit bourgeois*», entre muchas otras. Aparecen en las traducciones en cursiva: el traductor ha pasado sobre ellas sin tocarlas, opinando sin duda que su labor se refería únicamente al inglés. Nada más lícito que recurrir a todos los medios posibles para dotar al texto de su sabor local; ante determinadas palabras en un tercer idioma —en este caso, el francés—, el traductor puede exclamar, como hace Enrique Jardiel Poncela en sus *Lecturas para analfabetos*: «y conste que dejo los nombres en francés para hacer ambiente». El caso es que algunas palabras o expresiones, como las que acabamos de citar, producen en castellano un efecto perverso. Las relaciones entre idiomas no son intercambiables. El peso de la lengua francesa en el seno de la inglesa es muy diferente del que tiene en la castellana. Y, si bien es cierto que el uso en inglés de palabras o locuciones como las citadas no está exento de cierta carga de pedantería, esta carga es mucho mayor en castellano, por lo que muchas veces se corre el riesgo de superar el umbral de lo aceptable.

la tarea anual de justificar la *raison d'être* de la agencia de una manera convincente

Nuestra única oportunidad es que nuestra defunción no sea un *fait accompli*. [Una nota de la traductora traduce: hecho consumado.]

---

220. El libro de Ramón Sol, *Manual práctico de estilo*, Barcelona, Urano, 1992, ofrece en varios lugares algunas pautas sobre este delicado tema de las adaptaciones y las aclaraciones.

se hallaban *en route* hacia el recinto

El hombre tiene *élan*

¿Y qué pasaría si se descubriera su *affaire* con Eleanor?

En realidad, estos extranjerismos suelen ser, a pesar de las apariencias, palabras inglesas (muchas veces la marca de la naturalización es la pérdida de los acentos) y su carta de ciudadanía en la lengua es su aparición en diccionarios como el *Webster's Third New International* o el *New Shorter Oxford English Dictionary*. Por ello, ante palabras y expresiones francesas, el traductor de textos ingleses debe ser especialmente cuidadoso, pues, a diferencia de palabras de otros idiomas, su no traducción estará mucho menos justificada. En ocasiones, una estrategia adecuada ante estas expresiones —además de la traducción al castellano— puede ser transformar el galicismo en latinismo, como en el caso de «*après coup*» por «a posteriori», «*par exemple*» por «verbi gratia», «*à volonté*» por «ad líbitum» o «*avant la lettre*» por «ante litteram».

Debe tenerse también en cuenta que la presencia en inglés de extranjerismos, ya sea procedentes del castellano o de una tercera lengua, puede estar ligada a la alusión de referentes culturales muy concretos o a su uso en el contexto de lenguajes específicos, como es el caso del italiano en música o del alemán en filosofía. Empleados con intención irónica fuera de ese contexto, el efecto puede ser notable. En el siguiente ejemplo, procedente (como los cinco anteriores) de la traducción de la novela *La fundación musical* de Paul Micoux, el cónsul francés descubre en el curso de una recepción diplomática a sus dos hijas adolescentes en la cama con el protagonista, O'Connor, de quien se afirma :

O'Connor estaba a merced de una constitución emocional que llegaba a paralizarse al menor *faux pas*, y mucho más en el caso del *Gotterdammerung* de un paso en falso como el que acababa de dar.

Sin embargo, hay que hacer de nuevo una doble llamada a la precaución. En primer lugar, porque, si se decide utilizar el extranjerismo, hay que comprobar que su grafía sea la correcta («*Götterdämmerung*»).[221] Y, en segundo lugar, porque podría suce-

---

221. Aquí se plantea un problema adicional, el de elegir género gramatical en castellano para una palabra extranjera. ¿Debe mantenerse el género del idioma

der que en el proceso de importación se hubieran introducido significados nuevos, como ocurre, en inglés, con estas palabras tomadas del castellano: «*cafeteria*» (restaurante o comedor con autoservicio), «*macho*» (agresivamente viril), «*sombrero*» (sombrero mejicano) o el derivado «*quixotic*» (idealista o poco práctico; pero también fantasioso o extravagante, sin la connotación de fracaso irremediable); o, a la inversa, en castellano, con «footing», «hall», «nursery», «panty» o «smoking», por ejemplo. Las palabras francesas «*ménu*», «*bureau*» o «*entrée*» han pasado al inglés y al castellano con significados diferentes: la primera es en inglés la carta, no los platos del día; la segunda, en inglés estadounidense, una cómoda, no un escritorio; y la tercera significa «entrada» en inglés británico y «plato fuerte» en inglés estadounidense.

Calco

Para Vinay y Darbelnet, el calco es una clase de préstamo en la cual «se toma prestado de la lengua extranjera el sintagma, pero se traducen literalmente los elementos que lo componen».[222] Vinay y Darbelnet distinguen entre el «calco de expresión», cuando se respetan las estructuras sintácticas de la lengua de llegada (*week-end*, «fin de semana»), y el «calco de estructura», cuando la construcción sintáctica es novedosa en la lengua de llegada (*science-fiction*, «ciencia ficción»).

---

original? (Y, ¿qué hacer entonces con las palabras neutras procedentes de idiomas que permiten esa distinción?) Una solución coherente parece ser elegir el género de la traducción más ajustada al castellano de la palabra o expresión en cuestión. En el caso de «*Götterdämmerung*», pues, por más que en alemán todas las palabras acabadas en «-*ung*» sean femeninas, habría que optar en la traducción por el masculino («el crepúsculo de los dioses»).

En relación con la elección del género gramatical, también pueden surgir dudas ante marcas o nombres propios lexicalizados. De nuevo, lo más sencillo parece ser aplicar el género del sustantivo elidido: los (fusiles) Kaláshnikov, las (sondas) Voyager.

222. Jean-Paul Vinay y Jean Darbelnet, *Stylistique comparée du français et de l'anglais*, París, Didier, 1977, ed. rev. y corr., p. 47: «on emprunte à la langue étrangère le syntagme, mais on traduit littéralement les éléments qui le composent».

El calco es uno de los recursos para evitar el extranjerismo y contribuye tanto como el préstamo naturalizado a enriquecer la lengua que lo recibe. Hablando de la función enriquecedora de la importación de palabras, Emilio Lorenzo cita una frase de Unamuno: «Meter palabras nuevas, haya o no haya otras que las remplacen, es meter nuevos matices de ideas».[223]

A diferencia del préstamo, que es una adaptación fónica y morfológica, el calco es una construcción. Así, «*football*» sería un extranjerismo puro; «fútbol», un préstamo (o extranjerismo adaptado); y «balompié», un calco. Se trata de una distinción útil, aunque no es seguida de un modo general, y muchas obras utilizan el concepto general de anglicismo.

Por otra parte, en el ámbito específico de la traducción se utiliza el término «calco» con otro significado, que ya le dieron Vinay y Darbelnet. Para los traductores, el calco, como el célebre personaje de Robert Louis Stevenson, tiene un segundo aspecto que hay que evitar a toda costa, puesto que puede representar «la expresión más concreta de la abominación de la desolación».[224]

Nos referiremos a esta última categoría, una fuente constante de quebraderos de cabeza para quienes, de un modo u otro, están relacionados con la práctica de la traducción. En realidad, considerado como importación de elementos foráneos que resultan discordantes en la lengua receptora, el calco puede producirse en todos los niveles, desde el tipográfico hasta el sintáctico. Trataremos a continuación los calcos léxicos, los calcos ortográficos, los calcos tipográficos y los calcos sintácticos.

El calco léxico o paronímico[225] es el resultado de una correspondencia equivocada entre dos palabras que tienen una forma o una etimología similares, pero que han evolucionado diferentemente en sus respectivas lenguas hasta adquirir significados muy distintos. Este fenómeno de desplazamiento semántico no sólo se

---

223. Emilio Lorenzo, «El anglicismo en la España de hoy», en *El español de hoy, lengua en ebullición*, Madrid, Gredos, 1980, 3ª ed., p. 99.

224. Jean-Paul Vinay y Jean Darbelnet, *Stylistique comparée du français et de l'anglais*, París, Didier, 1977, ed. rev. y corr., p. 48: «l'expression la plus concrète de l'abomination de la désolation»; es decir, citando el Evangelio de Mateo (24:15), el súmmum de los males.

225. Estos calcos suelen llamarse, con un calco del francés, «falsos amigos» (*faux-amis*). La expresión «calco paronímico» hace referencia al calco por paronimia, es decir, por semejanza etimológica o formal. Otras posibilidades para huir de este calco tan extendido en las obras sobre traducción son «parónimo léxico» o «parónimo» a secas.

Manual de Traducción Inglés-Castellano

manifiesta en el trasvase entre lenguas, también ocurre diacrónicamente dentro de una misma lengua, a lo largo de su proceso de evolución.

La ilusión de correspondencia puede ser total («*candid*», «franco»; «*celebrated*», «célebre»; «*deposition*», «destitución; descendimiento»; «*disarray*», «desorden»; «*fastidious*», «puntilloso»; «*intoxicating*», «embriagador»; «*petrol*», «gasolina»; «*renovations*», «reformas»; «*silicon*», «silicio»; «*trampoline*», «cama elástica») o parcial («*actual*», «actual/real»; «*area*», «área/zona»; «*assist*», «ayudar/asistir»; «*assume*», «suponer/asumir»; «*cavity*», «cavidad/caries»; «*concrete*», «concreto/hormigón»; «*copy*», «copia/ejemplar»; «*dramatic*», «dramático/drástico»; «*drug*», «droga/fármaco, medicamento»; ; «*evidence*», «evidencia/pruebas, señal» «*law*», «ley/Derecho»; «misery», «miseria/sufrimiento»; «*publican*», «publicano/tabernero»; «*rare*», «raro/escaso»; «*real*», «real/verdadero»; «*tutor*», «tutor (profesor de universidad)/preceptor»).

Supera por completo los límites de esta obra ofrecer una relación, aunque sea sucinta, de las principales palabras que pueden dar lugar a calcos paronímicos.[226] De todos modos, presentamos a continuación algunos ejemplos para dejar constancia de la magnitud de los peligros que entrañan estas «amistades peligrosas».

Positioning the lips is a problem that recurrently challenges the ingenuity of the embalmer.

En esta frase, la palabra «*ingenuity*» puede hacer incurrir al traductor inexperto o apresurado en un calco paronímico, puesto

---

226. Existen en el mercado algunos diccionarios de parónimos, que más que como obra de consulta ante un problema concreto —para eso estarían los diccionarios monolingües y bilingües— pueden servir como obra de lectura y recordatorio. Citaremos sólo dos de ellos: Miguel Cuenca Villarejo, *Diccionario de términos equívocos*, Madrid, Alhambra, 1989, y Robert J. Hill, *A Dictionary of False Friends*, Londres, Macmillan, 1982. Asimismo, los diferentes libros de estilo de agencias y periódicos contienen listas de los anglicismos más frecuentes y los modos de evitarlos. Por otra parte, acaba de aparecer una nueva y utilísima obra de Emilio Lorenzo, *Anglicismos hispánicos*, Madrid, Gredos, 1996, dedicada a los préstamos y los calcos del inglés, y con amplio catálogo con una pequeña explicación en cada una de las entradas. Otras obras importantes sobre el tema de los anglicismos han sido el *Diccionario de anglicismos* de Ricardo Alfaro (Madrid, Gredos, 1964, 2ª ed.) o los libros de Chris Pratt, *El anglicismo en el español peninsular contemporáneo*, Madrid, Gredos, 1981, y del propio Emilio Lorenzo, *El español de hoy, lengua en ebullición*, Madrid, Gredos, 1966.

que a pesar de su parecido morfológico con «ingenuidad», en inglés significa «ingenio, ingeniosidad».

La colocación de los labios es un problema que desafía una y otra vez la habilidad del embalsamador.

A veces el calco paronímico se produce porque, entre dos palabras emparentadas etimológicamente en castellano pero con una leve diferencia de significado, se elige la que no es pertinente. Es una confusión como la que, por ejemplo, se produce con cierta frecuencia entre «israelita» e «israelí». En la frase siguiente, el error surgió en relación con «*catalytic*» y la traducción automática «catalíticas».

Set in the contexts of various mediums, the dialogue provoked between objects within series and the interaction of series to series, plus the role of selected catalytic works should provide insight into the workings of Miró's creativity.

Situado en los contextos de diferentes medios, el diálogo entablado entre objetos dentro de las series y la interacción de las propias series, así como el papel de las obras catalizadoras seleccionadas, proporcionarán una clara perspectiva de los mecanismos de la creatividad de Miró.

Lo mismo ocurre con la palabra «*allegory*» en la siguiente frase, que se refiere a la interpretación abusiva que han sufrido algunas obras canónicas a lo largo de la historia.

It had happened, with classical allegory, in the case of the Homeric text, and it could not but have happened in the patristic and scholastic periods with the Scriptures, as in Jewish culture with the interpretation of the Torah.

Ha sucedido, con el alegorismo clásico, en el caso de los textos homéricos, y no podía dejar de ocurrir en los períodos patrístico y escolástico con las Escrituras, así como en la cultura judía con la interpretación de la Torá.

Es posible también que el error proceda del calco de la categoría gramatical. En el siguiente ejemplo, se tradujo «*Noah sacrificed*» por «Noé se sacrificó», es decir, un verbo por un verbo.

Noah sacrificed to God, who promised never again to curse the earth
on account of man or to kill every living creature.

En un trabajo con alumnos de traducción, el calco paronímico se
produjo porque una estudiante, al no encontrar un objeto directo en
la frase inglesa, dedujo que *«sacrifice»* debía utilizarse en la forma
pronominal. Una versión más aceptable es:

Noé ofreció un sacrificio a Dios, quien prometió no volver a maldecir
la tierra por culpa del hombre ni a matar otra vez a todos los seres
vivos.

Un caso más problemático de lo que habitualmente se cree es el
de las palabras *«billion»* y *«trillion»*, respecto a las cual suele
indicarse su diferente significado en el uso norteamericano (10^9, mil
millones; 10^{12}, un billón) y el uso británico (10^{12}, un billón; 10^{18}, un
trillón). Cuando el traductor encontraba una de estas palabras,
desconocía el origen del texto y el análisis semántico no le permitía
llegar a ninguna conclusión clara, solía buscar marcas ortográficas
que revelaran su procedencia. Sin embargo, a partir de los años setenta,
se ha ido unificando el uso británico con el uso norteamericano y,
aunque las antiguas acepciones siguen estando muy extendidas (sobre
todo, en el uso popular), es cada vez más frecuente encontrar en textos
británicos el uso estadounidense. Recientemente la Academia ha
admitido la voz «millardo» como equivalente de «mil millones».

Aprovecharemos este caso de divergencia en la norma del inglés de
Estados Unidos y Gran Bretaña para insistir, esta vez con ayuda de un
ejemplo, en el peligro que encierran para el traductor estas variaciones,
que pueden dar lugar a errores de consideración; sobre todo, si al
desconocimiento de la variación lingüística se añaden las prisas o la
falta de conocimientos enciclopédicos.[227] El siguiente ejemplo es un
caso claro que contiene la posibilidad de un error monumental.

This god, represented as a bearded man with a corn modius (measure)
on his head, was a conflation of Egyptian and Greek ideas which had

---

227. La primera vez que, en una traducción para un periódico, el autor de estas
líneas se encontró con la diferencia semántica de *«billion»*, estaba tan sumergido
en el «modo británico» que tradujo *«billions»* por «billones», sin atender al nivel
semántico ni percatarse de la magnitud del error, puesto que el texto hablaba de
la población mundial.

wide appeal and whose cult, under Rome, spread as far as Roman York.

La posibilidad de error procede aquí del posible desconocimiento del diferente significado de «*corn*» en inglés británico («trigo») y en inglés estadounidense («maíz»). La incongruencia, en un texto que habla de los siglos IV y III a.C., puede quedar oculta si el traductor (o el lector) desconoce el origen americano del maíz.

> Este dios, representado por un hombre barbado con un modio de trigo sobre la cabeza, supuso una fusión de ideas egipcias y griegas que gozó de gran aceptación, y su culto, bajo la dominación de Roma, se extendió hasta la ciudad de York.

Volviendo al tema del apartado, un tipo de calco incorrecto que abunda en las traducciones y que quizá merezca ser tratado de un modo especial es el calco ortográfico, que suele aparecer en la transcripción de antropónimos, topónimos y gentilicios. A menudo se copian irreflexivamente convenciones de transcripción de la lengua de partida que carecen de sentido en la lengua de llegada. Se trata de una de esa clase de problemas donde el traductor tiene que consultar varias fuentes, analizarlas críticamente y extraer conclusiones acerca de su grado de exhaustividad y fiabilidad.

En lo referente a los antropónimos,[228] el libro de estilo de *El País* proporciona una serie de pautas para nombres propios procedentes de diversos idiomas. La división fundamental es la que debe hacerse entre las lenguas que usan el alfabeto latino y las que no lo usan. En el primer caso, los nombres se transcriben igual, pero con las siguientes excepciones: a) personajes históricos y autores clásicos

---

228. Hacemos referencia aquí a los nombres propios de personas reales. En los casos de personajes ficticios, el contexto (es decir, las pautas del género en que se inscribe la obra, un aspecto especialmente influyente en las obras de literatura infantil y juvenil, y la relevancia connotativa del original) es el que tiene la última palabra en la decisión de traducir o no estos nombres. Un método propuesto por Peter Newmark en los casos en que el nombre propio está cargado de connotaciones en la lengua original (*Approaches to Translation*, p. 71; *A Textbook of Translation*, p. 215) es traducir la palabra latente a la lengua receptora y luego extranjerizarla. Y cita el caso de un personaje de *Resurrección* de Tolstói, Nabátov («alarma»), transformado en Alármov. De todos modos, este método quizá funcione mejor con otras combinaciones lingüísticas y no sea todo lo útil que puede ser en el trasvase del inglés al castellano.

que tienen una traducción tradicional; b) nombres de familias reales y de la nobleza; y c) nombres de papas y santos. En el segundo caso, el de los nombres procedentes de alfabetos no latinos, como el griego, el hebreo, el árabe, o el ruso, hay que emplear una transcripción castellana y evitar la transcripción fonética procedente de otro idioma. El caso del chino merece mención aparte, pues en este idioma se utiliza actualmente un sistema que unifica las transcripciones a todas las demás lenguas, el pinyin (de ahí la diferencia entre las formas tradicionales en castellano y las modernas: Mao Tse Tung, Mao Zedong).

Por lo que hace a los topónimos, los manuales de estilo suelen dar listas con algunos de los más problemáticos; como por ejemplo, en sus equivalentes en francés, inglés y castellano, Aix-la-Chapelle/ Aachen/Aquisgrán, Anvers/Antwerp/Amberes, Bâle/Basle/Basilea, Gênes/Genoa/Génova, Genève/Geneva/Ginebra o Livourne/Leghorn/ Livorno. El *Manual de español urgente* de la Agencia Efe distingue tres tipos de topónimos: a) nombres con una arraigada tradición en castellano (como los que se acaban de citar); b) nombres con una correspondencia castellana que ya no se utiliza, por haber caído en desuso o por motivos políticos (al estilo de Mastrique o Ceilán); y c) nombres sin correspondencia castellana que, si proceden de una lengua con alfabeto latino, se dejan igual y que, si proceden de otros alfabetos, se hispanizan.[229] El *Diccionario de usos y dudas del español actual* de José Martínez de Sousa contiene abundantes topónimos en diferentes lenguas. Este autor también aborda con cierta extensión el problema general de la transcripción de los nombres propios procedentes de otras lenguas en su *Diccionario de ortografía técnica*.

Por último, en relación con los gentilicios, la norma general que da Andrés Bello es derivarlos del latín; sin embargo, este consejo no resulta de mucha ayuda. En realidad, ni las gramáticas ni los libros de estilo suelen hablar mucho de este tema. Como mucho, ofrecen una breve lista de los más usuales. La mayúscula inicial, por supuesto, debe evitarse. La obra de referencia aquí, por desgracia pendiente todavía de reimpresión, es el *Diccionario de gentilicios y topónimos* de Daniel Santano y León (Paraninfo, 1981).

---

229. Un problema que se presenta aquí es averiguar cuál es la pronunciación correcta de un nombre en una lengua que desconocemos con el fin de colocar los acentos que en inglés no aparecerán. En tales ocasiones, sólo cabe el recurso a una obra de probada autoridad o a la ayuda de un conocedor de la lengua en cuestión.

Otro tipo de calco frecuente en obras traducidas del inglés es el calco tipográfico, que se produce cuando se trasladan a la lengua de llegada convenciones tipográficas que sólo rigen en la lengua de partida. Un ejemplo sería el mal uso de las mayúsculas iniciales en castellano debido a la influencia del inglés; por ejemplo, en los gentilicios. También se produce este tipo de calco cuando se copia la convención del inglés de utilizar las cursivas como muestra de énfasis. En la versión en castellano, esta cursiva desaparece (si se considera que la pérdida del rasgo es irrelevante) o debe compensarse con otros medios (como la alteración del orden sintáctico, la repetición de palabras o la expansión).

> *'How are you?'*
> *A pause. A sigh. 'I'm not sure. All right.'*
> 'Are *you* all right?'
>
> —¿Cómo se encuentra?
> Pausa. Suspiro.
> —No estoy seguro. Bien.
> —¿De verdad que se encuentra bien?

También podemos incluir dentro de esta categoría el calco de ciertos usos de las comillas. Una palabra entrecomillada es una palabra señalada, que el autor ha querido resaltar por alguna razón, y el traductor debe averiguar la razón de esa marca. A veces, este rasgo no puede trasladarse automáticamente de un sistema lingüístico a otro, con lo que las comillas pierden sentido. Es, pues, importante verificar que el énfasis, el distanciamiento, la ironía o la marca polifónica o intertextual sean también pertinentes en castellano. En el siguiente ejemplo, «*'new worlds'*» remite a la expresión «Nuevo Mundo», por lo que el uso de las comillas está intrínsecamente ligado a la anteposición del adjetivo en castellano, sin la cual éstas pierden todo sentido.

> *Of all the 'new worlds' investigated by spaceprobes in the past 25 years, Io is by far the strangest.*
>
> De todos los «nuevos mundos» investigados por las sondas espaciales en los últimos 25 años, Ío es, con mucho, el más extraño.

En la siguiente frase aparecen las comillas para señalar la distorsión de una expresión fijada y, en otro lugar, para subrayar la utilización de una palabra en una acepción arcaica.

*With more and more 'have nots' being born in a world of relatively few
'haves,' was it any wonder that the authorities were fearful and
tightened up restrictions upon public assemblies, pamphleteering,
'combinations' of workers and other potentially subversive activities?*

Con cada vez más pobres que nacían en un mundo con relativamente
pocos ricos, ¿era de extrañar que las autoridades temieran y restrin-
gieran las reuniones públicas, la difusión de panfletos, las «asociaciones» de obreros y otras actividades potencialmente subversivas?

La expresión *«the haves and the have-nots»*, que significa «los
ricos y los pobres», entró en el inglés a través de la traducción de la
frase de Sancho Panza: «Dos linajes solos hay en el mundo [...] que
son el tener y el no tener» *(Don Quijote*, II, 20). Se trata de una
expresión fijada, de modo que las comillas se utilizan para señalar
el atípico uso autónomo de los dos sustantivos; en castellano, por lo
tanto, deberían desaparecer. Las comillas de *«combinations»* apuntan hacia una acepción hoy desusada de la palabra, pero vigente a
finales del siglo XVIII y principios del XIX: las primeras agrupaciones
obreras (en un principio ilegales) encaminadas a la defensa de los
intereses de los trabajadores. En la versión castellana, se ha
utilizado un sinónimo de «sindicato», manteniendo las comillas para
señalar un uso especial y novedoso de la palabra.

Veremos, por último, el calco sintáctico o estructural, que es producto de una correspondencia errónea entre los elementos de una
locución, una construcción o una frase (*«in order to»*, «en orden a» en
lugar de «para»; *«to find guilty»*, «encontrar culpable» en lugar de «de-
clarar culpable»; la omisión de artículos; la construcción «estar siendo» + participio; la colocación del verbo al final de la oración).

Este tipo de calco es especialmente grave, pues constituye un
atentado contra la lengua en un nivel mucho más profundo que los
anteriores. El resultado es la creación, para utilizar la expresión de
Alan Duff,[230] de una tercera lengua, una suerte de mutante de piel
transparente que no deja de producir ciertos escalofríos. Las siguientes dos frases están extraídas de la publicidad de un famoso
diccionario inglés-castellano.

El test es que este diccionario representa la mayor o la total cobertura en una tópica conversación diaria en una gran variedad de

---

230. Alan Duff, *The Third Language*, Oxford/Nueva York, Pergamon Press, 1981.

situaciones, en lenguaje de novela contemporánea, de revistas y periódicos, etc.

La considerable cantidad de espacio salvado por excluir el tomo lexicográfico comparándolo con otros diccionarios está gratamente utilizado para expandir la cobertura de los usos más comunes de palabras.

Estos dos ejemplos comparten una misma característica: en ellos es evidente que, si bien las palabras con que están escritos son castellanas, no se puede decir lo mismo de todo lo demás, que es transparentemente inglés. La poca pertinencia de la elección léxica y de la estructuración sintáctica pone de manifiesto que nos encontramos ante la expresión de un pensamiento en una lengua que no es el castellano. Se trata, por supuesto, de un caso extremo porque es evidente que la lengua materna de la persona que llevó a cabo la traducción no era el castellano. Sin embargo, debe servirnos como recordatorio del esfuerzo que debe hacer el traductor para desembarazarse de modo suficiente de los patrones de la lengua de partida y llevar a cabo una reformulación aceptable según las pautas de la lengua de llegada.

La gran ventaja de este diccionario es que abarca toda o casi toda la gama de temas que pueden aparecer tanto en el habla cotidiana, en una gran variedad de situaciones, como en el lenguaje de la novela contemporánea, las revistas, los periódicos, etc.

Esta obra aprovecha el importante ahorro de espacio obtenido gracias a la reducción del número de entradas con respecto a otros diccionarios para ampliar el desarrollo de las acepciones más usuales.

Lo que suele ocurrir cuando se producen errores de este tipo es que, aunque el resultado de la interferencia se aleja de los patrones de la lengua de partida más que en los ejemplos que acabamos de citar, la reformulación sigue poniendo de manifiesto un uso chapucero, incoherente y contradictorio de los recursos léxicos, sintácticos y estilísticos de la lengua materna. El resultado también es inaceptable. Es posible que a ello se añada una lectura defectuosa o apresurada del original, con la consiguiente aparición de errores referenciales y semánticos que no han sido detectados en la revisión de la traducción.

252   Manual de Traducción Inglés-Castellano

La piedra arenisca adherida a ambos lados formaba un pasadizo apenas más ancho que mis hombros, pero que se encontraba a 35 metros de la cima.

se llegaron a utilizar hasta setenta millones de piezas de arenisca y treinta mil toneladas de roca que había que arrastrar 15 kilómetros

El interés que nuevamente se ha despertado por las plantas medicinales ha traído consigo una erupción de nuevos libros

cabe esperar que se descubra toda una retahíla de sustancias químicas

Sin necesidad de presentar tampoco aquí las versiones originales, vemos que, en la primera frase, parece como si el pasadizo existente en la pared de piedra arenisca estuviera a 35 metros de la cima, cuando en realidad la distancia se refiere a su longitud; en la segunda, el tiempo del segundo verbo no concuerda con el del primero («llegaron a utilizarse [...] que hubo»); en la tercera, la palabra «erupción» no es la más adecuada en ese contexto; como tampoco, en la cuarta, la palabra «retahíla».

Igualmente en las siguientes tres versiones de un mismo fragmento, que corresponde al inicio de un artículo de divulgación científica, es posible apreciar la utilización de «altitud» por «altura» y un símbolo incorrecto para «kilómetros» (el correcto es «km»),[231] una redacción deficiente («ascienden [...] cabezas») y una mala elección de la persona del verbo en imperativo:

Imaginen un mundo donde las erupciones volcánicas alcanzan 300 Kms de altitud

Imagínese un mundo donde las erupciones volcánicas ascienden a una altura de 300 km sobre nuestras cabezas

Imagina un mundo donde las erupciones volcánicas se elevan 300 Kms de alto

Una redacción más aceptable de este inicio podría ser la siguiente:

---

231. Para las abreviaturas y los símbolos más usuales, pueden verse el *Diccionario de dudas y dificultades de la lengua española* de Manuel Seco o alguna obra de José Martínez de Sousa, como el *Diccionario de redacción y estilo*, Madrid, Pirámide, 1993, o el *Diccionario de ortografía técnica*, Madrid, Pirámide, 1987.

Imaginemos un mundo donde las erupciones volcánicas alcanzan una altura de 300 kilómetros

Este fenómeno puede ocurrir por dos razones. La primera razón es la falta de preparación del traductor. En este caso, una parte importante de la responsabilidad recae sobre él, por aceptar un trabajo que está más allá de sus capacidades, pero otra parte recae sobre el editor, su representante o la persona que haya encargado la traducción (el «iniciador», según Nord) por encargársela y darla por buena sin someterla a una revisión meticulosa a cargo de una persona competente en la materia —tanto en la elección desafortunada del traductor como en la ausencia de corrección posterior pueden intervenir razones económicas—. Aquí entra en juego, además, la extendida creencia —extendida entre quienes poseen un conocimiento superficial de lo que significa traducir— según la cual conocer una lengua extranjera implica saber traducirla.

La segunda razón de una ejecución defectuosa por parte del traductor es la falta de tiempo, un factor que suele condicionar demasiadas veces la realización de los trabajos. Esta falta de tiempo puede llegar a ser acuciante, como ocurre con frecuencia en el trabajo para agencias o periódicos y, en ocasiones, en el trabajo con editoriales.

Además de las exigencias del cliente, otro factor que puede explicar en ocasiones una ejecución apresurada es el económico. Desde mediados de 1994 a mediados de 1996, las tarifas editoriales habituales para la mayor parte de las traducciones de libros han estado situadas entre las 1.000 y las 1.500 pesetas, de lo cual resulta que una tarifa media para las traducciones editoriales del inglés al castellano ha sido en este bieno de 1.250 pesetas brutas por la página de 2.100 caracteres (incluyendo copia en disquete y en papel). Es difícil generalizar acerca de la cantidad de tiempo que el traductor profesional necesita para dejar una página en unas condiciones mínimas de aceptabilidad. Los problemas son muy diferentes y varían muchísimo de un texto a otro; sin embargo, no parece aventurado afirmar que, ante una obra de dificultad media, un traductor tarda, entre la lectura previa, la fase de escritura y las posteriores correcciones (pantalla, papel y, muchas veces, galeradas), como mínimo —y es una estimación bastante baja— tres cuartos de hora (y, posiblemente, una hora) en dar por buena una página de traducción que no presente demasiados problemas.

Quizá se considere poco apropiado o extemporáneo hablar de estos temas en un manual de traducción, pero lo cierto es que la gran masa de las obras traducidas se traducen siguiendo los criterios de la industria, que son, en última instancia, económicos. En realidad, el traductor profesional no suele plantearse el tiempo que tarda en escribir una página de traducción —prefiere no hacerlo—, lo que sí sabe es que tiene que producir un mínimo de 50 páginas semanales, al margen de la cantidad de horas que tenga que dedicar a ello. El resultado es que, además de ser muchas veces un destajista, el traductor se ve convertido, de hecho, en un estajanovista, pero sin los incentivos de una mayor remuneración o de otras posibles ventajas; es decir, acaba siendo un «destajanovista». Seguramente son contados los casos de profesiones en que sea tan grande el abismo entre la importancia social y cultural de la labor realizada y el grado de reconocimiento (de cualquier tipo) recibido por ella.

Con esto no pretendemos excusar la existencia de errores en las traducciones ni justificar la presencia de ese híbrido que es la tercera lengua, sino intentar que se tomen en cuenta factores que no suelen considerarse en la valoración de las traducciones y repartir las responsabilidades entre todos los actores que intervienen en el proceso de una traducción. El traductor profesional hace lo que puede y, en el mejor de los casos, no hay que olvidar, como dice Duff, que es

> a traveller, moving constantly back and forth from one world to another, and like all travellers, he is exposed to fatigue, 'jet-lag', and confusion at having to switch perpetually from one reality to another.[232]

Y para compensar esos desfallecimientos y ayudarlo a incorporarse en sus caídas debería existir siempre la figura tutelar del corrector de estilo profesional, una figura que, por desgracia, parece en vías de desaparición.[233]

---

232. Alan Duff, *The Third Language*, Oxford/Nueva York, Pergamon Press, 1981, pp. 121-122.
233. Esta ausencia convierte en aún más irracional en términos económicos el comportamiento del traductor, puesto que muchas editoriales incluyen en su tarifa la corrección de unas galeradas. Es cierto que el traductor profesional es muchas veces el primer interesado en tener acceso a las posibles correcciones efectuadas en su trabajo; de hecho, consideramos que la revisión de la corrección de estilo es algo imprescindible: por un lado, porque le sirve para darse cuenta de sus errores y descubrir posibles vicios de expresión de los que puede no ser consciente y, por otro, para pulir la traducción y supervisar la labor del corrector, que, con cierta frecuencia, identifica un error pero no da tampoco con una solución plenamente satisfactoria.

Traducción literal

Según Vinay y Darbelnet, es el trasvase palabra por palabra de una lengua a otra respetando las servidumbres lingüísticas de la lengua de llegada:

> La traducción literal o palabra por palabra designa el paso de la lengua de partida a la lengua de llegada que da lugar a un texto que es al mismo tiempo correcto e idiomático, sin que el traductor haya tenido que preocuparse más que de las servidumbres idiomáticas.[234]

Otros autores han diferenciado claramente la traducción literal de la traducción palabra por palabra o interlineal. Las posibilidades de lograr un grado aceptable de corrección traduciendo palabra por palabra aumentan en proporción directa al grado de similitud entre las lenguas. En la traducción del inglés al castellano son contadas las ocasiones en que esta clase de traducción tiene resultados aceptables; sin embargo, realizando pequeños ajustes (traducción literal), muchas veces se logran elevados niveles de aceptabilidad.

Following a substantial deterioration of budgetary positions in 1991, due mainly to the slow-down in growth and the German unification, a stabilisation of the situation is forecasted for 1992 and 1993.

Tras un sustancial deterioro de las situaciones presupuestarias en 1991, debido principalmente a la disminución del crecimiento y la unificación alemana, se prevé una estabilización de la situación para 1992 y 1993.

Los cambios han sido mínimos: básicamente, un cambio de categoría gramatical (*«following»*), la introducción de artículos y el cambio de orden en dos adjetivos y el verbo, que también pierde la voz pasiva. También se ha traducido *«positions»* por «situaciones», que es lo adecuado en este contexto. El resultado es una versión aceptable, que tiene casi el mismo número de palabras que el

---

234. Jean-Paul Vinay y Jean Darbelnet, *Stylistique comparée du français et de l'anglais*, París, Didier, 1977, ed. rev. y corr., p. 48: «La traduction littérale ou mot à mot désigne le passage de LD à LA aboutissant à un texte à la fois correct et idiomatique sans que le traducteur ait eu à se soucier d'autre chose que des servitudes idiomatiques».

original inglés (32/31), algo inusual pues la proporción suele oscilar entre un 15 y un 25 por ciento más en favor del castellano.

Rainforests around the world have already given the developed world many important medicines from curare, pilocarpine, quinine, steroids to anticancer drugs. In the forests, however, local peoples, shamans and tribes use a vast number of plants to treat their ailments. Because 50 per cent of the world's plant species grow in the rainforests, we can expect to discover an array of chemicals with many different uses.

Las selvas tropicales de todo el mundo han proporcionado ya al mundo desarrollado muchos medicamentos importantes, desde el curare, la pilocarpina, la quinina y los esteroides hasta los fármacos anticancerosos. Sin embargo, en las selvas, los indígenas, los chamanes y las tribus utilizan una gran cantidad de plantas para tratar sus enfermedades. Dado que el 50 por ciento de las especies vegetales del mundo crece en las selvas tropicales, cabe esperar que descubramos un arsenal de sustancias químicas con muchos usos diferentes.

Las variaciones aquí también son muy pequeñas: la introducción de palabras funcionales (principalmente, artículos), la omisión de un pronombre personal inglés y unos pocos cambios de orden obligados, además de traducir *«plant species»* por «especies vegetales», *«we can expect to discover»* por «cabe esperar que descubramos» y *«array of chemicals»* por «un arsenal de sustancias químicas». La traducción castellana tiene 82 palabras frente a las 66 inglesas: una proporción normal de un 20 por ciento más en el castellano.

Es evidente que no siempre sucede esto, como lo demuestra el siguiente fragmento:

After Mrs Brontë died, Mr Brontë made three attempts to remarry. First, he approached hospitable Miss Elizabeth Firth of Kipping House, Thornton, an orphan in command of her own fortune who was twenty years younger than himself. Miss Firth declined the offer, but remained gracious to Mr Brontë after her marriage in 1824 to Revd Franks (Vicar of Huddersfield). Mr Brontë was again ambitious when he approached Isabelle Dury, the Rector of Keighley's sister.

Tras la muerte de su mujer, el señor Brontë hizo tres intentos de volver a casarse. Primero, se declaró a la hospitalaria señorita Elizabeth Firth de Kipping House, Thornton, una huérfana dueña de su propia fortuna y veinte años más joven que él. La señorita Firth declinó la oferta, pero mantuvo su relación de amistad con el señor Brontë tras casarse en 1824 con el reverendo Franks (vicario de Huddersfield). El señor Brontë concibió de nuevo esperanzas al declararse a Isabelle Dury, hermana del rector de Keighley.

De nuevo el castellano tiene aproximadamente un 20 por ciento más de palabras. Las modificaciones para llegar a una versión aceptable han sido aquí mucho más importantes: no sólo la introducción de artículos y los habituales cambios en el orden de la frase, sino también cambios de categoría gramatical, de punto de vista, elisiones, ampliaciones, condensaciones, etcétera.

Vinay y Darbelnet identificaron cinco motivos por los que la traducción literal puede resultar inaceptable: a) por producirse un cambio de sentido («*it's all Greek to me*», «me suena a chino»; «*to have green fingers*», «tener buena mano para las plantas»), b) por no obtenerse ningún sentido («*red herring*», no un «arenque rojo», sino una «pista falsa»; «*to go Dutch*», no «volverse holandés», sino «ir a escote»), c) por no ser posible debido a razones estructurales («*she ran out screaming*», «salió corriendo y gritando»), d) por una falta de correspondencia metalingüística («*rubbish!*», «¡no digas tonterías!») y e) por darse, a pesar de existir una correspondencia, un cambio en el registro de lengua («*sister-in-law*», más «cuñada», que «hermana política»).[235] A ellos Henri van Hoof ha añadido un sexto motivo: f) por imposibilidad fónica («*What do you know about nitrates? They are cheaper than day rates!*»).[236]

Ahora bien, como norma general a quienes se inician en la traducción cabría recomendar que se intentara realizar una traducción literal y luego que se efectuaran los ajustes correspondientes si el texto resultante no funciona, ya sea por motivos lingüísticos o extralingüísticos, o si el texto de partida está mal escrito. Se trataría de seguir un criterio de economía, al estilo de la famosa «navaja de Occam», y no multiplicar de modo innecesario las modificaciones. En realidad, ésta es la cuestión más importante a la que se enfren-

---

235. Jean-Paul Vinay y Jean Darbelnet, *Stylistique comparée du français et de l'anglais*, París, Didier, 1977, ed. rev. y corr., p. 49.
236. Henri van Hoof, *Traduire l'Anglais*, París/Lovaina, Duculot, 1989, pp. 103-104. En casos como éste, en que el propio lenguaje se convierte en objeto de juego lingüístico, el traductor tiene que decidir qué es lo más importante y actuar en consecuencia. Aquí, por ejemplo, si hubiera que mantener el juego, cabría preguntarse si, en función del contexto, el juego de palabras debería referirse a los nitratos, a las tarifas telefónicas o podría hacer alusión a cualquier otra cosa.

tan quienes comienzan a traducir: ¿cuándo alejarse del texto y cuándo no?

Muchas veces tiende a fomentarse de modo más o menos general el alejamiento del texto original de acuerdo con la idea de que lo importante es la transmisión de «lo que dice el texto». Como escribe Peter Newmark:

the present excessive emphasis in linguistics on discourse analysis is resulting in the corresponding idea in translation theory [...] that almost any deviation from literal translation can be justified in any place by appealing to the text as an overriding authority.[237]

A esta tendencia se une el deseo por parte del traductor de imprimir a la obra que traduce su «toque personal». Se comprende así el exabrupto de Milan Kundera:

La necesidad de emplear otra palabra en lugar de la más evidente, de la más simple, de la más neutra (estar — hundirse; ir — caminar; pasar — hurgar) podría llamarse reflejo de sinonimización — reflejo de casi todos los traductores. Tener una gran reserva de sinónimos forma parte del virtuosismo del «gran estilo»; si en el mismo párrafo del texto original aparece dos veces la palabra «tristeza», el traductor, ofuscado por la repetición (considerada un atentado contra la elegancia estilística obligada), sentirá la tentación, la segunda vez, de traducirla por «melancolía». Hay más: esta necesidad de sinonimización se ha incrustado tan hondamente en el alma del traductor que elegirá enseguida un sinónimo; traducirá «melancolía» si en el texto original hay «tristeza», traducirá «tristeza» allí donde hay «melancolía».

Admitamos sin ironía alguna: la situación del traductor es extremadamente delicada: debe ser fiel al autor y al mismo tiempo seguir siendo él mismo: ¿cómo hacerlo? Quiere (consciente o inconscientemente) conferir al texto su propia creatividad; como para darse valor, elige una palabra que aparentemente no traiciona al autor pero que, no obstante, es de su propia cosecha. [...] Esta práctica sinonimizadora parece inocente, pero su carácter sistemático embota inevitablemente el pensamiento original.[238]

237. Peter Newmark, A. *Textbook of Translation*, Nueva York/Londres, Prentice Hall, 1988, p. 68.

238. Milan Kundera, *Los testamentos traicionados*, trad. Beatriz de Moura, Barcelona, Tusquets, 1994, p. 116.

No es difícil compartir la indignación de Kundera (quien, por otro lado, se refiere exclusivamente a la traducción de obras literarias); sin embargo, también es cierto que el valor de la repetición es diferente en inglés y en castellano y que el inglés es, estructuralmente, mucho más permisivo sobre esta cuestión. Por ello quizá sean útiles formulaciones como las de Louis G. Kelly o Peter Newmark, comentadas en el capítulo 7. Para Kelly, como hemos visto, el traductor juzga ante el texto cuál es su responsabilidad y adopta una posición dentro de una estructura de autoridad: o bien decide conservar la autonomía y el poder de decisión o bien decide aceptar modelos formales de obligación: «Thus, depending on the type of authority his text exercises over the translator, fidelity will mean either collaboration or servitude».[239] Y, para Newmark, el grado de literalidad de la traducción debe ser directamente proporcional a la importancia del lenguaje del original: cuanta mayor autoridad se confiera al original (es decir, más valioso o pertinente sea, mejor escrito esté), con mayor precisión deberá ser traducido.[240] En ambos autores encontramos la idea de una valoración por parte del traductor y de una escala de autoridad en la que éste sitúa su relación con el texto que debe traducir.

Una noción importante aquí es la de respeto (o la de cortesía, como dice George Steiner): el traductor tiene que saber a quién tiene entre sus manos y comportarse con toda la educación que la ocasión exija.

Se ha hablado mucho de la relación entre forma y contenido y del peso de los elementos formales y no formales en la valoración que (consciente o inconscientemente) hace el traductor. Sin entrar a discutir si los dos conceptos son separables con la facilidad con la que algunos autores parecen hacerlo, quizá podría convenirse, de modo menos problemático, siguiendo a Newmark, en que, cuanto más serio o importante sea un texto, cuanto más pensado o mejor escrito esté, más poderosa se vuelve esa unidad y, por lo tanto, más cuidadoso deberá ser con ella el traductor. La siguiente cita, procedente del inicio de la novela *Midnight's Children* de Salman Rushdie, permite poner de manifiesto la perspicacia y la sensibilidad de un traductor, en este caso Miguel Sáenz:

---

239. Louis G. Kelly, *The True Interpreter*, Oxford, Basil Blackwell, 1979, pp. 206-207.

240. Peter Newmark, *Paragraphs on Translation*, Clevedon, Multilingual Matters, 1993, pp. 36-39.

I was born in the city of Bombay ... once upon a time. No, that
won't do, there's no getting away from the date: I was born in Doctor
Narlikar's Nursing Home on August 15th, 1947. And the time? The
time matters, too. Well then: at night. No, it's important to be more
... On the stroke of midnight, as a matter of fact. Clock-hands joined
palms in respectful greeting as I came. Oh, spell it out, spell it out:
at the precise instant of India's arrival at independence, I tumbled
forth into the world. There were gasps. And, outside the window,
fire-works and crowds. A few seconds later, my father broke his big
toe; but his accident was a mere trifle when set beside what had
befallen me in that benighted moment, because thanks to the occult
tyrannies of those blanding saluting clocks I had been mysteriously
hand-cuffed to history, my destinies indissolubly chained to those of
my country.

Nací en la ciudad de Bombay... hace mucho tiempo. No, no vale,
no se puede esquivar la fecha: nací en la Clínica Particular del Dr.
Narlikar el 15 de agosto de 1947. ¿Y la hora? La hora es también
importante. Bueno, pues de noche. No, hay que ser más... Al dar la
medianoche, para ser exactos. Las manecillas del reloj juntaron sus
palmas en respetuoso saludo cuando yo llegué. Vamos, explícate,
explícate: en el momento mismo en que la India alcanzaba su
independencia, yo entré dando tumbos en el mundo. Hubo boqueadas
de asombro. Y, al otro lado de la ventana, cohetes y multitudes.
Unos segundos más tarde, mi padre se rompió el dedo gordo del pie,
pero su accidente fue una simple bagatela comparado con lo que
había caído sobre mí en ese momento tenebroso, porque, gracias a
la oculta tiranía de aquellos relojes que saludaban con suavidad,
había quedado misteriosamente maniatado a la Historia, y mi
destino indisolublemente encadenado al de mi país.

Una palabra central en este fragmento es «*hand*», con las ideas
asociadas de saludo, bienvenida, nacimiento. El castellano, por
fortuna, permite aplicarla también a los relojes («Las manecillas
del reloj juntaron sus palmas»). La palabra vuelve a aparecer al
final de la cita («*hand-cuffed to history*»), en un contexto que
constituye un poderoso contrapunto a las connotaciones iniciales.
Una lectura apresurada habría optado por «esposado a la Historia», con lo que se habría perdido la referencia anafórica. Sin
embargo, en la traducción castellana, la sutileza del traductor
consigue mantener ese efecto de eco recurriendo a la raíz misma de
la palabra. (Y responde con su práctica a la exigencia de una
literalidad máxima para transmitir un rasgo —de sentido— que ha
juzgado pertinente.)

Ahora bien, el traductor profesional, sobre todo si trabaja para agencias o si se enfrenta a cierto tipo de literatura poco exigente con los parámetros formales, encuentra con frecuencia textos originales que dejan mucho que desear en cuanto a su nivel de corrección. Lo que tiene delante en estos casos es una contradicción entre la intención del texto y sus medios expresivos. En realidad, hay en esos casos un modelo invisible de formalidad, aceptado por la comunidad de lectores, que el original no logra seguir —o, como mínimo, que es más laxo para los lectores originales—, y es, en última instancia, a las convenciones que rigen los modos de lectura de los receptores de la traducción a las que debe remitirse el traductor.

Este fenómeno es especialmente patente en la traducción de la literatura popular, un subgénero de grandes ventas y escaso cuidado formal, donde el traductor debe actuar en gran medida como colaborador del autor si quiere volver a conseguir un nuevo encargo de la editorial.

Transposición

La transposición consiste en la modificación de la categoría gramatical de una parte de la oración sin que se produzca ninguna modificación del sentido general. Según Vinay y Darbelnet: «Denominamos así al procedimiento que consiste en sustituir una parte del discurso por otra, sin cambiar el sentido del mensaje».[241] Es lo que ocurre, por ejemplo, cuando se traduce *«after she left»* por «tras su partida» o *«out of order»* por «no funciona».

La transposición puede ser obligatoria, exigida por las servidumbres de la lengua, o facultativa, resultado de una elección estilística por parte del traductor. Las obras de referencia suelen contener listas de las transposiciones más frecuentes.[242] En lugar de ofrecer

---

241. Jean-Paul Vinay y Jean Darbelnet, *Stylistique comparée du français et de l'anglais*, París, Didier, 1977, ed. rev. y corr., p. 50: «Nous appelons ainsi le procédé qui consiste à remplacer une partie du discours par une autre, sans changer le sens du message».

242. Véase, por ejemplo, Gerardo Vázquez-Ayora, *Introducción a la traductología*, Washington (D.C.), Georgetown University Press, 1977, pp. 266-289.

un catálogo que sería necesariamente incompleto debido a la imposibilidad de abarcar toda la riqueza de la multiplicidad discursiva, presentamos a continuación, como venimos haciendo, una serie de ejemplos comentados.

> *Two hundred years ago, as the eighteenth century was drawing to a close, observers of social and political trends in Europe were deeply troubled. A revolutionary tide, which had first surged in France in 1789, was spreading to neighboring states, bringing down regimes from Italy to the Netherlands.*

Hace doscientos años, en las postrimerías del siglo XVIII, los observadores de las corrientes sociales y políticas de Europa estaban muy preocupados. Una marea revolucionaria, surgida por primera vez en Francia en 1789, se extendía por los Estados vecinos y derribaba regímenes desde Italia hasta los Países Bajos.

La primera transposición, un adverbio («*ago*») por un verbo («hace»), no es obligatoria, puesto que en castellano también es posible un adverbio («atrás»), pero se ha preferido el cambio por razones estilísticas. Lo mismo ocurre con la segunda transposición: «*as the eighteenth century was drawing to a close*», una oración adverbial, se transforma en un complemento circunstancial, «en las postrimerías del siglo XVIII», más conciso y claro. Además, se ha evitado el adverbio en «-mente» (*deeply*») con otro adverbio («muy»). En la segunda frase aparece de nuevo otra transposición: una oración de relativo («*which had first surged...*») pasa a ser una oración de participio («surgida por primera vez...»). El aspecto imperfectivo (el énfasis en el proceso más que en el estado), que en inglés viene marcado por la perífrasis verbal durativa (*«was spreading»*), se transmite aquí con el imperfecto.

El siguiente ejemplo muestra la frecuencia con que se aplica este procedimiento. Son cinco transposiciones en sólo dos frases.

> *I once read somewhere that one sure thing about the future is that it cannot be predicted – or something like that. Thirty years ago, anyone predicting that my country, the former British Central African colony of Njoiland, would come into much wealth would have been laughed at.*

Leí una vez en algún sitio que lo único seguro acerca del futuro es que no puede predecirse, o algo parecido. Quien hubiera predicho hace treinta años que mi país, la antigua colonia centroafricana británica de Njoiland, se enriquecería habría sido el hazmerreír de todos.

Volvemos a encontrar aquí la transposición del «*ago*» («hace»).
Otra transposición (obligada) es la de «*like that*» (preposición +
pronombre) por «parecido» (adjetivo). Otras opciones posibles ha-
brían sido «algo así», «algo por el estilo», «semejante» o «similar»,
aunque estos dos últimos adjetivos elevaban ligeramente el registro. Una transposición obligada muy frecuente es la del gerundio,
que en este caso se ha convertido en un verbo conjugado («*predicting*»,
«hubiera predicho»). La siguiente transposición («*would come into
much wealth*», «se enriquecería») incluye una reducción, pues el
grupo, que contiene un verbo y un sustantivo, se convierte en un
verbo formado a partir del sustantivo. Por último, la modificación
necesaria de «*would have been laughed at*» ha dado lugar a «habría
sido el hazmerreír de todos», que implica la transformación de un
participio en un sintagma nominal.

> *But this pattern of thought deviating from the standard of Greek and
> Latin rationalism would be incomplete if we were to fail to consider
> another phenomenon taking shape during the same period of history.
> Dazzled by lightning visions while feeling his way around in the dark,
> second-century man developed a neurotic awareness of his own role in
> an incomprehensible world.*

Sin embargo, este modelo de pensamiento que se desvía del patrón
del racionalismo griego y latino estaría incompleto si no considerá-
ramos otro fenómeno que cobra forma durante el mismo período
histórico. Cegado por visiones fulgurantes mientras tanteaba en la
oscuridad, el hombre del siglo II desarrolló una conciencia neurótica
de su papel en un mundo incomprensible.

Tenemos en estas dos frases tres ejemplos: dos gerundios se han
transformado en la traducción en sendas oraciones de relativo
(«*deviating*», «que se desvía»; «*taking shape*», «que cobra forma») y el
tercero («*feeling*») en un verbo en imperfecto («tanteaba»). Otra
transposición, optativa, es la que modifica «*history*» en un adjetivo
(«histórico»). Hay además dos condensaciones: una relacionada con
una perífrasis verbal («*we were to fail to consider*», «no considerára-
mos»), y otra, con una expresión («*feeling his way around in the
dark*», «tanteaba en la oscuridad»).
De la transposición del gerundio dice Peter Newmark,[243] con

---

243. Peter Newmark, *A Textbook of Translation*, Nueva York/Londres, Prentice
Hall, 1988, p. 85.

razón, que es la más descuidada de todas. Un espacio especialmente proclive a un empleo desafortunado del gerundio por interferencia del inglés es el de los títulos, ya sea de obras, capítulos o epígrafes. Es frecuente encontrar desaguisados del estilo: «Inicializando el ordenador» o «Rompiendo el hielo». En estos casos es preferible la utilización de un sustantivo o de una paráfrasis (*«Preparing for the Twenty-First Century»*, «Hacia el siglo XXI»).

Al catálogo de usos desafortunados del gerundio debe añadirse, en castellano, el llamado gerundio de posterioridad («las tropas asaltaron la ciudad rindiéndose los habitantes»), que es una forma sobre cuya incorrección insisten todas las gramáticas.

Un caso especial de transposición es la transposición cruzada, en la que se produce una permutación de las categorías gramaticales de dos elementos. En *«the idea was incoherently delightful»*, «la idea era deliciosamente descabellada», adjetivo y adverbio intercambian sus papeles.

Se trata de un tipo de transposición que se presenta con bastante frecuencia, puesto que el inglés suele seguir en la descripción el orden de las imágenes (*«he headed away the ball»*), mientras que el castellano presenta primero el resultado de la acción y luego los medios para llevarla a cabo («desvió la pelota con la cabeza»). La estructura inglesa verbo más partícula facilita enormemente este tipo de presentación de la realidad. Esta transposición se hace especialmente necesaria ante verbos de movimiento. En castellano, la partícula deberá transformarse en verbo y el verbo en complemento. Aunque a veces puede suceder que la transposición quede incompleta por sobreentenderse el segundo elemento (*«The dolphin swam across the pool»*, «el delfín cruzó la piscina»). El siguiente ejemplo pertenece a la traducción de María Luisa Balseiro de la obra *My Family and Other Animals* de Gerald Durrell.

> *He uttered a roar of fright that made Lugaretzia drop a plate and brought Roger out from beneath the table, barking wildly. With a flick of his hand he sent the unfortunate scorpion flying down the table, and she landed midway between Margo and Leslie, scattering babies like confetti as she thumped on the cloth. Thoroughly enraged at this treatment, the creature sped towards Leslie, her sting quivering with emotion. Leslie leapt to his feet, overturning his chair, and flicked out desperately with his napkin, sending the scorpion rolling across the cloth towards Margo, who promptly let out a scream that any railway engine would have been proud to produce.*

Larry lanzó un rugido de pavor que hizo que Lugaretzia dejara caer un plato y que Roger saliera como un rayo de debajo de la mesa, ladrando ferozmente. De un manotazo envió al desdichado animal de cabeza a la mesa, donde aterrizó entre Margo y Leslie, esparciendo bebés cual confeti al estrellarse contra el mantel. Ciega de ira ante semejante trato, la criatura se lanzó hacia Leslie, con el aguijón temblando de furia. Leslie se puso de pie de un salto, volcó la silla y empezó a descargar servilletazos a diestro y siniestro, uno de los cuales mandó al escorpión rodando por el mantel en dirección a Margo, quien prestamente dio un alarido que cualquier locomotora se habría sentido orgullosa de producir.

El pasaje abunda en transposiciones y otros cambios. La primera es la del pronombre por el sustantivo («*He uttered*», «Larry lanzó»). Suele ser una transposición obligada cuando hay diversos personajes y se quiere dejar claro el sujeto de la oración; de otro modo, la forma usual de evitar la construcción sujeto pronominal más verbo es, como en el caso de la frase siguiente, la omisión del pronombre, redundante en castellano. La transformación que ha sufrido «*brought out*» («saliera») podría considerarse una transposición cruzada incompleta. La traductora ha aprovechado el verbo anterior («hizo») para construir una subordinada transformando la preposición («*out*») en un verbo («saliera»), que ha intensificado con el añadido de «como un rayo». A continuación encontramos una reducción («*With a flick of his hand*», «De un manotazo») y otra transposición («*flying down*», «de cabeza»), en la que la carga semántica de la preposición se transmite mediante el sintagma «de cabeza» y «*flying*» queda sobreentendido e incluido en el verbo «envió». Debe observarse el acertado cambio estilístico de «*scorpion*» por «animal» (una sinécdoque): es más fácil que nos sintamos conmovidos por un «desdichado animal» que por un «desdichado escorpión». La traducción de «*thumped on the cloth*» por «estrellarse contra el mantel» contribuye a intensificar el pasaje. Otro acierto es la transposición doble de «*Thoroughly enraged*» (adverbio + adjetivo) por «Ciega de ira» (sustantivo + sustantivo). El siguiente cambio es una transposición cruzada: «*leapt*» por «de un salto» y «*to his feet*» por «se puso de pie». El gerundio («*overturning*») se ha evitado por medio de un indefinido («volcó»), otra transposición (aunque, en realidad, no hay cambio estricto de categoría morfológica, el verbo pasa de una forma impersonal a una personal). Los siguientes cambios son un verbo preposicional («*flicked out*») por una perífrasis verbal («empezó a descargar»), que también implica un cambio en el aspecto verbal;

una metonimia (de «*with a napkin*» en «servilletazos») y el cambio del adverbio («*desperately*») por la expresión («a diestro y siniestro»). El gerundio de posterioridad («*sending*») se ha evitado con una última transposición, que lo ha convertido en un verbo conjugado («mandó») unido a la oración anterior por un pronombre relativo.

Modulación

La modulación, tal como la definen Vinay y Darbelnet, consiste en «una variación del mensaje, obtenida por medio de un cambio en el punto de vista, en la perspectiva».[244] También se ha definido como una transposición en el plano del mensaje, en la medida en que opera con categorías de pensamiento en lugar de hacerlo con categorías gramaticales.[245] Si en los apartados anteriores las dificultades en la traducción se producían por las diferencias estructurales entre los dos sistemas lingüísticos en contacto, aquí se suman a ellas unas dificultades de carácter más amplio, derivadas de las características específicas de tipo lingüístico y cultural.

Como en el caso de los otros procedimientos, la modulación puede ser obligada u optativa y revestir una multitud de formas. A continuación, presentamos las más frecuentes, clasificadas en siete categorías.

1) En algunos casos se establece una transferencia metonímica, puesto que el vínculo entre el original y la traducción implica una relación de contigüidad espacial, temporal o causal. («*Puzzle*», «rompecabezas»; «*to pull one's leg*», «tomar el pelo [a alguien]».)

2) En otras, el cambio constituiría una sinécdoque, puesto que la relación sería de inclusión, al ser uno de los miembros de mayor extensión que el otro. Esta transformación es especialmente frecuente por la particularidad del inglés de construir descripciones más directas, concretas y tangibles de la realidad. («*Raw materials*», «materias primas»; «*moon blindness*», «ceguera nocturna»; «*from*

---

244. Jean-Paul Vinay y Jean Darbelnet, *Stylistique comparée du français et de l'anglais*, París, Didier, 1977, ed. rev. y corr., p. 51: «une variation dans le message, obtenue en changeant de point de vue, d'éclairage».
245. Henri van Hoof, *Traduire l'anglais*, París/Lovaina, Duculot, 1989, p. 126.

head to toe», «de los pies a la cabeza»; «*the decision-making machinery*», «el mecanismo de la toma de decisiones».)

3) Asimismo, puede producirse una inversión de términos, en la que uno de ellos se convierte en su opuesto. («*Health insurance*», «seguro de enfermedad»; «*to stand in one's light*», «hacerle sombra [a alguien]»; «*it's beyond price*», «no tiene precio»; «*positive action*», «discriminación positiva».)

4) Otra posibilidad es la conversión de una doble negación en una afirmación (o viceversa). Ya se ha hablado en el capítulo 3 de la preferencia del inglés por la atenuación (lítotes). La versión con la doble negación es, en principio, menos rotunda; por ello, cuando la modulación no sea obligatoria, su conveniencia dependerá del contexto. Debe utilizarse cuando exista un vacío léxico o cuando la traducción suene forzada. («*It seems not unlikely*», «es muy probable»; «*I'd like you to keep it quiet*», «me gustaría que no dijeras nada».)

5) Otra modulación muy usual es el cambio de voz pasiva en activa. La predilección del inglés por el uso de la voz pasiva y la tendencia del castellano a evitarla se han comentado en el capítulo 5. («*You are wanted on the phone*», «le llaman al teléfono»; «*the meeting was held*», «la reunión se celebró»; «*she went to the corrida to be given tragic sensations*», «fue a la corrida para experimentar sensaciones trágicas»; «*if such women exist, we should be spared the knowledge of them*», «si tales mujeres existen, debería ahorrársenos conocerlas»; «*we must do what we are told*», «debemos hacer lo que nos ordenan».)

6) Puede producirse también un cambio de símbolos. El análisis de las metáforas o las comparaciones de uso corriente pone de manifiesto las diferencias entre los sistemas simbólicos del inglés y el castellano. El cambio de símbolos permite evitar el efecto de extrañamiento, de desfamiliarización, que se produciría al transformar lo que es una fórmula estereotipada en una lengua en una fórmula novedosa en la otra. («*Iron curtain*», «telón de acero», aunque también, en América Latina, «cortina de hierro»; «*to burn one's bridges*», «quemar las naves»; «*to get blood out of a stone*», «sacar agua de las piedras»; «*as clean as a new pin*»; «más limpio que una patena»; «*to push up daisies*», «criar malvas».)

7) Y, por último, es muy usual en el paso del inglés al castellano el cambio de una forma usual por otra culta, lo que podría denominarse un cambio de alótropo. La tendencia del inglés a preferir una descripción más precisa de la realidad, más cercana a lo concreto, tiene un correlato, bien patente en los campos científico y técnico, en

un vasto corpus léxico formado por palabras procedentes del lenguaje
cotidiano; el castellano, en cambio, se inclina por el término más culto,
derivado generalmente del latín o del griego y a veces del nombre de un
científico. («*Fish farm*», «piscifactoría»; «*food chain*», «cadena trófica»;
«*cold-storage chamber*», «cámara frigorífica»; «*man-eater*», «antropófa-
go»; «*nose job*», «rinoplastia»; «*breathalyser test*», «prueba de
alcoholemia»; «*colour blindness*», «daltonismo»; «*light meter*», «fotóme-
tro»; «*wind speed indicator*», «anemómetro»; «*spindle-shaped*», «fusi-
forme»; «*fan-shaped*», «fabeliforme»; «*wormlike*», «vermiforme».)
      Estas modulaciones, en la medida en que están lexicalizadas, se
encuentran en los diccionarios. Presentamos a continuación algunos ejemplos comentados.

      Not long after his tenth birthday he was entrusted with the mission
      of taking his seven-year-old sister, Kate, to school.

      Poco después de su décimo aniversario, se le encomendó la tarea
      de llevar al colegio a su hermana de siete años, Kate.

      Hay aquí dos modulaciones. La primera, una inversión de térmi-
nos, («*Not long after*», «Poco después de»), es obligada, pues no hay
posibilidad de mantener la frase con la negación original. La
segunda («*he was entrusted*», «se le encomendó») no es, en sentido
estricto, un cambio pasiva-activa, ya que se trata de una oración de
pasiva refleja, aunque podría considerarse como modulación en la
medida en que esta forma verbal es muy poco pasiva. La posibilidad
del castellano de utilizarla constituye otro recurso más para huir de
la abundancia de construcciones pasivas del inglés. (Sin embargo,
deben evitarse las concordancias erróneas por interferencia con las
oraciones impersonales, en las que el verbo carece de flexión de
persona y número porque no tiene sujeto.)

      Comparisons of GDP across regions and countries pose problems
      because prices vary and may be expressed in different currencies. If no
      account is taken of different absolute and relative prices, then exactly
      the same activity could be measured differently.

      La comparación del PIB entre regiones y países plantea problemas
      debido a la variación en los precios y a que éstos pueden expresarse
      en monedas diferentes. Si no se tomaran en cuenta los diferentes
      precios absolutos y relativos, la misma actividad se mediría de modo
      distinto.

El original inglés tiene tres verbos en pasiva, que se convierten en la traducción en tres pasivas reflejas («*may be expressed*», «pueden expresarse»; «*is taken*», «se tomaran en cuenta»; «*could be measured*», «se mediría»). Otra modulación más es la de la sinécdoque, una utilización del singular por el plural («*comparisons*», «comparación»). Hay también una omisión («*exactly*») y la transposición de un verbo («*vary*») en sustantivo («variación»). El adverbio en «-*ly*» se ha traducido por una locución adverbial.

> *Sickle-cell anemia is a recessive disease. It arises from an abnormal form of the hemoglobin pigment, which carries oxygen and gives red blood cells their red color. The abnormal hemoglobin turns red cells from disks into crescents, causing them to be destroyed, and affected homozygotes often die in childhood from a severe red-cell deficiency.*
>
> La anemia falciforme es una enfermedad recesiva producida por una forma anómala de hemoglobina, el pigmento que transporta el oxígeno y da color a los glóbulos rojos. Esta hemoglobina anómala hace que los hematíes, en vez de tener forma de disco, la tengan de hoz, y los destruye; los homocigotos afectados suelen morir en la infancia debido a una deficiencia aguda de glóbulos rojos.

Hay aquí dos claros ejemplos de la afinidad del inglés por la forma usual en detrimento de la culta: «*sickle-cell anemia*» y «*red cell*». Esta preferencia de la lengua tiene unas ventajas indudables: ante «*sickle-cell anemia*», el número de lectores ingleses legos que pueda hacerse una idea aproximada de lo que se está hablando será mucho mayor que el número de lectores españoles ante «anemia falciforme», para no hablar ya de «drepanocitocis». Dado que se trata de un texto de divulgación, se ha utilizado en la modulación la forma derivada del latín, reforzada por una segunda modulación («*crescent*», «hoz»), que da la pista de la etimología del nombre de la enfermedad. En cuanto a «*red cell*», se ha empleado «glóbulo rojo» y, para evitar la repetición, la modulación alotrópica con la forma derivada del latín («hematíes»). Cabe comentar, por otro lado, que se ha evitado la utilización de las tres formas («glóbulo rojo», «hematíe», «eritrocito») para huir de la excesiva proliferación de sinónimos, que suele producir los efectos contrarios a los buscados. Una última modulación es la conversión de una voz pasiva en activa, con la eliminación añadida de un gerundio («*causing them to be destroyed*», «y los destruye»). Otras transformaciones son el traslado de «*pigment*» a la oración explicativa (otra opción habría sido omitir la palabra) y la reducción de «*red color*» en «color» para evitar la repetición del adjetivo «rojo». Y dos transposiciones: «*It arises*» (pronombre + verbo) por «producida» (participio pasado) y «*often*» (adverbio) por «suelen» (verbo), que rige la transformación del verbo conjugado («*die*») en infinitivo.

Los dos siguientes ejemplos proceden de la obra de Gerald Durrell mencionada más arriba. En el primero, hay dos modulaciones por inversión de términos.

Loaded down with collecting boxes and nets, we wended our way through the olives, Roger galloping ahead of us, nose to the ground.

Cargados de redes y cajitas íbamos serpenteando entre olivos precedidos por Roger, que trotaba sin despegar el hocico del suelo.

La primera es el cambio de «*ahead of us*» por «precedidos por»; la segunda se combina con una transposición de la preposición: «*nose to the ground*», «sin despegar el hocico del suelo». Hay además una transposición doble («*wended our way through*», «íbamos serpenteando») y la transposición del gerundio («*galloping*») que, atenuado semánticamente («trotaba»), inicia una oración de relativo. Razones estilísticas han dado lugar a la desaparición de las uniones asindéticas.

She was saved from the wrath of the man by the timely arrival of Spiro. He lumbered in, sweating profusely, soothed Mother, calmed the Customs man, explained that we had not had any new clothes for years, and had the luggage shifted outside on the quay almost before anyone could draw breath.

La llegada oportunísima de Spiro la salvó de la cólera del hombre. Entró a la carrera, sudando abundantemente, tranquilizó a Mamá, calmó al aduanero, explicó que hacía años que no comprábamos ropa nueva, y en un abrir y cerrar de ojos hizo sacar al muelle todo el equipaje.

En la primera frase encontramos una modulación (pasiva por activa) y una transposición del adverbio («*timely*», «oportunísima»); en la segunda, la transposición cruzada («*lumbered in*», «entró a la carrera») y la modulación por cambio de símbolo con la transposición de una oración en un complemento circunstancial («*before anyone could draw breath*», «en un abrir y cerrar de ojos»).

Equivalencia

Tal como la definieron Vinay y Darbelnet, la equivalencia intenta transmitir «una misma situación por medio de recursos estilísticos y estructurales completamente diferentes».[246] Es un tipo de modulación fijada, pero pertenece al plano semántico, no al léxico; por ello, puede considerarse que supera la modulación, ya que abarca la totalidad del mensaje ligado a la situación: «*no right of way*», «prohibido el paso»; «*no parking at all times*», «vado permanente»; «*excuse me*», «permiso», «perdón»; «*men at work*», «obras»; «*you are welcome*», «de nada»; «*it's better to be a big fish in a small pond than a small fish in a big pond*», «más vale ser cabeza de ratón que cola de león»; así como algunas de las modulaciones citadas en el apartado anterior, en la medida en que estaban lexicalizadas.

Desde esta definición restringida, el concepto de equivalencia ha ido ampliándose hasta convertirse en central en los debates de algunas escuelas modernas de teoría de la traducción y desplazar el secular debate sobre libertad y fidelidad. Así, la traducción ha llegado a ser definida como la búsqueda del «closest natural equivalent of the source-language message».[247] Desde un punto de vista funcionalista, la equivalencia se ha definido como el mantenimiento de la función del texto de origen en el texto de llegada; sin embargo, uno de los problemas sigue siendo que hay una amplia zona en la que el concepto no puede aplicarse: ante las referencias de marcado carácter sociocultural, por ejemplo.

De hecho, parece haber cierto grado de confusión en torno al término. Snell-Hornby ha puesto de manifiesto las diferencias entre el término inglés «*equivalence*» y el alemán «*Äquivalenz*»: mientras que el primero tiene un campo semántico mucho más difuso, el segundo entra en los estudios alemanes sobre la traducción a través de las matemáticas y la lógica formal y conserva su carga de rigor científico. Esta autora hace dos críticas al término «equivalencia»: que, a pesar de varias décadas de debate, no haya acabado de recibir

---

246. Jean-Paul Vinay y Jean Darbelnet, *Stylistique comparée du français et de l'anglais*, París, Didier, 1977, ed. rev. y corr., p. 52: «une même situation en mettant en Œuvre des moyens stylistiques et structuraux entièrement différents».

247. Eugene A. Nida, *Towards a Science of Translating*, Leiden, E. J. Brill, 1964, p. 176. Eugene A. Nida y Charles R. Taber, *The Theory and Practice of Translation*, Leiden, E. J. Brill, 1969, p. 12.

una definición precisa y, de modo más importante, que el espejismo de simetría que crea entre las lenguas no resiste un análisis en profundidad.[248]

Otro motivo de crítica al concepto de equivalencia dinámico-funcional es su excesivo énfasis en la fuente: al hacer siempre la comparación con el texto y la lengua de origen y buscar el grado de correspondencia de la traducción con ellos, ha escrito Gideon Toury, se ha identificado «traducción» con traducción «correcta» de acuerdo con un sistema normativo preconcebido, despreciando el papel del sistema cultural receptor y haciendo caso omiso del hecho de que «every linguistic system and/or textual tradition differs from any other in terms of structure, repertory, norms of usage, etc.».[249]

En todo caso, la noción debe —cuando menos— redefinirse, que es lo que hace Rosa Rabadán, quien escribe: «al margen de su mayor o menor "corrección" lingüística y de su "fidelidad" al TO [texto origen], todo texto traducido es, por definición, equivalente a su original».[250]

En el capítulo 7 hemos visto que Gideon Toury define un eje con dos polos. El primero de ellos es el de la adecuación, que en su forma óptima supone la reconstrucción del máximo de rasgos relevantes del texto de partida. El segundo polo es el de la aceptabilidad, la conformidad a las normas de cierto subsistema textual receptor.[251]

---

248. Mary Snell-Hornby, *Translation Studies*, Amsterdam/Filadelfia, Johns Benjamins, 1988, pp. 13-22.

249. Gideon Toury, *In Search of a Theory of Translation*, Tel Aviv, Porter Institute, 1980, p. 94.

250. Rosa Rabadán, *Equivalencia y traducción*, León, Universidad de León, 1991, p. 281.

251. Gideon Toury considera insuficiente la distinción chomskyana entre competencia y actuación y recurre además a la noción de norma, con lo que llega a la misma distinción tripartita que Coseriu. Véase Eugenio Coseriu, «Sistema, norma y habla» (1951), en *Teoría del lenguaje y lingüística general*, Madrid, Gredos, 1982, 3ª ed. Coseriu distingue entre habla, norma y sistema. El habla contendría «el hablar efectivamente comprobado»; la norma, «lo que en el hablar concreto es *repetición de modelos anteriores*»; y el sistema, «lo que en la *norma* es forma indispensable, oposición funcional, habiéndose eliminado [...] lo que en la norma es simple costumbre, simple tradición constante, elemento común en todo el hablar de la comunidad considerada, pero sin valor funcional» (pp. 95-96). Mientras que el sistema ofrece un conjunto de posibilidades, la norma constituye un conjunto de «realizaciones obligadas, de imposiciones sociales y culturales, y varía según la comunidad. Dentro de la misma comunidad lingüística nacional y dentro del mismo sistema funcional pueden comprobarse varias normas (lenguaje familiar, lenguaje popular, lengua literaria, lenguaje elevado, lenguaje vulgar, etcétera), distintas sobre todo por lo que concierne al vocabulario, pero a menudo también en las formas gramaticales y en la pronunciación» (p. 98).

De este modo, toda traducción ocupa una posición determinada entre estos dos polos y presenta una mezcla de ambos. Dicha posición estará determinada por una serie de factores, como su situación espacial y temporal, la intención de la traducción y el público al que se dirige.

La norma, tal como la define Coseriu, es un concepto estático, sincrónico. Por eso suele decirse que las traducciones envejecen; en realidad, no envejecen, sino que, como dice Meschonnic, caducan.[252] Las traducciones son en cierto modo fósiles, ofrecen una foto fija del modo en que un texto fue leído en un momento determinado por unos lectores determinados.[253]

Según la pericia del traductor, la valoración que haga de la obra y del público al que se dirige y los condicionantes editoriales, su traducción se situará en alguna zona entre el máximo grado de adecuación (de los rasgos relevantes del texto de partida) y el máximo grado de aceptabilidad (por parte de los lectores). Y ésos son los parámetros por los que debe medirse el trabajo realizado. De este modo pueden coexistir versiones totalmente divergentes de un mismo texto; es decir, traducciones diferentes para lecturas diferen-

---

252. Henri Meschonnic, «Alors la traduction chantera», *Revue d'Esthétique* (París), 12, 1984, p. 77: «Justement elles ne vieillissent pas. Les textes vieillissent. C'est-à-dire qu'ils durent. Les traductions, elles, sont seulement caduques. Oubliées. Du moins le plus grand nombre. Mais pas celles qui ont "réussi". Et qui vieillissent, comme les textes: la King James Version, la Bible de Luther. Le Plutarque d'Amyot. Les traductions de Baudelaire. Tel poème de Goethe traduit par Lermontov. On a étrangement pris les mauvaises traductions, les plus nombreuses, comme type, au lieu des bonnes». [«Precisamente las traducciones no envejecen. Los textos envejecen. Es decir, duran. Las traducciones, en cambio, sólo caducan. Son olvidadas. Al menos, en su mayoría. Aunque no así las que "triunfan". Y que envejecen, como los textos: la Biblia del rey Jacobo, la Biblia de Lutero. El Plutarco de Amyot. Las traducciones de Baudelaire. Tal poema de Goethe traducido por Lérmontov. Curiosamente, se han tomado como modelo las malas traducciones, más numerosas, en lugar de las buenas.»] Aunque quizá habría que matizar la afirmación final de Meschonnic a la luz del concepto de norma de Coseriu: lo que Meschonnic, refiriéndose a las grandes obras, llama buenas traducciones podrían ser las que, ajustándose a las normas de un período histórico determinado, las han trascendido y han logrado imponerse como modelos que nosotros aún admiramos.
253. Pueden verse a este respecto, «Las versiones homéricas» (1932) y «Los traductores de las *1001 noches*» (1936), donde Borges afirma lo mismo a su modo, es decir, disfrazando de *boutade* la idea brillante: «El Quijote, debido a mi ejercicio congénito del español, es un monumento uniforme, sin otras variaciones que las deparadas por el editor, el encuadernador y el cajista; la Odisea, gracias a mi oportuno desconocimiento del griego, es una librería internacional de obras en prosa y verso».

tes, como ilustran los siguientes fragmentos de dos traducciones de la elegía «Going to Bed» de John Donne.

Your gownes going off such beauteous state reveales
As when from flowery meades th'hills shadow steales.

El caer de tu vestido tal bellísimo estado revela
como cuando de los floridos prados la sombra de la colina
[suavemente se retira.

¡Fuera! Fuera el vestido, surjan valles salvajes
entre las sombras de tus montes

La hermosa comparación de John Donne recibe aquí un tratamiento completamente opuesto. La primera versión, de Luis C. Benito Cardenal,[254] se sitúa en el polo de la adecuación al texto original, como indica en el prólogo de su traducción, donde afirma que ha pretendido hacer una traducción respetuosa con el orden de las palabras e incluso, de ser posible, con su morfología; mientras que la segunda versión, de Octavio Paz,[255] se acerca al polo de la aceptabilidad por parte de los lectores: la comparación desaparece, la imagen es totalmente diferente, surge una interpelación perentoria, el verso se llena de dinamismo y cambia totalmente el ritmo, pero el resultado tiene una excepcional fuerza poética y se adapta a lo que los lectores esperan leer como poesía.

Lo realmente útil, en todo caso, es un concepto de equivalencia inestable, pragmático, de bordes difusos, que huya de pretensiones globalizadoras y que permita establecer un equilibrio móvil entre las limitaciones impuestas por el texto de partida y las expectativas de los lectores de la traducción, inscritos en un contexto histórico-cultural que rige los modos en que deben leerse los textos. Lo fundamental, pues, es el esclarecimiento de la intencionalidad concreta del texto y su plasmación con medios acordes con el propósito de la traducción y aceptables por sus lectores.

Los chistes, los juegos de palabras, los juegos fónicos, constituyen núcleos de dificultad en los que el traductor se ve obligado a recurrir a medios expresivos que pueden alejarlo de la literalidad del origi-

---

254. John Donne, *Poesía erótica*, ed. bilingüe, versión y prólogo Luis C. Benito Cardenal, Barcelona, Barral, 1978, pp. 78-82.
255. Octavio Paz, «Un poema de John Donne», en *Traducción: literatura y literalidad*, Barcelona, Tusquets, 1971, pp. 21-31.

nal, modificando el sentido para reproducir el elemento importante: no las palabras, sino su juego, ya sea fonético o semántico.

El siguiente ejemplo está extraído de la revista *Maledicta. The International Journal of Verbal Agression*:

What's a necrophiliac?
One who believes that love is just around the coroner.

Es muy posible que, si intentamos reproducir en castellano el juego con la expresión implícita «*around the corner*» («a la vuelta de la esquina»), nos adentremos en un callejón sin salida. «A la vuelta de la tumba» no sirve porque las tumbas no tienen vuelta; como tampoco resultan convincentes «a la vuelta de la lápida» ni «a la vuelta de la losa», que carecen de la concentración semántica y la sorprendente energía del retruécano original. Da la impresión de que en castellano no es posible conseguir gran cosa más de la alteración del sintagma «a la vuelta de la esquina». El caso es que, si consideramos que el sentido que tenemos que trasladar aquí no depende de las palabras en sí, sino de la transgresión que llevan a cabo con respecto a las expectativas de los lectores, seguramente podemos encontrar algunas soluciones. Por ejemplo:

¿Qué es un necrófilo?
El que persigue el *carpe diem* con *rigor mortis*.

Puede ocurrir también que un nombre propio sea objeto de un juego de palabras, como en el famoso ejemplo de la obra de Oscar Wilde, *The Importance of Being Earnest*, a propósito de la cual dice Augusto Monterroso que es posible que la popularidad de Wilde en el ámbito hispánico comenzara por la extravagancia de un título como *La importancia de llamarse Ernesto*.[256]

En estas situaciones, el traductor recurre con frecuencia a la nota explicativa, aunque a veces es posible adaptar el juego de palabras o el nombre para conseguir una solución que sea algo más que una mera transmisión de información y pueda ser aceptada como juego por los lectores. Como en la traducción francesa de la obra de Wilde,

256. Augusto Monterroso, «Sobre la traducción de algunos títulos», en *La palabra mágica*, Barcelona, Muchnik, 1985, pp. 89-96. El mismo libro contiene el relato de su experiencia traductora, «Llorar a orillas del río Mapocho».

L'importance d'être Constant. O en el nombre propuesto por el traductor para el personaje llamado Goodgame que aparece en el siguiente ejemplo:

> *The fact was that Mrs Goodgame, even though she had a name that made her sound fun, was not liked by the children in the street.*
>
> Lo cierto era que la señora Ludobel, aunque tenía un nombre que sonaba divertido, no era demasiado apreciada por los niños de la calle.

El recurso al griego o al latín es poco utilizado para resolver este tipo de problemas y, sin embargo, puede ser bastante fructífero.

La traducción de modos peculiares de hablar, variantes dialectales, jergas, sociolectos, es siempre un caso problemático que pone a prueba toda la habilidad del traductor y lo enfrenta a lo que las lenguas y culturas tienen de idiosincrásicas.

Francisco Ayala cita una traducción de *Los miserables* en la que un personaje exclama: «Yo los guipé en seguida, pero ¡me las guillé!» En casos similares, el traductor tiene una serie de opciones: desde la eliminación de esos rasgos, con nota indicativa o sin ella (una nota del estilo: «giros irlandeses que se pierden en la traducción») hasta la «dialectalización», que supone una adaptación completa a la realidad de la cultura de llegada, pasando por una serie de usos que impliquen alteraciones morfológicas, construcciones redundantes o agramaticales.

El problema de la naturalización completa —y aquí estaríamos entrando en el terreno de la adaptación— es que el intento de encontrar una equivalencia demasiado «natural» suele verse saboteado por la presencia de rasgos demasiado locales, que entran en contradicción con el contexto cultural en el que se sitúa la obra.

El empleo del argot por parte de grupos específicos puede intentar trasladarse por un argot más neutro, carente de esa marca específica; y también puede suponer un verdadero trabajo de búsqueda terminológica.

Una solución que da buenos resultados es inventar una lengua con una serie de incorrecciones, ya sean morfológicas, léxicas o sintácticas, sin una base geográfica o social demasiado marcada.

De más fácil resolución son los juegos de palabras que se basan en la imitación de terceras lenguas, puesto que ya puede existir en el sistema de llegada cierta convención respecto a su imitación.

Adaptación

Si la equivalencia, tal como la definen Vinay y Darbelnet, da cuenta de una misma situación, la adaptación busca una correspondencia entre dos situaciones diferentes («*he kissed his daughter on the mouth*», «abrazó tiernamente a su hija»). La adaptación

se aplica a los casos en que la situación a la que hace referencia el mensaje no existe en la lengua de llegada y tiene que crearse en relación con otra situación, considerada equivalente. Se trata, pues, de un caso particular de la equivalencia, una *equivalencia de situaciones*.[257]

Supone la naturalización completa a la cultura receptora ante la existencia de un vacío cultural. Definida de este modo, correspondería a lo que otros autores han llamado equivalencia cultural, dinámica o funcional.

Shall I compare thee to a summer's day?
Thou art more lovely and temperate:
Rough winds do shake the darling buds of May,
And summer's lease hath all too short a date.

Aquí, el traductor del Soneto XVIII de Shakespeare tiene un pequeño problema: «*summer*», ¿«*May*»? En efecto, como confirma el *Oxford English Dictionary*, el verano, en el uso popular, abarca en Gran Bretaña desde mediados de mayo a mediados de agosto, la temporada más calurosa del año. Astrana Marín opta por la aceptabilidad y utiliza una equivalencia cultural:

¿Te compararé a un día de primavera? Eres más
deleitable y apacible. La violencia de los vientos desgarra
los tiernos capullos de mayo, y el arriendo de
la primavera vence en fecha demasiado corta.

---

257. Jean-Paul Vinay y Jean Darbelnet, *Stylistique comparée du français et de l'anglais*, París, Didier, 1977, ed. rev. y corr., pp. 52-53: «s'applique à des cas où la situation à laquelle le message se réfère n'existe pas dans LA, et doit être créée par rapport à une autre situation, que l'on juge équivalente. C'est donc ici un cas particulier de l'équivalence, une *équivalence de situations*».

Manuel Mujica Lainez, en cambio, prefiere mantener la distancia:

¿A un día de verano compararte?
Más hermosura y suavidad posees.
Tiembla el brote de Mayo bajo el viento
y el estío casi no dura nada.

Al igual que Agustín García Calvo:

¿A un día de verano habré de compararte?
Tú eres más dulce y temperado: un ramalazo
de viento los capullos de Mayo desparte
y el préstamo del estío vence a corto plazo;

La solución dada por Mujica Lainez y García Calvo, la de mantener el grado de extrañamiento, es la que tiende a seguirse hoy ante este tipo de problemas.[258]

En su libro *In Other Words*, Mona Baker[259] cita un curioso ejemplo de adaptación (o equivalente funcional) extraído de la versión griega del libro *Historia del tiempo* de Stephen W. Hawking. El original dice así:

> *A well-known scientist (some say it was Bertrand Russell) once gave a public lecture on astronomy. He described how the earth orbits around the sun and how the sun, in turn, orbits around the center of a vast collection of stars called our galaxy. At the end of the lecture, a little old lady at the back of the room got up and said: 'What you have told us is rubbish. The world is really a flat plate supported on the back of a giant tortoise.' The scientist gave a superior smile before replying, 'What is the tortoise standing on?' 'You're very clever, young man, very clever,' said the old lady. 'But it's turtles all the way down!'*

La versión griega que aparece en el libro de Baker, retraducida,[260] dice lo siguiente:

---

258. Una diferencia importante entre ambas versiones es que Mujica Lainez mantiene la ambigüedad del género del destinatario del poema; García Calvo, en cambio, la explicita («temperado»).
259. Mona Baker, *In Other Words*, Londres/Nueva York, Routledge, 1992, pp. 31-33.
260. Agradecemos a Miguel Ángel Navarrete su colaboración en este punto.

Alicia en el País de las Maravillas estaba una vez dando una conferencia sobre astronomía. Decía que la Tierra es un planeta esférico del sistema solar que gira en torno a su centro, el Sol, y que el Sol es una estrella que, a su vez, gira en torno al centro del sistema solar, que se denomina galaxia. Al final de la conferencia, la Reina la miró enfadada y le dijo con desaprobación: «Lo que dices son tonterías. La Tierra no es más que un gran naipe, por lo que es plana como todos los naipes», y se volvió altivamente hacia los miembros de su séquito, que se mostraron satisfechos con su explicación. Alicia sonrió con cierto desdén. «¿Y qué es lo que aguanta ese naipe?», preguntó con ironía. La Reina no pareció inmutarse. «Eres lista, muy lista», respondió. «Así es que, entérate jovencita, de que ese naipe se aguanta encima de otro naipe, y ese otro encima de otro otro, y ese otro otro encima de otro otro otro...» Se detuvo sin resuello. «El universo no es más que una gran baraja», chilló.

Es posible que el traductor griego desconociera que Bertrand Russell cita efectivamente una anécdota parecida en uno de sus libros (aunque referida a John Stuart Mill) o quizá pensó que como recurso retórico la atribución de la anécdota a Russell no funcionaría entre los lectores griegos y encontró un personaje más universal (sin abandonar la tradición inglesa) a quien atribuírsela. La sustitución de Bertrand Russell por Alicia funciona perfectamente y parece muy lograda; sin embargo, no deja de tener cierta dosis de gratuidad. Cabe preguntarse —cosa que Mona Baker no hace— si Bertrand Russell es realmente un personaje tan ajeno a la «enciclopedia» de los posibles lectores griegos del libro de Hawking como para que ese párrafo, con la mención original a él, resulte incomprensible o pierda su carga retórica, y la figura del filósofo deba ser sustituida por otra.

Entendida en su sentido más general, la adaptación incluiría toda una vasta gama de procesos de naturalización, desde la conversión de unidades de medida o del sistema de notación musical,[261] pasando por las convenciones del estilo epistolar, las particularidades lingüísticas y culturales de comunidades más o menos amplias, hasta la completa recontextualización, como en el caso de una obra teatral.

---

261. En el caso de la notación musical las diferencias son notables: «*A*» corresponde a «la»; «*B*», a «si»; «*C*», a «do»; «*D*», a «re»; «*E*», a «mi»; «*F*», a «fa»; y «*G*», a «sol»; recordemos, además, que el valor de las notas tiene diferente denominación en inglés británico y en inglés estadounidense (una semicorchea, por ejemplo, es en el primero «*semiquaver*», y en el segundo, «*sixteenth*»).

En un sentido mucho más estricto, sólo podría hablarse de adaptación cuando la naturalización se lleva a cabo en el plano macrotextual. Sería el caso de la adaptación de un eslógan publicitario o de una obra teatral o una poesía. Supondría una redirección del texto ante una divergencia percibida entre el mensaje del texto original y las intenciones y expectativas del traductor o los receptores de la traducción.

Las adaptaciones se hacen imprescindibles cuando se persiguen determinados fines; por ejemplo, la difusión de una idea. En *The Patchwork Bible*, Belén se convierte en Atlanta; en una versión quebequesa de *Macbeth*, «*Poor Scotland!*» se convierte en «*Pauvre pays!*».[262]

Hay subgéneros en que la adaptación es obligatoria (eslóganes publicitarios) o está muy extendida (cuentos infantiles).

Entendida de este modo, en la adaptación el texto original haría las veces de pretexto, en su doble sentido de texto anterior y de justificación, con lo cual podría considerarse que el resultado final se sitúa más allá de los límites de una traducción.

Un caso curioso de adaptaciones realizadas en un nivel microtextual es el que se produce en las ediciones estadounidenses de algunas obras británicas, ante aspectos culturalmente muy marcados. En el siguiente ejemplo, extraído de *The Daydreamer* de Ian McEwan, el nombre de un juego infantil citado en una obra original británica ha sido «traducido» al inglés de Estados Unidos en la edición norteamericana de la obra.

> *Occasionally they could be talked into hide-and-seek or lurky turkey or building a giant sand-castle, but those were special occasions.*

> *Occasionally they could be talked into hide-and-seek or freeze tag or building a giant sand-castle, but those were special occasions.*

Este ejemplo constituye un caso peculiar y extremo de adaptación, puesto que se produce dentro de la misma área lingüística, y plantea en toda su agudeza un problema al que el traductor se ve constantemente enfrentado y al que hemos hecho referencia al principio del capítulo, hablando del préstamo, al comentar el equi-

---

262. En este caso, la adaptación se logra eliminando la marca geográfica del original, lo cual posibilita la recepción de toda la obra en clave nacionalista.

librio que el traductor debe hallar entre elementos «adaptables» y «no adaptables».

A pesar de que existen zonas difusas y de que los criterios generales pueden variar en función de las intenciones y los receptores de la traducción, existe un consenso general respecto a la adaptación de ciertos elementos, como son los pesos y medidas, la notación musical, los títulos de obras que existen en versión traducida o algunas cuestiones relacionadas con el sistema educativo.

En otros casos, existen convenciones sobre la traducción del elemento foráneo, como son algunos nombres geográficos, las palabras «calle» y «avenida» en los nombres de estas vías públicas, los nombres de organismos y entidades diversos o los cargos y departamentos oficiales.

Por último, en otras ocasiones, como ante las marcas lexicalizadas, los nombres de compañías, los programas de televisión o los nombres de productos comerciales en general, la actitud tomada en cada caso frente a estos elementos culturalmente marcados le hará difuminar la referencia («encendió el ordenador»), introducir en el texto una pequeña aclaración («encendió el ordenador PowerBook») o mantener sin aclaración la referencia («encendió el PowerBook»). Por supuesto, estas opciones no se excluyen, y las dos últimas sobre todo pueden combinarse perfectamente introduciendo la aclaración la primera vez.

El procedimiento de la adaptación puede considerarse como indicio de una voluntad de no poner en peligro el mundo narrativo construido por la ficción y de facilitar por todos los medios la aceptación de la obra en la cultura receptora allanando las peculiaridades susceptibles de dificultar la lectura o crear una distancia con unos lectores que no son los originales. Sin embargo, al mismo tiempo —y de un modo mucho menos inocente—, puede leerse como manifestación de un fuerte etnocentrismo ante la presencia de elementos culturales foráneos, así como de la medida en que se exige a un texto que se amolde a los patrones y valores locales. En el caso del ejemplo que acabamos de citar, el hecho de que incluso obras originales en inglés sufran ligeras modificaciones tendentes a «domesticar» el discurso mostraría la magnitud de la resistencia al intercambio y la permeabilidad culturales en el ámbito angloamericano. La crítica más moderna considera que esta tendencia a la descontextualización fomenta una visión del lenguaje como simple instrumento de comunicación donde prima ante todo la transparencia y está basada en una concepción esencialista de la humanidad que dificulta la emergencia de discursos heterogéneos.[263]

Hasta aquí hemos presentado y utilizado los siete procedimientos básicos de traducción identificados por Vinay y Darbelnet para abordar una serie de problemas prácticos con los que se encuentra el traductor y ofrecer posibles soluciones. A continuación haremos lo mismo con otros procedimientos de traducción definidos también por Vinay y Darbelnet, que agruparemos en tres categorías: la expansión, la reducción y la compensación.

En los capítulos 3 y 4, hemos visto que, por razones estructurales (debido, por ejemplo, a su amplio uso de la elipsis), el inglés es una lengua mucho más económica que el castellano. Ello obliga a realizar una expansión en el trasvase a esta lengua con el fin de evitar, entre otros, problemas de cohesión y de calcos de estructura. Al principio de este capítulo sugeríamos como método inicial intentar en primer lugar una traducción literal y comprobar si el resultado era aceptable; poco a poco, hemos visto procedimientos que nos alejaban de esta literalidad inicialmente recomendada. En lo que queda de capítulo, trataremos algunos ejemplos más en los que una traducción oblicua parece lo más adecuado.

La expansión consiste, de modo general, en la utilización en la lengua de llegada de un mayor número de palabras que las utilizadas en la lengua de partida. A veces se ha distinguido entre una expansión obligada (amplificación) y una expansión optativa (explicitación). La amplificación es necesaria cuando el inglés se muestra más económico estructuralmente que el castellano. En otros casos, la explicitación de elementos que aparecen de forma más o menos velada en el texto, puede llevar a explicar algún aspecto que se juzga significativo, ya sea dentro del texto, como adición, o fuera de él, como nota del traductor.

No se trata, sin embargo, de un camino de dirección única; en ocasiones, puede ser el castellano el que recurra al procedimiento contrario, la reducción (que puede llegar hasta la omisión), ya sea por motivos estructurales o estilísticos. Además, la reducción puede implicar también una condensación de la carga semántica.

---

263. El libro de Lawrence Venuti, *The Translator's Invisibility*, analiza la influencia ejercida por la idea de transparencia en las prácticas traductoras que han establecido el canon de las literaturas extranjeras en inglés.

Finalmente, son múltiples las ocasiones en que el traductor debe encontrar un equilibrio entre los rasgos que se ve forzado a abandonar en un punto determinado y ganarlos luego en otro lugar del texto. Ello se consigue mediante la compensación.

Expansión

Un caso sencillo de amplificación necesaria por motivos estructurales es el que ya se ha visto a propósito de los adverbios acabados en «-*ly*», que se transforman en locuciones adverbiales. Otro caso es el de las preposiciones, que tienen en inglés una gran carga semántica, mientras que en castellano tienden más a actuar como elementos funcionales.

A teacher who saw Peter staring out the window or at a blank sheet of paper on his desk might think that he was bored, or stuck for an answer.

Una maestra que viera a Peter mirando por la ventana o contemplando la hoja en blanco que tenía sobre el pupitre podía pensar que se aburría o que estaba atascado buscando una solución.

El verbo inglés «*staring*», que lleva dos preposiciones y dos complementos, se ha desdoblado para evitar en castellano la construcción «mirando por la ventana o la hoja en blanco» que, siendo correcta, se ha preferido no utilizar por razones estilísticas. El grupo introducido por la preposición «*on*» («*on his desk*») se ha transformado en una oración de relativo «que tenía sobre el pupitre» (de preferencia a la otra opción, «la hoja en blanco sobre el pupitre»). Y, la preposición de «*stuck for an answer*», en un gerundio que refuerza el aspecto durativo («estaba atascado buscando una solución»).

En la versión castellana se ha reducido el complemento de objeto directo «*a blank sheet of paper*» a «la hoja en blanco», omitiendo «de papel».

La traducción de este último ejemplo ha tenido que explicitar un elemento que en inglés se omite muchas veces, puesto que suele ser un elemento no marcado: el género gramatical.[264] En castellano la distinción entre los géneros masculino y femenino es estructural. La indefinición del inglés permite dejar ese rasgo sin resolver, por lo que el traductor debe indicarlo con mayor o menor grado de arbitrariedad, lo cual a veces puede provocar un problema muy serio de traducción cuando el original juega con esa posibilidad estructural de la lengua inglesa.[265]

En la novela de Jeanette Winterson, *Written on the Body*, la autora evita cuidadosamente toda marca de género de tal manera que su protagonista, que mantiene una serie de relaciones con personas de los dos sexos, permanece teóricamente en un limbo de indefinición sexual. La traductora al castellano ha intentado resolver el problema alternando las marcas de género a lo largo de la obra. Si el resultado final no es del todo satisfactorio, da la impresión de que la responsabilidad no es de la traducción y de que el lector inglés también acababa el libro con la sensación de que el protagonista es un hombre, quizá porque en la vida real las marcas de género no son tan fáciles de borrar como en la gramática inglesa.

En el siguiente ejemplo, procedente de una novela de David Leavitt, el protagonista, que mantiene una relación homosexual estable, sale a escondidas de su pareja con una joven y se propone declarársele aprovechando que ésta lo invita a pasar un fin de semana a la casa de campo de su familia.

With great trepidation I told Edward "a friend" had invited me to the country, but this time he'd become so used to my going off without

---

264. Pueden verse al respecto los comentarios que aparecen en las utilísimas obras de Mario Wandruszka, *Nuestros idiomas: comparables e incomparables*, Madrid, Gredos, 1978, pp. 253-273, y Valentín García Yebra, *Teoría y práctica de la traducción*, Madrid, Gredos, 1982, pp. 112-123.

265. El inglés contemporáneo utiliza la explicitación de los dos géneros en el caso de los sujetos pronominales o los posesivos; por ejemplo: «In his essay on Franz Kafka and his precursors, Jorge Luis Borges points out that a later author may alter the text of the precursor as decisively as he or she is influenced by the precursor» (Willis Barnstone, *The Poetics of Translation*, New Haven/Londres, Yale University Press, 1993, p. 8). En los últimos años, sin embargo, en relación con la crítica de los elementos sexistas implícitos en el lenguaje, ha aparecido en la lengua inglesa un fenómeno nuevo: la utilización del género femenino con valor general. «If I use a particular word-processing program for writing essays, nobody will say that I am wilfully imposing my subjectivity. But the outraged author of that program might conceivably say this if she finds me using it to make out my income tax return» (Richard Rorty, «The Pragmatist's Progress», en Umberto Eco, en *Interpretation and overinterpretation*, Cambridge/Nueva York, Cambridge University Press, 1992, p. 104).

*him that instead of becoming angry he reacted with a kind of glum
resignation.*

El castellano exige léxicamente una resolución de esa ambigüedad, una resolución que aquí choca frontalmente con la buscada
indefinición de la palabra inglesa. Sin embargo, hay (al menos) una
solución.

> Con gran inquietud le dije a Edward que me habían invitado al
> campo, sin dar más detalles, pero ya se había acostumbrado tanto a
> que saliera sin él que esa vez en lugar de enfadarse conmigo reaccio-
> nó con una especie de resignación taciturna.

Otro elemento ambiguo en inglés cuya explicitación puede plantear algún problema a los traductores es el pronombre de segunda
persona, ya sea utilizado por los personajes dentro de la narración
o utilizado por el autor para dirigirse al lector. La traducción del
«*you*» por «tú» no resulta aceptable en muchos casos y, por otra
parte, el uso del «usted» implica un registro demasiado formal que
puede entrar en contradicción con el tono del texto. Antes, cuando
el tuteo estaba menos extendido y se reservaba para el uso familiar
e hipocorístico, los traductores de películas aplicaban a los diálogos
una regla de oro: los personajes se tuteaban tras el primer beso. Por
desgracia, no existe una norma similar que pueda generalizarse, y
el traductor tiene que recurrir a todo un arsenal de estrategias para
solucionar este problema.

En el caso del «*you*» utilizado intranarrativamente, es necesario dilucidar el grado de formalidad que establecen entre sí los
personajes y evitar contradicciones como las siguientes, en donde
se confunden los tratamientos, y lo más lógico sería que los
hablantes, dos personas de edad que apenas se conocen, utiliza-
ran el «usted»:

> —Señor Yossarian —le replicó con desaprobación, con un brusco
> cambio de humor—, mi marido tiene más de setenta años. Si tiene
> que estar enfermo, ¿por qué no puede estarlo aquí?
> —Estoy completamente de acuerdo contigo.

> —Ahora estás siendo sacrílego. No necesitaba alas para hacer
> un milagro. ¿Para qué iba a necesitar alas un ángel? Señor

Yossarian, quiero que me devuelvan a mi marido. Es lo único que me importa. —Ahora estaba empezando a llorar.

—Señora Tappman, me has abierto los ojos —dijo Yossarian con cierta pena y renovado fervor.

En el caso del uso del *«you»* como forma de interpelación al lector, la cuestión es tanto o más importante, puesto que está en juego la relación que el texto establece con el lector postulado por él. Además del tuteo, las posibilidades son variadas. El tratamiento de usted, en singular o plural, utilizado en la traducción castellana de *The Catcher in the Rye* de Jerome D. Salinger —y sobre el que volveremos más adelante—:

> *If you really want to hear about it, the first thing you'll probably want to know is where I was born, and what my lousy childhood was like, and how my parents were occupied and all before they had me, and all that David Copperfield kind of crap, but I don't feel like going into it.*

> Si de verdad les interesa lo que voy a contarles, lo primero que querrán saber es dónde nací, cómo fue todo ese rollo de mi infancia, qué hacían mis padres antes de tenerme a mí, y demás puñetas estilo David Copperfield, pero no tengo ganas de contarles nada de eso.

El uso del vosotros, utilizado en la traducción castellana del libro *A History of the World in 10 ½ Chapters* de Julian Barnes:

> *They put the behemoths in the hold along with the rhinos, the hippos and the elephants. It was a sensible decision to use them as ballast; but you can imagine the stench.*

> Pusieron a los behemots en la bodega junto con los rinocerontes, los hipopótamos y los elefantes. Fue una decisión sensata usarlos como lastre; pero ya podéis imaginar el hedor.

El giro impersonal o la utilización de un pronombre indefinido, como en este fragmento de la novela *The Daydreamer* de Ian McEwan:

> *If you believe it is strange to think of a cat as a real member of a family, then you should know that William's age was greater than Peter and Kate's together.*

Hay que decir, por si alguien se extraña de que un gato pueda ser considerado como un auténtico miembro de una familia, que William era más viejo que Peter y Kate juntos.

Resulta interesante comparar en los dos últimos ejemplos, los cambios que ha sufrido el texto original en la traducción. En el primero de ellos, la literalidad es ejemplar: sólo se han omitido los pronombres personales ingleses y se ha invertido el orden del adjetivo (unos cambios estructurales obligados), y el resultado es completamente aceptable. La decisión de utilizar el menos formal «vosotros» se ha visto facilitada por el tono de la narración, ejemplificado en el fragmento por el uso más familiar de «*rhinos*» e «*hippos*». En el segundo, el traductor, por medio de dos modulaciones (utilizando una oración impersonal y un pronombre indefinido), ha evitado interpelar directamente al lector.

Pero aún hay otra posibilidad de uso del «*you*» para dirigirse al lector, una forma de interpelación en la que el pronombre está elidido. Es lo que ocurre cuando se utiliza el imperativo. En castellano, la utilización de la primera persona del plural en lugar de la segunda del singular o del plural, al incluir al locutor en el mandato, evita la construcción de una frase demasiado interpelativa, que transgredería las pautas de la lectura.

Imagine a world where volcanic eruptions tower 300 km (200 miles) overhead; where there are lakes of boiling sulphur as large as America's Great Lakes; where the sulphurous atmosphere condenses as blue-white snow.

Imaginemos un mundo con erupciones volcánicas de 300 kilómetros de altura, lagos de hirviente azufre tan grandes como los Grandes Lagos norteamericanos y una atmósfera sulfúrea que se condensa en forma de una nieve de color blanco azulado.

Como se ve en este último ejemplo, el problema de ese lector al que se dirige la narración, como suele ocurrir con todos los demás problemas, no se presenta sólo en los textos literarios. Es más, su uso está bastante difundido en los artículos periodísticos, por ejemplo; de conservarse en castellano, la traducción da la impresión de una familiaridad excesiva con el lector. Lo que indica el camino de la solución más pertinente es el análisis de la relación que establece el texto con su lector, que a su vez viene marcada por las pautas del género y el estilo utilizado. Si el tono que rige es de formalidad, lo más usual es utilizar un giro impersonal, aunque también caben otras soluciones, como la introducción del sujeto «el lector» o la utilizada en el siguiente ejemplo:

> *There are two ways in which it could actually work. One is that the same person who risks the gene's disadvantages may also stand to reap the gene's advantages: for example, a gene that is bad for you when you're an adult could be good for you when you're a baby.*

> Hay dos modos de explicar el posible mecanismo natural. Por un lado, la misma persona que se arriesga a los perjuicios del gen se beneficiaría también de las ventajas: por ejemplo, un gen nocivo en el adulto podría ser beneficioso en el bebé.

En términos generales, el traductor puede en ocasiones juzgar pertinente explicitar la información si considera que el texto de llegada es confuso o puede conducir a una interpretación errónea, ya sea porque en la traducción se pierde algún rasgo relevante del original o porque éste estaba mal escrito.

> *Plutarch tells us that Manetho was one of the two priestly advisors to the king and that he had been concerned with the introduction of the cult of Serapis.*

> Según Plutarco, Manetón fue uno de los dos sacerdotes consejeros del rey y desempeñó un importante papel en la introducción del culto a Sérapis.

En este ejemplo, procedente de la obra *Chronicle of the Pharaohs* de Peter A. Clayton, los traductores no quedaron satisfechos con la frase carente por completo de fuerza que resultaba de una versión más literal, por lo que cambiaron el tiempo verbal para que concordara con el indefinido del verbo anterior y acudieron a los conocimientos enciclopédicos para dar a la frase un mayor grado de aceptabilidad. Y de este modo el problema se resolvió recurriendo no a un diccionario, sino a una enciclopedia.

En el siguiente ejemplo, en cambio, se opta por una aclaración para escapar de la posible confusión entre dos personajes romanos del mismo nombre (Horacio, el héroe del siglo VI a.C.; Horacio, el poeta), confusión que no se da en inglés («*Horatius*», «*Horace*»).

Horatius becomes a hero because he manages to hold the enemy on the border

Horacio Coclita se convierte en héroe porque logra mantener al enemigo en la frontera

También puede darse el caso de elementos culturales de sobra conocidos por los lectores originales, pero que deben explicitarse cuando el texto se traslada a otro contexto cultural.

According to a more recent tradition of unknown origin, when two Full Moons fall in the same month, the second one is called a blue Moon. These blue-in-name-only Moons get a lot of attention. They call to mind the phrase «once in a blue Moon», which indicates something special or rare.

Según una tradición anglosajona más reciente y de origen desconocido, cuando dos lunas llenas caen en el mismo mes, la segunda recibe el nombre de «luna azul». Estas lunas, que de azul sólo tienen el nombre, despiertan una gran expectación. En inglés, existe la expresión *«once in a blue moon»* [cada luna azul] para indicar algo especial o poco frecuente.

Aquí, el problema viene planteado por la expresión idiomática *«once in a blue moon»*, que equivale a las nuestras «de Pascuas a Ramos», «de higos a brevas» y «cada muerte de obispo». Literalmente, podría traducirse por «una vez cada luna azul», «de luna azul en luna azul» o «cada luna azul». Son varias las soluciones posibles; según el tipo de lector de la traducción, es posible realizar una mayor o menor explicitación o adaptación. En esta versión, se ha añadido el adjetivo «anglosajona»; la expresión adjetivada *«blue-in-name-only»*, imposible en castellano y que la flexibilidad del inglés permite construir con pasmosa facilidad, ha pasado a ser una oración de relativo; y se ha mantenido en el idioma original la expresión *«once in a blue moon»*, cuya aparición viene anunciada y facilitada por la aclaración «En inglés». La traducción entre corchetes («cada luna azul», «de luna azul en luna azul») puede omitirse si se considera que el lector tiene los conocimientos necesarios para comprenderla.

La introducción en el propio texto de informaciones que el traductor considera necesarias suele ser preferible a las notas al pie de página, que tienen el grave inconveniente de interrumpir el ritmo de la lectura, demasiadas veces de modo innecesario. El problema de fondo es la divergencia entre los conocimientos del lector postulado por el original y los conocimientos del lector al que se dirige el traductor. Si bien las notas pueden facilitar la lectura y, en la medida en que la explicación ha supuesto una labor de búsqueda por parte del traductor, dejan constancia de ese esfuerzo, puede ocurrir que el lector de la traducción —un lector que ya ha sido seleccionado por el propio texto— posea los conocimientos de los que el traductor carecía y perciba como superflua la aclaración. En este caso, lo más usual es que el lector acabe siendo presa de un sentimiento de irritación. Por ello, el recurso a la nota del traductor debe ser fruto de una elección bien meditada.

Donde las convenciones lo permiten, las notas ofrecen un espacio para justificar determinada elección de traducción o actuar como glosador del original, aunque siempre, como decimos, teniendo en cuenta los conocimientos de los lectores a los que se dirige la traducción.

En el caso de posibles lapsus o errores contrafácticos del original (una obra mal citada, una fecha o una referencia erróneas), lo usual es corregirlos sin más, a menos que se trate de un error «sagrado», en el sentido en que Peter Newmark utiliza esa palabra, en cuyo caso siempre cabe el recurso a la nota que permite al traductor aclarar que no se trata de un error de traducción ni tipográfico.

En principio, en una obra literaria es preferible no recurrir al aparato crítico de las notas, aunque puede ocurrir que el traductor tenga que decidir entre diluir una alusión de tipo sociocultural que dota al texto de cierto tono local y mantener dicha alusión por medio de una nota. Es lo que sucede, por ejemplo, en la siguiente frase extraída de una novela de David Caute, *Dr Orwell and Mr Blair*:

> *Pilkington called me a juvenile delinquent and warned me I'd end up in the Borstal.*
>
> Pilkington me llamó delincuente juvenil y me advirtió que acabaría en el Borstal.

En este caso, frente a la opción de traducir «que acabaría en un reformatorio», que universalizaba la referencia, el traductor decidió mantener el tono local con una nota al pie explicando que Borstal es un «reformatorio para jóvenes entre 16 y 21 años».

En otras ocasiones, sin embargo, el recurso a la nota es totalmente improcedente, ya sea por las limitaciones del formato (como en el caso de un artículo o una entrevista para un periódico), porque las convenciones de la lectura impiden una ruptura del ritmo como la que supone la nota o porque la clarificación aportada no merezca llevar a cabo dicha transgresión.

La siguiente escena ocurre en un ascensor de la ciudad de Nueva York en el que los personajes, dos psiquiatras, conversan mientras se van encendiendo las luces del tablero del ascensor a medida que el aparato va bajando la docena de pisos hasta la planta baja.

> *Five lit, the beep, five dark.*
> *"Would you treat him? Check him out for me?"*
> *Pam blurts out a laugh. "What? No. Of course not.... 'Check him out?' No." Pam laughs again. "I don't think so."*
> *Two dark, the beep, two lit.*
> *"Can't blame me for asking."*
> *A beep, the lobby.*
> *"No, can't do that," Pam replies, and the door opens. Pam steps out, followed by Jack.*

> Cinco encendido, el pitido, cinco oscuro.
> —¿Lo tratarías tú? ¿Lo llevarías en mi lugar?
> Pam estalla en una carcajada.
> —¿Qué? No. Claro que no... ¿Llevarlo en tu lugar? No. —Pam vuelve a reír—. Creo que no.
> Dos oscuro, el pitido, dos encendido.
> —No puedes reprocharme que te lo pida.
> Un pitido, el uno, la planta baja.
> —No, no puedo hacerlo —responde Pam.
> La puerta se abre. Pam sale, seguida de Jack.

En este fragmento una diferencia sociocultural tan anodina como el hecho de que, en Estados Unidos, se denomina primer piso a la planta baja afecta al tiempo interno de la narración. La breve réplica «No puedes reprocharme que te lo pregunte» se produce entre los dos últimos pisos, y la llegada del ascensor a la planta baja pone fin a la conversación. La traducción de «*A beep, the lobby*» por «Un pitido, el uno, la planta baja», con la introducción de «el uno», contribuye a la aceleración final del ritmo narrativo puesto que queda claro que sólo hay un piso de diferencia durante la réplica anterior, conserva la imagen visual de la columna de números en el tablero del ascensor y mantiene la diferencia sociocultural, al mismo tiempo que la explica.

Reducción

Aunque el fenómeno es mucho menos frecuente que la expansión en la traducción del inglés al castellano, a veces la versión castellana es más concisa que el original, ya sea por razones estructurales o estilísticas. En el siguiente ejemplo, donde se describen los colores de una colección de muñecas, se produce en la traducción una condensación de «*shiny boot-polish black*».

> *They were all colours, from shiny boot-polish black to deathly white, though most were a glowing pink.*
>
> Eran de todos los colores, desde negro charol hasta blanco cadavérico, aunque la mayoría era de un rosa intenso.

También suele ocurrir que la información deba trasladarse de forma más concisa, para evitar repeticiones, confusiones o una falta de naturalidad.

> *The ancient Egyptians knew that the year consisted of 365 days, but they made no adjustment for the additional quarter of a day each year – as we do with Leap Year every four years at the end of February.*
>
> Los antiguos egipcios sabían que el año se componía de 365 días, pero no hacían el ajuste para el cuarto de día adicional anual, tal como hacemos nosotros en el mes de febrero del año bisiesto.

En la traducción, la última parte de la frase se transmite de modo más económico para evitar el pleonasmo «tal como hacemos nosotros con el año bisiesto cada cuatro años». Además, la palabra «*year*» aparece cuatro veces en el original; la traducción consigue reducir esa frecuencia a dos sustantivos y un adjetivo.

Compensación

Ante la pérdida de matices relevantes o la dificultad de encontrar una correspondencia adecuada, la compensación permite, como se ha dicho más arriba, el juego entre la expansión y la reducción. Dada la especificidad de las diferentes lenguas, es inevitable que en el proceso de transferencia de una a otra se produzcan pérdidas y ganancias. La compensación intenta recuperar en algún lugar el lastre que ha tenido que soltarse en otro.

> *Boy, it began to rain like a bastard. In buckets, I swear to God.*
>
> ¡Jo! ¡De pronto empezó a llover a cántaros! Un diluvio, se lo juro.

En esta traducción de una frase de la obra de Salinger citada más arriba, la fuerza expresiva del inglés ha quedado un tanto diluida. El original extrae su intensidad principalmente de la expresión «*like a bastard*» y del atentado contra la sintaxis de la preposición con que empieza la segunda frase. Si bien no hay que tomar la comparación al pie de la letra, el añadido de carga semántica de «*like a bastard*» no consigue ser transmitido por «a cántaros». Por otra parte, en inglés, la forma «*to rain in buckets*» es agramatical; lo correcto es decir «*it's raining buckets*», «*it's bucketing down*» o «*it's raining cats and dogs*». Los equivalentes en castellano serían «llueve a cántaros» o «caen chuzos de punta», por ejemplo. Lo normal habría sido, en inglés, repetir el verbo: «*to rain buckets*». Sin embargo, el autor intenta transmitir la desmesura de la lluvia con una desmesura gramatical y coloca esa preposición que sirve, además, para subrayar la función de «*buckets*» como complemento dependiente de la frase anterior. En castellano, es imposible mantener esa incorrección. La traductora ha intentado compensar esas pérdidas con los signos de exclamación. Para «*like a bastard*», podría haberse utilizado en castellano una expresión con mayor intensidad, siempre de acuerdo con el tono utilizado en el resto de la traducción. Y, para «*in buckets*», algún tipo de alteración de una forma fijada, del estilo de «a cantarazos» o «a cubas».

La oralidad, con su utilización de las redundancias, los anacolutos o la ausencia de nexos cohesivos, puede constituir un verdadero núcleo de dificultad para el traductor, un problema ante el cual es obligado el recurso a la compensación. Dado que se trata de un ámbito de una gran movilidad, tanto temporal como espacial, las formas utilizadas para transmitirla corren el riesgo de parecer demasiado localizadas en el espacio y el tiempo. El desfase temporal es inevitable y ocurre tanto en originales como en traducciones, pero una marca diatópica demasiado pronunciada en una traducción puede convertirse en un rasgo que descontextualiza excesivamente la obra.

Una característica de cierto tipo de oralidad es el uso de expresiones malsonantes, cuyo valor puede variar mucho de un sistema cultural a otro. Piénsese, por ejemplo, en el repertorio de exabruptos de tipo religioso que podría enumerar un inglés y el repertorio del que podría hacer gala un español. O en el valor hipocorístico de ciertos insultos, lo que Werner Beinhauer llama «insultos ficticios»,[266] que pueden dar lugar en castellano a verdaderas enormidades. Se trata de una práctica corriente en el inglés estadounidense, pero menos extendida en el inglés británico. A veces puede ocurrir que el traductor pase la obra por el filtro de su sentido de la corrección y produzca una traducción más decente que el original. Los traductores normalmente bien hablados saben que, en tales ocasiones pueden permitirse ciertas licencias puesto que lo exige el guión.

Son muchas las obras contemporáneas en las que la oralidad es un rasgo relevante. El problema, entonces, es encontrar el tono y mantenerlo sin cambios de registro, intentando compensar las posibles pérdidas y respetando el ritmo del discurso.

> *I mean, the sun outside – let me tell you about that sun. It was something else, it was so hot even refrigerators were melting. I mean, that's how hot it was, I mean, it was like the sun had some personal bone to pick with us. But the breeze, Jesuschrist, the breeze. It was like an air-conditioner.*
>
> Hacía un calor, tío... No te lo puedes ni imaginar el calor que hacía. Era una pasada, hacía tanto calor que hasta las neveras se derretían. Sí, hacía un calor de la leche. En serio, tío, era como si el sol la hubiera tomado con nosotros. Pero había una brisa, joder, qué brisa. Parecía un aparato de aire acondicionado.

Se juega aquí con la elección léxica, las construcciones sintácticas o las redundancias. Por ejemplo, la repetición de «*I mean*» o de «*it was*» deben compensarse con otros medios estilísticos en castellano. Otro elemento que debe compensarse es el valor enfático del «*that*». Este tipo de textos ponen a prueba el oído y la sensibilidad lingüística del traductor.

El problema principal es, como se ha dicho antes, encontrar la voz y sostenerla de modo coherente manteniendo el ritmo del discurso;

266. Werner Beinhauer, *El español coloquial*, Madrid, Gredos, 1978, 3ª ed. ampl. y act., pp. 47-49 y nota 60, pp. 56-57.

para ello, el traductor habrá tenido que realizar una lectura especialmente atenta para identificar todas las marcas relevantes de la oralidad (incluyendo la agramaticalidad) para luego analizar el modo de conservarlas o compensarlas. Por ejemplo, en el comienzo de *El guardián en el centeno* de Salinger, citado más arriba («Si de verdad les interesa lo que voy a contarles...»), no parece lo más acertado la elección del «ustedes» para traducir el *«you»* (*«If you really want to hear about it»*). En España —la traducción es española—, el pronombre utilizado, «ustedes», denota un grado de formalidad que entra en contradicción con la familiaridad del discurso del protagonista.

El «modo oral», con sus importantes consecuencias en las elecciones léxicas, sintácticas y estilísticas, no es exclusivo de las obras en que la voz de un narrador presenta la historia «como se habla». Aflora también en novelas y relatos, donde los diálogos pueden suponer un cambio de narrador y, al mismo tiempo, un cambio de registro con respecto a la voz del narrador principal.

Estos cambios de nivel en lo que se refiere a la posición del narrador y, de modo concomitante, al registro lingüístico mantenido de modo coherente a lo largo de la obra pueden aparecer en cualquier texto. Y el traductor debe dar un tratamiento distintivo a ese afloramiento de la oralidad. El ejemplo prototípico de este tipo de aparición muy concreta de lo oral es la cita de un extracto de conversación en un texto en el que predomina un registro formal. La identificación no presenta problemas, puesto que tipográficamente está señalada por la utilización de comillas. Son esas mismas comillas las que deben advertir al traductor de que, en el espacio delimitado por ellas, podrá utilizar recursos estilísticos diferentes de los utilizados hasta entonces. El siguiente ejemplo está extraído de un pasaje en que se describe una visita a un asentamiento anasazi y la arquitectura de esos precursores de los indios pueblo.

Long, accurate curves, invisible joins, quixotic angles for windows and doors, some characteristically T-shaped, the features of Bonito reveal the Anasazi as accomplished architects and meticulous builders. "The walls are incredibly beautiful to our eyes, but, you know, they were often faced with plaster, so you wouldn't see the details," said Patty.

Curvas largas y precisas, juntas invisibles, ángulos improbables para las ventanas y las puertas, algunas con la característica forma de T; los rasgos de Bonito ponen de manifiesto que los anasazi fueron unos consumados arquitectos y unos constructores meticulosos. «A nosotros, las paredes nos parecen hermosísimas, pero en realidad muchas veces estaban revocadas, así que no se veían los detalles», dijo Patty.

En inglés, los rasgos más reveladores de lo que estamos denominando aquí oralidad son la segmentación de la frase y el uso de «*you know*», con su carga de complicidad, y del «incredibly» expresivo. En castellano, por supuesto, la pérdida no sería demasiado importante, en caso de que todos los rasgos no se compensaran, puesto que en el fondo se trata de un texto escrito que quiere tener una ligera apariencia de oralidad; sin embargo, el traductor puede mantener la segmentación de la frase y desplazar la marca de énfasis del adverbio hacia el adjetivo intensificándolo con un superlativo.

En algunos textos, como, por ejemplo, en una obra de teatro, las convenciones del género exigen del traductor que limite sus elecciones para mantener el artificio de la oralidad. En otros, en cambio, como muestra el siguiente fragmento de una entrevista al escritor Henry Roth, los rasgos de este tipo de lenguaje tienen que «rebajarse» para dotar al conjunto de un grado adecuado de aceptabilidad.

VM: How does it make you feel to be hailed a writer of genius?
HR: Well, when you get to be my age, the truth is that it dwindles in importance. In your own eyes, it becomes much less important, in retrospect, than what you think of your own life and the errors that you've committed as well as some of the good things. And you know it's all vanity, so it doesn't really matter if they say you are a genius. All that acclaim bears much less importance than simple daily comfort in my state. It's difficult just being alive, sitting all these days out. They are innumerable. And they take precedence over every other thing, including acclaim, it doesn't really matter as it would seem that it would, you know?

—¿Qué siente al ser aclamado como un escritor de genio?
—Bueno, cuando se llega a mi edad, la verdad es que esas cosas adquieren menos importancia. Cuando miras hacia atrás, se te vuelven mucho menos importantes que lo que piensas de tu propia vida, de los errores que has cometido, de los aciertos que has podido tener. Y sabes que todo es vanidad; así que, en realidad, no importa que digan de ti que eres un genio. En mi situación, el aplauso público tiene mucha menos importancia que la simple comodidad diaria. El

mero hecho de estar vivo, de esperar, se hace difícil. Los días son innumerables. Y adquieren prioridad sobre todas las demás cosas, inclusive el aplauso, que de hecho no importa tanto como podría parecer.

En la primera frase de la traducción, se ha realizado una pequeña explicitación («*it*», «esas cosas»). También se han reordenado sintácticamente algunas frases («*In your own eyes...*», «Cuando miras...»; «*It's difficult...*», «El mero hecho...»). Asimismo, se ha evitado una construcción incompleta («*some of the good things*», «los aciertos que has podido tener»). Y se ha aumentado la cohesión de la última frase introduciendo un pronombre relativo («*it doesn't really matter*», «que de hecho no importa»).

Todos estos cambios contribuyen a alejar la versión traducida del tono de transcripción que posee el original. Se trata de una labor de edición del texto que muchas veces es necesaria en los encargos para prensa.

La pertinencia de todos estos procedimientos, es algo que debe decidir el traductor en función de los elementos contextuales. Si bien su experiencia puede convertir en semiautomáticas algunas de las operaciones (como, por ejemplo, la traducción de las voces pasivas o los adverbios en «-mente»), este automatismo no puede generalizarse, y la tarea del traductor consiste en realizar una valoración constante de los rasgos textuales y extratextuales con el fin de llegar a un trasvase satisfactorio de todos los elementos relevantes. En la medida en que la traducción es una técnica, es posible hacer cierto tipo de generalizaciones; pero, en la medida en que es un arte, sólo la intuición y la sensibilidad lingüística del traductor pueden decidir si la solución general es aplicable a cada caso concreto.

Lecturas recomendadas

Coseriu, E., *Teoría del lenguaje y lingüística general*, Madrid, Gredos, 1982, 3ª ed. rev. y corr., 2ª reimpr.

García Yebra, V., *Teoría y práctica de la traducción*, Madrid, Gredos, 1982, 2 vols.

Hoof, H. van, *Traduire l'anglais*, París/Lovaina, Duculot, 1989.

Kelly, L. G., *The True Interpreter*, Oxford, Basil Blackwell, 1979.

Lorenzo, E., *El español de hoy, lengua en ebullición*, Madrid, Gredos, 1980.

—, *Anglicismos hispánicos*, Madrid, Gredos, 1996.

Newmark, P.,*A Textbook of Translation*, Londres/Nueva York, Prentice Hall International Ltd, 1987.

—, *Paragraphs on Translation*, Clevedon, Multilingual Matters, 1993.

Rabadán, R., *Equivalencia y traducción*, León, Universidad de León, 1991.

Toury, G., *In Search of a Theory of Translation*, Tel Aviv, Porter Institute for Poetics and Semiotics, 1980.

Vázquez-Ayora, G.,*Introducción a la traductología*, Washington (D.C.), Georgetown University Press, 1977.

Vinay, J.-P., y J. Darbelnet, *Stylistique comparée du français et de l'anglais*, París, Didier, 1977, ed. rev. y corr.

Wandruszka, M.,*Nuestros idiomas: comparables e incomparables*, trad. Elena Bombín, Madrid, Gredos, 1976, 2 vols.

Capítulo décimo

Diccionarios
y otras fuentes de consulta

La mirada general sobre los diccionarios suele ser una mirada superficial: se considera que es mejor diccionario el que tiene más entradas y que el número de entradas es el anunciado en la sobrecubierta o la contraportada. Sin embargo, del mismo modo que el traductor, en su práctica, aprende a dirigir su búsqueda (enciclopedias, diccionarios generales, especializados, de dudas) en función del tipo de dificultad con el que se encuentra, también tiene que desarrollar escalas de fiabilidad y descubrir cuáles son los puntos fuertes y las debilidades de las obras que consulta.

Hablando de diccionarios, dice Samuel Johnson que «dictionaries are like watches; the worst is better than none, and the best cannot be expected to go quite true». Desde un punto de vista absoluto, todo diccionario es una empresa fallida. El esfuerzo procústico de querer abarcar una realidad proteica está, en última instancia, condenado al fracaso. Aunque, pensándolo bien, lo mismo podría decirse de la traducción y, en el fondo, de la lectura.

Una vez hecha esta reflexión orteguiana, hay que añadir que los diccionarios son una de las herramientas básicas del traductor. De entre todos los que maneja, los más importantes son los monolingües y los bilingües. Valéry Larbaud llamó a los monolingües «libros consulares», en comparación con los cuales los bilingües no hacen más que de simples «ujieres».[267] Desde luego la lexicografía ha avanzado mucho desde mediados de siglo y, aunque sin llegar al consulado, no cabe duda de que los diccionarios bilingües han ascendido unos cuantos escalafones jerárquicos. En las páginas que siguen analizaremos con cierto detalle los cuatro diccionarios bilingües más importantes que existen en el mercado, pero antes quizá sea de utilidad comentar —de forma somera— los principales tipos de obras que forman el arsenal del traductor y citar al mismo tiempo algunas de las más destacadas.[268]

---

267. Valéry Larbaud, *Sous l'invocation de Saint Jérome*, París, Gallimard, 1946, pp. 86-87.

268. Si no se indica lo contrario, la fecha de publicación citada es la de la edición más reciente que conocemos.

Principales fuentes de autoridad

En el terreno de los monolingües ingleses, las referencias obligadas, puesto que constituyen las máximas autoridades lingüísticas
en inglés norteamericano e inglés británico respectivamente, son el
Webster's Third New International Dictionary (Merriam-Webster,
1986) en uno o tres volúmenes[269] y el *New Oxford English Dictionary*
(Oxford University Press, 1989), una obra monumental en veinte
volúmenes, del que existe una excelente versión en dos, el *New
Shorter Oxford English Dictionary* (Oxford University Press, 1993).

En castellano, el equivalente es el *Diccionario de la lengua
española* (Espasa Calpe, 1992), que nunca se ha caracterizado por su
celeridad a la hora de aceptar términos y neologismos de uso
corriente; a pesar de ello sirve de autoridad última y es utilizado por
muchas editoriales para confeccionar sus propios diccionarios. La
diferencia con respecto a la magnitud de las dos obras inglesas
citadas es abismal. Basta comparar el número de entradas de cada
uno de ellos: *Webster*, más de 470.000; *OED*, 400.000; y *DRAE*,
83.000. El *Diccionario de uso del español* de María Moliner (Gredos,
1967[1]) constituye una auténtica joya. Además del vocabulario recogido por la Academia de la época, incluye muchas otras palabras, así
como abundantes ejemplos y fraseología. Tiene también extensas
entradas gramaticales y funciona como diccionario de sinónimos e
ideas afines. Su principal inconveniente es que necesita ser actualizado.[270] Con la aparición de la versión en CD-ROM del diccionario
(1996), desaparecen los problemas derivados de su peculiar mezcla
de orden alfabético y por familias, que en más de una ocasión
dificulta la labor de búsqueda. Otra obra titánica es el *Diccionario
ideológico de la lengua española* de Julio Casares (1942[1]), aunque en
este campo hay varias obras más recientes.[271] Una última obra de
consulta obligada es el *Diccionario actual de la lengua española*

---

269. La apelación *Webster* puede inducir a error. En inglés es sinónimo de
diccionario. Debido al éxito obtenido por la primera versión publicada en 1828 por
Noah Webster, la palabra se lexicalizó, por lo que en la actualidad existen una
multitud de *Websters*, publicados por las principales editoriales. Algunos son
buenas obras de consulta; sin embargo, la verdadera denominación de origen
corresponde a la obra publicada por la editorial Merriam Webster.

270. En las sucesivas reimpresiones se han ido introduciendo cambios menores;
en una de las últimas, por ejemplo, se corrigió su definición de «día»: «Espacio de
tiempo que tarda el Sol en dar una vuelta completa alrededor de la Tierra».

271. Como el *Diccionario de ideas afines* de Fernando Corripio (Herder, 1994[4])
y el *Diccionario ideológico Vox* (Biblograf, 1995).

(Biblograf, 1991), que recoge una gran cantidad de americanismos y términos recientes no incluidos en ninguno de los otros diccionarios.[272]

Asimismo, merecen especial mención el *Diccionario crítico etimológico* de Joan Corominas (Gredos, 1991) y su satélite, el *Breve diccionario etimológico de la lengua castellana* (Gredos, 1990); así como el monumental *Diccionario de construcción y régimen de la lengua castellana* de Rufino José Cuervo (Instituto Caro y Cuervo, finalizado en 1995).

En cuanto a las gramáticas inglesas, merecen destacarse *A Comprehensive Grammar of the English Language*, de Randolf Quirk, Sidney Greenbaum, Geoffrey Leech y Jan Statvik (Longman, 1985), así como las más abreviadas de Randolf Quirk y Geoffrey Greenbaum *A University Grammar of English* (Longman, 1993), y, de Geoffrey Leech, *A Communicative Grammar of English* (Longman, 1990).

Y, entre las castellanas, además del *Esbozo de una nueva gramática de la lengua española* (1973[1]) de la Academia, son obras útiles la *Gramática de la lengua española* de Emilio Alarcos Llorach (Espasa Calpe, 1995), el *Curso superior de sintaxis española* de Samuel Gili Gaya (Biblograf, 1995) y el libro de Francisco Marsá, *Diccionario normativo y guía práctica de la lengua española* (Ariel, 1994), mezcla de gramática y diccionario de dificultades. Como se ha dicho, también el diccionario de María Moliner contiene apartados gramaticales.

De entre los diccionarios de dudas son útiles entre otros, en inglés, el libro de Michael Swan, *Practical English Usage* (Oxford University Press, 1996), y, para los verbos preposicionales, el *Oxford Dictionary of Phrasal Verbs* de Anthony Cowie y Ronald Makin (1994); y, en castellano, el *Diccionario de dudas y dificultades de la lengua española* de Manuel Seco (Espasa Calpe, 1995). Así como obras como el *Libro de estilo [de] El País* (Ediciones El País, 1996), el *Manual de español urgente* de la Agencia Efe (Cátedra, 1995). Estas dos últimas obras van más allá de lo gramatical, un ámbito donde también son de utilidad el *Manual práctico de estilo* de Ramón Sol (Urano, 1992) o algunos de los diccionarios de José Martínez de Sousa: el *Diccionario de ortografía técnica* (Pirámide, 1987), el *Diccionario de tipografía y del libro* (Paraninfo, 1992) o el

272. Con este manual en galeradas ha aparecido el *Gran diccionario de la lengua española*, publicado por Larousse Planeta (1996), que incluye unas 70.000 voces, con un lemario muy actual y una gran claridad tipográfica. El inconveniente de la versión en CD-ROM es que no acaba de integrarse plenamente en la «filosofía Windows»

Manual de Traducción Inglés-Castellano

Diccionario de redacción y estilo (Pirámide, 1993), muy valiosos en cuestiones ortotipográficas y de estilo; o el más reciente *Diccionario de usos y dudas del español actual* (Biblograf, 1996).

En lo que respecta a las enciclopedias, el inglés cuenta con la importante presencia de la *Encyclopædia Britannica*, cuya última edición en 32 volúmenes es de 1994. Está dividida en dos partes: la «Micropædia» (12 volúmenes) permite una consulta específica; la «Macropædia» (17 volúmenes), organizada por temas, una consulta más profunda. Consta también de dos volúmenes de índice que remiten a las dos partes y un último volumen, «Propædia», de síntesis temática.

En castellano, disponemos de la *Enciclopedia Espasa* (*Enciclopedia universal ilustrada europeo-americana*), cuya última edición (1993) tiene 110 volúmenes (72 volúmenes más, a partir de 1930, 38 de apéndices). Es una de las mayores enciclopedias del mundo; sin embargo, la multitud de apéndices hace prácticamente imposible extraer de ella toda la información que contiene. Aunque puede ser muy útil para búsquedas concretas (por ejemplo, todo lo referente a la cultura humanística hasta los años treinta), lo anticuado de su diseño (superado sólo por la magnitud de la obra) hace poco probable que pueda satisfacer las necesidades contemporáneas del traductor, aunque eso dependerá de los problemas que quiera resolver y del tiempo de que disponga. Existen muchos otros diccionarios enciclopédicos, pero de entre todos ellos destacan la enciclopedia *Salvat Universal* en 24 volúmenes, realizada en España y en curso de publicación (1996-1998), así como la *Gran enciclopedia Larousse* de Planeta, adaptada del francés (la primera edición francesa es de 1982-1986) y que tiene 24 volúmenes (1987-1988) más 2 de suplementos (1994).

En el terreno de los diccionarios especializados, tanto monolingües como bilingües, la diversidad es tan grande que resulta imposible pasar revista a todos los ámbitos. Aquí, más agudamente quizá que ante otros problemas terminológicos, el traductor debe emprender una labor de búsqueda de obras de referencia (librerías, ISBN, bibliotecas, bases de datos, especialistas) y de discriminación de las soluciones que aportan. Entre los diccionarios técnicos bilingües o que incluyen equivalencias inglesas destaca el *Nuevo diccionario politécnico de las lenguas española e inglesa* en dos volúmenes de Federico Beigbeder Atienza (Díaz de Santos, 1988).[273] Luego están

---

273. En 1995, esta obra de 4.000 páginas ha sido reducida a un solo volumen de 1.300 páginas, el *Diccionario técnico inglés-español español-inglés*.

los más específicos, como el *Diccionario terminológico de ciencias médicas* (Masson, 1992), el *Diccionario de términos jurídicos* de Enrique Alcaráz y Brian Hughes (Ariel, 1993), el *Nuevo diccionario bilingüe de economía y empresa* de José María Lozano Irueste (Pirámide, 1993), el *Diccionario de biotecnología* de J. Coombs (Labor-MEC, 1989), el *Diccionario de informática* (Díaz de Santos, 1988), el *Vocabulario científico y técnico* de la Real Academia de Ciencias Exactas, Físicas y Naturales (Espasa, 1996), el *Gran diccionario de psicología* (Del Prado, 1996) —obra adaptada del francés con equivalencias de los términos en francés, inglés y, los de psicoanálisis, alemán— o los glosarios internos de los organismos internacionales.

Entre los diccionarios especializados monolingües, mencionaremos, entre otros muchos, el *Diccionario de retórica, crítica y terminología literaria* de Angelo Marchese, adaptado por Joaquín Forradellas (Ariel, 1989) o el más reciente *Diccionario de términos literarios* de Demetrio Estébanez Calderón (Alianza, 1996), el *Diccionario de Mitología* de Pierre Grimal, traducido del francés (Paidós, 1994), así como el *Diccionario de instrumentos musicales* de Ramón Andrés (Biblograf, 1995), que se inscribe dentro de la ilustre tradición hispánica del esfuerzo ingente y solitario.

Hay campos específicos en los que el traductor nota de modo punzante la ausencia de obras de referencia en castellano, como cuando se enfrenta a la traducción del argot, donde no cuenta con nada parecido a *A Dictionary of Slang* de Eric Partridge (Routledge, 1989) o el *American Slang* de Robert L. Chapman (McMillan, 1995).

Antes de cerrar el apartado de las obras de referencia en papel, es necesario hacer constar que hay muchos otros tipos de obras que el traductor debe consultar: por ejemplo, una herramienta imprescindible que no entra dentro de las categorías citadas es un buen atlas que siga un criterio coherente en la traducción de topónimos (como el de Aguilar), o también —a pesar de sus deficiencias— el ISBN, las guías de campo (como las publicadas por Omega o Grijalbo), los diccionarios pictóricos (como el de Oxford [1996] o los de Altea) y todo tipo de publicaciones especializadas.[274]

---

274. Muchas veces el traductor profesional se encuentra en un terreno terminológico apenas explorado y debe resolver problemas que alguna vez deseó no tener que resolver. ¿Cómo se transcriben los nombres propios egipcios? En ocasiones hay suerte, como en este caso, y la investigación conduce al descubrimiento en una revista especializada del artículo de Josep Padró «La transcripción castellana de los nombres propios egipcios», que lo pone sobre la pista de un método sistemático y consistente. Este artículo es el equivalente para los nombres egipcios

Aunque por ahora todavía están introducidas muy parcialmente en el mundo de la traducción profesional, hay dos tipos de ayudas que cada vez serán más importantes. En primer lugar, los programas residentes y, sobre todo, el soporte en CD-ROM. Los programas residentes son programas que el ordenador carga en su memoria y pueden ser consultados desde el documento de trabajo. Hace un tiempo empezaron a utilizarse diccionarios en este formato. Sin embargo, los caminos que abre el CD-ROM llegan mucho más lejos. Se trata de un formato que permite el almacenamiento de una gran cantidad de información en un simple disco compacto (650 megas). Existen ya verdaderas bibliotecas en este formato, a la espera sólo de que los traductores accedan a ellas. El *Diccionario de la Real Academia Española*, el *Diccionario actual de la lengua española*, el *Diccionario de uso del español* o el *Vocabulario científico y técnico*, por ejemplo, existen ya en este formato. En realidad cualquier diccionario de envergadura sale ya al mercado en versión CD. Sin embargo, a pesar de sus ventajas, donde realmente los compactos constituyen un auténtico progreso es en el campo enciclopédico o en el de corpus diversos (como diccionarios de citas u obras completas de un autor), donde pueden jugar con la combinación de texto, imagen y sonido o contener verdaderas montañas de información. Unos ejemplos ingleses extremadamente útiles para el traductor son el *Oxford English Dictionary*, la *Encyclopædia Britannica*, la versión en compacto de toda la obra de Shakespeare (*The Complete Works of William Shakespeare*, CMC Research, 1989) o de las diferentes versiones bíblicas (*The Bible Library*, Ellis Enterprises Inc., 1994). El formato en CD-ROM incluye programas de búsqueda que permiten la localización instantánea de cualquier palabra, cita o referencia cruzada.

El segundo tipo de ayuda electrónica es el representado por las posibilidades de conexión a las redes informáticas, ya sea para navegar en busca de información o para conectarse a bancos de datos especializados, como el tantas veces citado Eurodicautom comunitario. Este tipo de ayuda está relativamente poco explorado en el mundo de la traducción profesional; básicamente porque, aunque no es muy costoso conectarse a la red, exige un esfuerzo mental para cambiar una serie de hábitos adquiridos, así como una gran dosis de

---

del libro de Manuel Fernández Galiano, constantemente citado por Manuel Seco, *La transcripción castellana de los nombres propios griegos* (Sociedad Española de Estudios Clásicos, 1969).

paciencia para dedicar un buen número de horas a habituarse al nuevo entorno. Muchos traductores profesionales piensan, en el fondo, que la tarea compete a las nuevas generaciones y están dispuestos a ceder ese testigo. De hecho, aún quedan unos pocos traductores que escriben a máquina.

Por último, aunque sólo en el orden de la enumeración, están los asesores de carne y hueso, un formato que, a pesar de todos los progresos cibernéticos, sigue dando aún muy buenos resultados. Todo traductor construye a lo largo de su práctica una red de «colaboradores» a los que recurre para resolver dificultades concretas. Muchas veces son ellos los que lo sacarán del atolladero; sobre todo, en el difuso ámbito de las alusiones socioculturales, sólo ellos podrán explicitar lo que se esconde tras la referencia a una marca comercial o un programa de televisión. Por otro lado, las disciplinas científicas y técnicas avanzan tan rápidamente que las obras disponibles pueden fácilmente no incluir los neologismos más recientes. Ocurre con frecuencia que los diccionarios son demasiado generales para el tipo de duda que hay que resolver o que las soluciones que proponen no son las más pertinentes. En un idioma tan vivo como el inglés no es difícil encontrar palabras (basta con pensar en el argot) que ni siquiera aparecen en los diccionarios monolingües más recientes. A veces, ante un fragmento determinado, ya sea porque tiene una forma arcaica, por su ritmo o porque lo avisa un sexto sentido (una sensibilidad lingüística especial que debe desarrollar), el traductor intuye una alusión oculta, cree oír un efecto de resonancia, aunque sin poder distinguir claramente el sonido, sin saber hacia dónde mirar. En estos casos, la consulta a una persona nativa se hace imprescindible.

En ocasiones puede ocurrir justamente lo contrario, que el traductor tenga una idea clara de una referencia a un objeto, que el plano denotativo no presente problemas, pero que deba emprender una labor de búsqueda para hallar la palabra que lo designa. Cuando esto ocurre, no es descabellada la idea de realizar una visita a unos grandes almacenes, ese lugar macondiano en el que todas las cosas tienen una etiqueta con su nombre.

Éstas son las principales fuentes de consulta a las que tiene que recurrir el traductor. Una parte importante de su trabajo consiste en elegir la dirección adecuada y desbrozar, en la jungla de información que tiene delante, un camino que le permita llegar con seguridad al destino deseado. Tiene que aprender a comparar, a resolver problemas por analogía, a discriminar la pertinencia de las soluciones que encuentra a su paso.

Los diccionarios bilingües son un buen lugar para empezar a comparar: el bilingüe, junto con un monolingüe en cada lengua, completa la tríada de las obras básicas de consulta del traductor. Por ello, su elección no puede ser nunca fruto de una decisión descuidada, sino de un atento estudio comparativo. Y, si en el terreno de los monolingües, existen obras plenamente reconocidas que destacan por su excelencia, en el terreno de los bilingües la situación es un poco menos clara.

Análisis comparativo de cuatro diccionarios bilingües: Simon & Schuster, Collins, Larousse y Oxford

A continuación, analizaremos las características de los cuatro principales diccionarios bilingües. Todo traductor profesional del inglés al castellano tiene al menos uno de ellos. Analizaremos sólo la parte correspondiente a la traducción directa y sólo ocasionalmente nos referiremos a la sección castellano-inglés. Por orden de publicación de las últimas versiones disponibles, son éstos:

Nombre: *Diccionario internacional Simon and Schuster inglés / español español / inglés*
Editorial: Simon and Schuster
Dirección de la obra: Tana de Gámez
Fecha: 1973
ISBN: 0-671-21267-2
N.° páginas: xviii + 1.605
N.° entradas: 200.000 artículos
Lugar de realización: Nueva York
Precio: 9.000 ptas., aprox.

Nombre: *Diccionario Collins inglés-español English-Spanish*
Editorial: Grijalbo
Dirección de la obra: Colin Smith / Diarmuid Bradley, Teresa de Carlos, Louis Rodrigues y José Ramón Parrondo (3ª edición)

Fecha: 1993, 3 ed.
ISBN: 0-06-275510-2
N.° páginas: xxxviii + 1.690
N.° entradas: > 230.000 entradas (de las cuales 30.000 nuevas o puestas al día)
Lugar de realización: Londres y Barcelona
Precio: 6.000 ptas., aprox.

Nombre: *Gran Diccionario español-inglés English-Spanish*
Editorial: Larousse
Dirección de la obra: Ramón García-Pelayo / Béatrice Cazalaà, Paloma Cabot y Anna Jené Palat (nueva edición)
Fecha: 1993
ISBN: 2-03-451351-7
N.° páginas: xxxiv + 1.542 + xiv
N.° entradas: > 220.000 palabras y expresiones (8.000 voces nuevas)
Lugar de realización: Edimburgo y Barcelona
Precio: 6.300 ptas., aprox.

Nombre: *Diccionario Oxford español-inglés inglés-español*
Editorial: Oxford
Dirección de la obra: Beatriz Galimberti Jarman / Roy Russell
Fecha: 1994
ISBN: 0-19864503-1
N.° páginas: li + 1829
N.° entradas: 275.000 palabras y expresiones
Lugar de realización: Madrid y Londres
Precio: 6.000 ptas., aprox.

Los públicos a los que se dirigen los cuatro diccionarios no son exactamente los mismos, como se pone de manifiesto en los respectivos prólogos. *Simon & Schuster* no se dirige a un público escolar, pretende ser un diccionario «actual y completo» y, en su corpus —que contiene voces españolas y americanas—, hace especial hincapié en las entradas enciclopédicas, científicas y técnicas. *Collins* se dirige al «hablante medio» de ambos lados del Atlántico, reconoce incluir pocos arcaísmos —lo hace en la medida en que aparecen en los textos literarios— y pocos términos técnicos. *Larousse* pretende recoger «un corpus lo más amplio posible», tanto general como especializado, y afirma contener numerosos términos especializados, así como giros y expresiones coloquiales y variantes americanas. Al igual que el anterior, es una ampliación de obras ya existentes. *Oxford* es un diccionario de nueva planta, afirma ser «la máxima autoridad en diccionarios de inglés», contener «además del patrimonio literario, un fiel reflejo de la lengua que se habla en los 90, tanto en Europa como en el continente americano» y dirigirse «tanto al traductor como al docente, a las personas de negocios y al estudiante de cualquier nivel».

Para la comparación se han tomado muestras en cuatro lugares diferentes de los diccionarios: las 250 primeras palabras de la letra A del corpus formado por la suma de los cuatro diccionarios, las palabras comprendidas en todos ellos entre «*emblem*» y «*empire*» y entre «*paternity*» y «*pawn*», así como toda la letra Z. Se ha tenido en cuenta la diferente ordenación de los compuestos en el cómputo de palabras.

La comparación se ha llevado a cabo en dos niveles: un nivel vertical, en el que se ha contado el número de entradas, es decir, la extensión del lemario; y un nivel horizontal, en el que se ha analizado el desarrollo de los artículos.

El número de entradas de un diccionario es una noción difusa. Es difícil llegar a una cifra definida debido al diferente tratamiento que reciben las palabras y los compuestos en los diferentes diccionarios bilingües. Además, el número real de voces suele quedar enmascarado por la salvedad «palabras y expresiones», que contribuye a envolver de ambigüedad la verdadera extensión de los lemarios. Por otra parte, razones comerciales empujan a entrar en una especie de escalada en cuanto a la cantidad de términos incluidos en una obra. Si dividimos por dos el número de entradas que dicen poseer estos diccionarios para tomar en cuenta sólo una de las dos secciones, resulta que *Simon & Schuster* tiene aproximadamente 100.000; *Collins*, 115.000; *Larousse*, 110.000; y *Oxford*, 135.250. En todo caso, la cifra de entradas (83.000) que afirma tener el *Diccionario de la lengua española* (DRAE) es un dato que aporta cierta dosis de relativismo a las cifras mencionadas.

Más que formular hipótesis sobre cifras absolutas, hemos establecido correlaciones entre las diferentes obras. De la comparación de los lemarios se desprende que el mayor es el *Simon & Schuster*, seguido por el de *Larousse* y, en tercer lugar, sin grandes diferencias, por los de *Oxford* y *Collins*. El lemario de *Simon & Schuster* parece ser un tercio mayor que el de *Larousse*, y el de éste, una quinta parte más grande que los de *Collins* y *Oxford*.

El lemario de *Simon & Schuster* es, con mucho, el más amplio en términos científicos y técnicos, aunque tiene el inconveniente de no incluir palabras posteriores al principio de los setenta, puesto que no existe ninguna versión puesta al día. Contiene también en exclusiva gran cantidad de vocabulario especializado de diferentes ámbitos del saber (no sólo de la ciencia), así como una gran cantidad de entradas enciclopédicas, desde antropónimos clásicos y mitológicos, pasando por epónimos, etnónimos y gentilicios, hasta compuestos del estilo de «*Big Bertha*», «*Golden Horde*», «*linear B*», «*Maginot line*» (o «Sublime Puerta», que aparece sólo en su parte en castellano). Incluye asimismo palabras poco frecuentes y numerosos americanismos y referencias culturales estadounidenses («*Algonkian*», «*Dixiecrat*», «*Mason-Dixon line*»). Esta característica se debe sin duda al hecho de ser el único de los cuatro realizado en Estados Unidos y reviste gran importancia puesto que es un aspecto menos tratado en los demás. Además, al menos una quinta parte de sus entradas no se incluye en ninguno de los otros tres diccionarios.

Su principal defecto es lo obsoleto del corpus, especialmente patente en los terrenos científicos y técnicos (aunque incluye «*greenhouse effect*») y en los neologismos. Si bien contiene una cantidad muy importante de nombres propios, hay ausencias notorias, tanto en los antropónimos («*Aaron*», «*Emmanuel*», «*Patrick*», «*Paul*») como en los topónimos («*Aachen*», «*Abidjan*», «*Pavia*», «*Zurich*», o «*Zaire*», país que consiguió su independencia en 1971).

El lemario de *Larousse* es el segundo en tamaño después del de *Simon & Schuster*, tanto en vocabulario general como en términos científicos. En cuanto a los defectos, contiene muy pocas siglas, aunque esta carencia está justificada por la existencia de un diccionario de siglas *Larousse*, pocos americanismos y términos culturales estadounidenses (no salen «*submarine*» [«bocadillo»] o «*Peace Corps*»). Hay algún retraso en la introducción de neologismos, aspecto en que es superado por *Oxford* y *Collins* (no salen «*acid house*», «*big bang*», «*cellular phone*», «*drive*», «*e-mail*» [aunque sí «*electronic mail*»], «*wind-chill factor*»). No incluye «*Zeus*».

El lemario de *Oxford* es más reducido, aunque está cuidadosamente seleccionado. Su vocabulario es más general y, de forma no coincidente con lo que afirma en el prólogo, los problemas que resuelve son muchas veces los de un estudiante, más que los de un traductor profesional. Posee numerosas entradas de neologismos, con abundancia de marcas comerciales lexicalizadas y de voces del lenguaje informal. También tiene muchos americanismos (de hecho, las entradas están introducidas, en los casos de divergencia ortográfica, por la forma americana de la palabra). No incluye, como Larousse, «*cellular phone*» ni «*drive*». Tampoco incluye «*Uranus*»[275] (aunque sí «*uranium*», y «Urano» en la parte en castellano). De todos modos, es el único de los tres que parece conceder cierto crédito a las Naciones Unidas e incluye «*blue helmet*» (aunque es cierto que *Collins* ofrece una explicación en la entrada castellana de «casco azul»).

El lemario de *Collins* tiene aproximadamente el mismo tamaño que el de *Oxford*, aunque no está tan cuidado: en sus 150 primeras entradas, aproximadamente dos tercios de las palabras que figuran en él y no figuran en *Larousse*, así como la mitad de las que no aparecen en *Oxford*, son palabras derivadas (adverbios en «*-ly*», sustantivos en «*-ness*» o formas verbales). Como *Oxford*, contiene más neologismos y americanismos que *Larousse*. Y es el que tiene más siglas de los tres.

En cuanto a la comparación horizontal, el desarrollo de los artículos en cada uno de los cuatro diccionarios constituye un buen reflejo del avance de la lexicografía en las últimas décadas. La claridad y la facilidad de búsqueda disminuyen en proporción directa a la antigüedad de la obra. El mejor tratamiento es el dado por *Oxford*, el peor es el de *Simon & Schuster; Larousse* y *Collins* ocupan una posición intermedia, con ventaja aquí para *Collins*. Estas dos últimas obras son, a diferencia de *Oxford*, ampliaciones de obras anteriores (de principios de los setenta), y este hecho constituye un lastre estructural, puesto que les hace arrastrar una concepción lexicográfica que ya se percibe como un tanto caducada; si bien es patente en *Collins* el esfuerzo de renovación. Entre las páginas 314 y 317 reproducimos cuatro entradas de *Simon & Schuster, Collins, Larousse* y *Oxford*, en ese orden.

Aunque *Simon & Schuster* vuelve a superar a los demás en cuanto al número de acepciones, las presenta una tras otra, sin ejemplos de uso, sin situar las palabras en diferentes contextos. Intenta cubrir el campo semántico de la palabra con una serie de sinónimos, pero sin separación clara de los campos y da una impresión de confusión y redundancia. Tiene pocas locuciones y tampoco separa las categorías gramaticales por párrafos. Estos

---

275. Una marca, seguramente, de la procedencia de su corpus, pues esta palabra tampoco aparece en otros diccionarios de la editorial Oxford, como *Oxford Modern English* (1992) o *The Concise Oxford-Hachette French Dictionary* (1995), que es el equivalente francés-inglés/inglés-francés de esta obra.

defectos se deben, sin duda, al excesivo peso dado en la época a la lengua considerada como sistema fijo, en detrimento de la movilidad de que la dotan sus usuarios.

Los otros tres diccionarios introducen marcas que orientan sobre el uso de las diferentes acepciones de la palabra, ponen ejemplos, colocaciones y locuciones. En orden creciente de indicadores, son: *Larousse*, *Collins* y *Oxford*. Aunque, de nuevo, es *Larousse* el que supera a los otros dos en número de acepciones, es*Oxford* el que ofrece el tratamiento más novedoso de las entradas.

La gran ventaja de *Oxford* en este aspecto es su renuncia a la tiranía a la que se someten sobre todo *Simon & Schuster* y *Larousse* de ofrecer siempre un sinónimo o un equivalente. La importancia otorgada por *Oxford* al aspecto discursivo de la lengua hace que tienda a ofrecer siempre que considera pertinente una batería de ejemplos de uso que, por sí solos, acaban construyendo el sentido de la palabra. Este procedimiento trata las palabras como conjuntos difusos cuyos límites varían en función de los diferentes usos contextuales y permite escapar de la falsa impresión de equivalencia, que llevaba incluso a respetar la categoría gramatical de la palabra original, y que constituía uno de los principales defectos de los diccionarios bilingües. *Collins* también utiliza en ocasiones los ejemplos de ese modo, pero no lo hace de modo sistemático y no están tan bien elegidos como en *Oxford*.

Esta intención deliberada de no buscar un equivalente forzado se refleja también en el tratamiento de términos culturales. *Oxford* recurre de modo sistemático a la explicación, como también *Simon & Schuster*, a diferencia de *Larousse*, que tiene una fuerte tendencia (cuando incluye el término) a la adaptación, a difuminar la marca de extranjeridad. *Collins* oscila entre esos dos extremos. *Simon & Schuster* suele explicar ampliamente los términos culturales que incluye, que son muchos (aunque tiene, evidentemente, el inconveniente ya citado de no haber sido revisado desde su publicación).

Oxford destaca además por su visible voluntad de dirigirse al público hispanohablante de los dos lados del Atlántico, ya que tiene en cuenta la amplia diversidad lingüística del castellano y presenta traducciones específicas para los diferentes países latinoamericanos. Algo que también hace pero sin marcas diatópicas, *Simon & Schuster*.

background ['bæk‚graund] *s.* 1. fondo (de un cuadro o vista), trasfondo; lontananza. 2. medio, ambiente; acompañamiento. 3. información básica, datos esenciales, fundamento. 4. antecedentes; experiencia, conocimientos (de una persona). 5. (fig.) segundo término, segundo plano; oscuridad. 6. (rad.) ruido de fondo.
background music, (teat., rad., t.v.) música de fondo.

background ['bækgraund] **1** *n* **(a)** (*gen*) fondo *m*; (*Art*) fondo *m*, último término *m*; **in the ~** al fondo, en el fondo, en último término; **against a dim ~** sobre un fondo oscuro; **to stay in the ~** mantenerse en segundo plano, no buscar la luz de la publicidad.
(b) (*of person*) antecedentes *mpl*, historial *m*, educación *f*; **what is his ~?** ¿cuáles son sus antecedentes?
(c) (*information*) antecedentes *mpl*; información *f* previa; **the ~ to the crisis** los antecedentes de la crisis; **to fill in the ~ for sb** poner a uno en antecedentes.
2 *attr*: **~ music** música *f* de fondo; **~ noise** ruido *m* de fondo; **~ reading** lecturas *fpl* preparatorias; **~ studies** estudios *mpl* del ambiente histórico (*etc*) (en que vivió un autor *etc*); **~ task** (*Comput*) tarea *f* secundaria.

background [-graund] *n* fondo *m*; *red triangles on a green background* triángulos rojos en un fondo verde ‖ último plano *m* (of picture, photograph) ‖ FIG segundo plano *m*, segundo término *m* (less prominent position) | antecedentes *m pl* (events leading up to); *the background to the revolution* los antecedentes de la revolución | ambiente *m*, medio *m* (atmosphere) | bases *f pl* (basic knowledge) | origen *m* (origin); *he has an English background* es de origen inglés | conocimientos *m pl*, experiencia *f* (experience) | educación *f* | pasado *m* (past life) ‖ *background music, noise* música, ruido de fondo.

background² *adj* (*before n*) ‹noise/music› de fondo; **~ processing** (Comput) proceso *m* subordinado; **~ radiation** radiación *f* de fondo; **~ reading** lecturas *fpl* preparatorias (*acerca del momento histórico, antecedentes etc*); **he'll give you some ~ information** él te informará sobre la situación (*or* el contexto, los antecedentes *etc*); **she gave a short ~ talk** dio una pequeña charla de introducción al tema

butt [bʌt] *s.* 1. mango, cabo, extremo más
ancho; mocho (de un instrumento o
utensilio). 2. culata (de fusil o revól-
ver). 3. tocón (de un árbol). 4. colilla
o punta (de cigarro o cigarrillo). 5.
blanco; (fig.) blanco de burlas, bromas,
insultos. 6. parabalas (detrás del blanco en el campo de tiro). 7. topetazo;
empujón, embestida. 8. pipa, barrica,
tonel. 9. bisagra. —*v.t.* 1. topetar, topar; embestir, lanzarse contra (esp. de
cabeza). 2. empalmar, juntar a tope. —
v.i. dar topetadas; b. **against** o **upon**,
colindar o empalmar con; b. **in**, (fig.)
entremeterse.

butt¹ [bʌt] *n* (*barrel*) tonel *m*; (*for rainwater*) tina *f*.
butt² [bʌt] *n* (*end*) cabo *m*, extremo *m* más
grueso; (*of gun*) culata *f*; (*of cigarette*) colilla *f*; (*US:*
cigarette) colilla *f*, pito* *m*; (*US*: Anat*) culo *m*; **to work**
one's ~ off* romperse los cuernos*.
butt³ [bʌt] *n* (*target*) blanco *m*; **~s** campo *m* de tiro al
blanco; **to be a ~ for** ser el blanco de, ser el objeto de.
butt⁴ [bʌt] **1** *n* (*push with head*) cabezada *f*, topetada *f*.
  2 *vt* dar cabezadas contra, topetar; **to ~ one's head**
against dar con la cabeza contra; **to ~ one's way through**
abrirse paso dando cabezadas.
◆**butt in** *vi* interrumpir; (*meddle*) entrometerse, meter
baza, meter su cuchara.
◆**butt into** *vt conversation* meterse en; *meeting* interrumpir.

butt [bʌt] *n* extremo *m* (end) ‖ culata *f; rifle*
butt culata de fusil ‖ tonel *m*, pipa *f* (barrel)
‖ aljibe *m* (for rainwater) ‖ pie *m*, base *f* (of
a plant) ‖ tocón *m* (of a tree) ‖ colilla *f* (of cigarette) ‖ pez *m* plano (flatfish) ‖ blanco *m* (target) ‖ FIG blanco *m; to be the butt of other people's*
jokes ser el blanco de las bromas de otros ‖
topetazo *m*, cabezazo *m* (blow) ‖ cuero *m* cur-
tido del lomo (leather) ‖ US FAM trasero *m* (buttocks).
◆ *pl* campo *m sing* de tiro al blanco.

butt [bʌt] *vt* topar (a ram) ‖ dar un golpe con
la cabeza (a person) ‖ ensamblar, empalmar,
unir a tope (to join).
◆ *vi* dar topetazos (a ram) ‖ dar golpes con
la cabeza ‖ golpearse (to bump) ‖ FIG *to butt in*
meterse en (a conversation).

butt¹ /bʌt/ *n* **1** **(a)** (of rifle) culata *f* **(b)** ~
(end) (blunt end) extremo *m* **(c)** (of cigarette)
colilla *f*, pucho *m* (RPl fam), bacha *f* (Méx fam)
(d) (cigarette) (AmE colloq) cigarrillo *m*, pucho
m (Col, CS fam)
  2 (target, object) blanco *m*; **to be the ~**
of jokes/criticism ser* el blanco de las
bromas/las críticas
  3 (cask) barril *m*, tonel *m*
  4 **(a)** (from goat) topetazo *m*, embestida *f* **(b)**
(head ~) cabezazo *m*, topetazo *m*
  5 (buttocks) (AmE colloq) trasero *m* (fam), culo
m (fam *o* vulg), traste *m* (CS fam), poto *m* (Chi,
Per fam); **it's time they got off their ~s** ya
es hora de que se pongan a trabajar; **I fell**
right on my ~ me caí de culo (fam *o* vulg)
  6 butts *pl* (firing range) campo *m* de tiro
butt² *vt* **1** **(a)** (with horns) «*goat*» embestir*,
topetar **(b)** (with head) darle* un topetazo *or*
cabezazo a
  2 (join) (Const) empalmar, ensamblar
● **butt in** [*v + adv*] (interrupt) interrumpir,
meter la cuchara (fam.); (interfere) meterse
(fam), inmiscuirse*; **he had to ~ in and spoil**
everything! ¡tenía que meterse y estropearlo
todo! (fam); **we don't want them ~ing in**
on our private lives no queremos que se
inmiscuyan *or* (fam) se metan en nuestra vida
privada

development [-mənt] *s.* 1. desarrollo. 2. tendencia, rumbo, ej., *a new d. in the arts,* una nueva tendencia (o nuevo rumbo) en las artes. 3. ocurrencia, suceso, acontecimiento, ej., *an unexpected d.,* un suceso o acontecimiento inesperado. 4. urbanización. 5. explotación (de una mina). 6. (mat.) desarrollo. 7. (biol.) desarrollo, evolución. 8. (mús.) desarrollo, elaboración (de un tema). 9. (mil.) despliegue (de tropas). 10. (foto.) revelado.

development [dɪ'veləpmənt] **1** *n* (**a**) (*gen*) desarrollo *m*; progreso *m*; evolución *f*; (*encouragement*) promoción *f*, fomento *m*; (*of resources*) explotación *f*. (**b**) (*of land*) urbanización *f*; ensanche *m*, ampliación *f*; (*as housing*) colonia *f*. (**c**) (*Phot*) revelado *m*. (**d**) (*also new* ~) hecho *m* nuevo, nueva situación *f*; cambio *m*; novedad *f*; adelanto *m*, avance *m*; **what is the latest** ~? ¿hay alguna novedad?; **there are no new** ~**s to report** no hay cambios que registrar.
   2 *attr*: ~ **agency** agencia *f* de promoción; ~ **area** polo *m* de promoción; ~ **bank** banco *m* de desarrollo; ~ **company** compañía *f* de explotación; ~ **corporation** (*of new town*) corporación *f* de desarrollo, corporación *f* de promoción; ~ **officer** director *m*, -ora *f* de promoción; ~ **plan** plan *m* de desarrollo.

development [-mənt] *n* desarrollo *m* (expansion, evolution); *the development of a plant, of an industry* el desarrollo de una planta, de una industria; *child at the most rapid stage of development* niño en pleno desarrollo ‖ evolución *f*; *the development of the situation* la evolución de la situación ‖ tendencia *f* (tendency) ‖ acontecimiento *m*, hecho *m* (event) ‖ cambio *m* (change) ‖ explotación *f*, aprovechamiento *m* (of resources) ‖ urbanización *f* (of towns, cities) ‖ fomento *m* (promotion) ‖ progreso *m* (progress) ‖ PHOT revelado *m* ‖ MIL despliegue *m* (of troops) ‖ MUS & MATH desarrollo *m* ‖ — *any developments?* ¿hay algo nuevo? ‖ *development area* polo *m* de desarrollo ‖ *development plan* plan *m* de desarrollo ‖ *his works represent a new development in literature* sus obras señalan una nueva tendencia en literatura ‖ *new developments in medecine enable us to cure tuberculosis* los últimos descubrimientos de la medicina nos permiten curar la tuberculosis.

development /dɪ'veləpmənt/ *n* **1** [U] (**a**) (physical, mental) desarrollo *m* (**b**) (of argument, idea, plot) desarrollo *m*; (of situation, events) desarrollo *m*, evolución *f*
2 [U] (**a**) (of drug, engine) creación *f* (**b**) (perfecting) perfeccionamiento *m*
3 [U] (**a**) (of land, area) urbanización *f*; **the area is ripe for** ~ están dadas las condiciones para urbanizar la zona (**b**) (of resources) explotación *f* (**c**) (fostering) fomento *m*, promoción *f*
4 [C] (*housing* ~) urbanización *f*, complejo *m* habitacional
5 [U] (**a**) (Econ) desarrollo *m* (**b**) (evolution) desarrollo *m*, evolución *f*
6 [C] (**a**) (happening, event) acontecimiento *m*, suceso *m*; **we are awaiting further** ~**s** estamos a la espera de novedades *or* de nuevos acontecimientos, estamos esperando a ver qué pasa; **there have been new** ~**s** las cosas han tomado un nuevo rumbo; **there have been no new** ~**s** las cosas siguen como estaban, no ha sucedido nada nuevo (**b**) (advance) avance *m*, conquista *f*
7 [C] (Mus) desarrollo *m*

novel ['nɑvəl, B 'nɔv-] *a.* novel, nuevo; original; reciente, moderno. —*s.* 1. novela. 2. **Novels,** (der. romano) Novelas (leyes posteriores al Código justiniano).

novel ['nɒvəl] **1** *adj* nuevo; original; insólito; **this is something** ~ esto es nuevo. **2** *n* novela *f.*

novel ['nɔvəl] *n* novela *f; clock-and-dagger novel* novela de capa y espada; *serialized novel* novela por entregas.
◆ *adj* nuevo, va (new) ‖ original, ingenioso, sa (new and ingenious).

novel[1] /'nɑːvəl/ *n* novela *f*
novel[2] *adj* original, novedoso (esp AmL)

En cuanto a la estructuración del artículo, *Oxford* y *Collins* agrupan las acepciones por párrafos, cosa que no hace *Larousse*, donde la longitud de algunas entradas dificulta el trabajo de búsqueda. A ello se añade el hecho de que la cursiva y la negrita que utiliza *Larousse* dentro de los artículos para destacar ejemplos, locuciones y colocaciones no resultan muy visibles. Esta dificultad queda patente en las entradas de los verbos preposicionales. Las tres columnas que *Larousse* dedica a «*get*» + preposición y en las que la negrita y la cursiva apenas contribuyen a una localización rápida —a pesar de la ordenación alfabética— contrastan con las ocho y media de *Oxford*, en las que cada verbo preposicional, señalado en negrita, tiene una subentrada propia. *Collins* también distribuye los verbos preposicionales en subentradas, y *Simon & Schuster* los ordena como *Larousse*, pero utiliza una negrita destacada.

En lo relativo al tratamiento de los homógrafos con diferente categoría gramatical, *Oxford* y *Larousse* tratan por separado los sustantivos y verbos; *Collins* utiliza una misma entrada. *Oxford* y *Larousse* también separan con subentradas los sustantivos y los adjetivos. *Simon & Schuster* utiliza un solo artículo y distribuye dentro de él las diferentes categorías gramaticales sin diferenciarlas por párrafos.

En resumen, en cuanto a la extensión del lemario, *Simon & Schuster* (con las limitaciones debidas a su antigüedad) destaca ampliamente sobre los demás, seguido en segundo lugar por *Larousse*, que también supera con claridad a los otros dos, cuyos lemarios tienen aproximadamente la misma extensión (aunque el de *Oxford* está más cuidado). Lo mismo ocurre con el número de acepciones y la cantidad de información ofrecida, con una ligera ventaja aquí de *Oxford* sobre *Collins*. *Oxford*, en cambio, ocupa el primer lugar, seguido de *Collins*, en lo referente a la forma de estructurar la información dentro de la entrada y a la diferenciación de las categorías gramaticales (aunque *Collins*, a diferencia de *Larousse*, emplea una sola entrada para los homógrafos con distinta función gramatical). Aunque en lo que verdaderamente destaca *Oxford* es en la concepción lexicográfica que subyace a la obra y en la importancia acordada al contexto en la construcción del sentido. Esta recreación discursiva lo hace especialmente valioso ante las palabras conflictivas (como «*available*»).

Todos los diccionarios contienen errores e incoherencias (por ejemplo, aunque no hemos efectuado una comparación sistemática entre las secciones en castellano y en inglés, se adivina la ausencia de un cotejo riguroso entre las dos partes). Sin embargo, hay que hacer notar una mayor frecuencia de errores detectados en *Collins* («*arms dealer*»: «traficante en armas»; «*cordless phone*»: «teléfono móvil»; «*deli, delicatessen*»: «delicatessen», pero no «tienda de comestibles»; «*happy hour*»: «hora de la felicidad»; «*Peace Corps*»: «Cuerpo de la Paz»).

La comparación crítica de obras de consulta es una labor esencial para el traductor, puesto que permite extraer dos conclusiones que son de vital importancia en su trabajo: en qué se diferencian y para qué sirven. *Simon & Schuster* sigue siendo una importante obra de consulta en los casos de problemas terminológicos concretos (en especial, términos especializados y culturales, aunque arrastra el lastre del envejecimiento, tras casi veinticinco años desde su publicación). En cambio, en el ámbito discursivo y de las dificultades de traducción que van más allá del nivel de la palabra, *Oxford* es el que aporta más soluciones, pero siempre limitado a un corpus de vocabulario general y actual. La ventaja de *Larousse* es la de situarse en un punto intermedio entre los dos. *Collins* es, en términos generales, el que sale peor librado de la comparación. Es de lamentar que los continuadores de la obra de Colin Smith no hayan logrado un producto más acabado. Sería muy deseable que los traductores pudiéramos utilizar un diccionario con la extensión de *Simon & Schuster*, pero puesto al día y concebido metodológicamente como *Oxford*.

Lecturas recomendadas

Alvar Ezquerra, M., *Lexicografía descriptiva*, Barcelona, Biblograf, 1993.

Burchfield, R., *Unlocking the English Language*, Londres, Faber & Faber, 1989.

Haensch, G. *et al.*, *La lexicografía*, Madrid, Gredos, 1982.

Hernández Hernández, H. (coord.), *Aspectos de lexicografía contemporánea*, Barcelona, Biblograf, 1994.

Martínez de Sousa, J.,*Diccionario de lexicografía*, Barcelona, Biblograf, 1995.

Seco, M., *Estudios de lexicografía española*, Madrid, Paraninfo, 1987.

Apéndice

Algunos consejos prácticos

Este capítulo está dedicado a la recopilación de una serie de consejos que pueden ser muy útiles en la práctica profesional del traductor. Quizá algunos puedan parecer obvios —y, seguramente, lo son—, pero, por eso mismo, muchas veces nadie habla de ellos. Por ejemplo, es posible acabar la carrera de traducción sin que nadie haya hablado al futuro traductor de la importancia de un accesorio tan insignificante y valioso como es el atril. Sólo al cabo de cierto tiempo de ejercer la profesión, el traductor descubrirá un día por sus propios medios lo indispensable del artilugio y acudirá al establecimiento de artículos de oficina más próximo para comprar al menos uno de esos preciosos instrumentos.

Ergonomía

El traductor suele padecer una serie de molestias corporales provocadas por el hecho de permanecer muchas horas en la misma postura. Para evitar molestias en la columna vertebral, se recomienda trabajar con la espalda recta y con los pies apoyados en el suelo. La utilización de atriles facilita la lectura y contribuye a disminuir la tensión de los músculos del cuello.

Una iluminación adecuada no produce reflejos en la pantalla, que debe estar a una distancia de medio metro o un poco más frente a los ojos y ligeramente (20°) por debajo de la horizontal. El filtro protector no elimina las radiaciones de la pantalla del ordenador, sino que sirve para matizar la intensidad lumínica. (Estas radiaciones no existen en el caso de las pantallas de cristal líquido.) El hecho de mirar durante mucho tiempo la pantalla fatiga la vista, por lo que es conveniente cerrar los ojos de vez en cuando o enfocarlos hacia otro lugar.

La mesa debe llegar a la altura de los codos, de modo que éstos queden paralelos al suelo en el momento de teclear. Los problemas de muñeca son causados por una mala postura de las manos, que deben golpear el teclado de modo horizontal. Si se coloca sobre la mesa, entre el teclado y el cuerpo, un objeto plano que tenga la misma altura que el teclado (un pequeño libro, por ejemplo), las muñecas se apoyarán en él; con ello se evitará forzar los músculos de la muñeca y la lesión conocida como síndrome del túnel carpiano.

Equipo

Más arriba se ha comentado que hay traductores profesionales que utilizan para su trabajo la máquina de escribir. Si bien es innegable que teclear una Underwood en medio de la noche tiene cierto encanto romántico, no puede afirmarse que ésa sea la mejor herramienta para un traductor profesional. Todo traductor que quiera ser competitivo e iniciar una práctica profesional debe alejar de sí todo impulso «ciberfóbico» y hacerse con un ordenador. Hace tan sólo diez años, cuando empezó a generalizarse entre nosotros el uso de ordenadores, no fue inusual que un traductor comprara su equipo por partes; primero, lo realmente imprescindible, la unidad central (sin disco duro), el teclado y el monitor y, luego, la impresora matricial, un administrador de hojas (para no tener que depender del papel continuo), un fax, etcétera. Sin embargo, los precios del mercado han sufrido desde entonces grandes variaciones, y en la actualidad por el precio equivalente a los tres primeros accesorios pueden adquirirse equipos con un procesador Pentium, al menos 16 megas de memoria RAM, un disco duro de un giga (mil megas), un monitor en color, un ratón, una tarjeta fax/módem, un lector de CD-ROM y una impresora de chorro de tinta. En este terreno, siempre resulta muy útil contar con la asistencia de un informante especialista en informática o con otro traductor más experimentado a los que recurrir en caso de dudas o problemas.

La aparición de programas cada vez más voluminosos y flexibles ha hecho necesaria la adopción de equipos cada vez más potentes y rápidos (un diccionario residente ocupa un mínimo de 3 megas de memoria, el programa WordPerfect 5.1 ocupaba 4,5 megas, el entorno Windows ocupa más de 10 megas).

La tarjeta de fax/módem permite enviar y recibir textos, tanto en formato de imagen (fax) como en formato de archivo (módem), así como la conexión con las redes informáticas (a bancos de datos o a las llamadas autopistas de la información, para lo cual se recomienda una tarjeta con una velocidad mínima de 28.800 baudios).

El lector de discos compactos, cuya importancia es cada vez mayor, abre el acceso a todo un universo de información. La utilización de CD-ROM exige una memoria RAM mínima de 16 megas.

Programas

La compra de un equipo informático suele incluir un sistema operativo y de un programa de tratamiento de textos. En el futuro la situación cambiará, pero la mayoría de los encargos para editoriales se hacen todavía en una versión reciente de WordPerfect. En todo caso, tanto las editoriales como las agencias pueden trabajar tanto con PC compatibles como con Macintosh (mayoritariamente con los primeros). De todos modos, la conversión entre ambos formatos no constituye ninguna dificultad técnica. Hoy en día, se ha generalizado el entorno Windows, de uso mucho más sencillo, similar al tradicional de Macintosh; sin embargo, debido a la diferencia inicial de precios, muchos traductores con años de experiencia siguen utilizando todavía el WordPerfect para DOS, puesto que ya hicieron en su día el esfuerzo de aprender las —a veces— complejas cadenas de órdenes. De todos modos, cada vez está más extendido el uso de otros programas, como Microsoft Word o Lotus Word Pro.

Los programas de tratamiento de textos más recientes permiten la posibilidad de trabajar con varios documentos al mismo tiempo. Se trata de una opción muy útil, puesto que permite acceder desde el archivo de trabajo a otros archivos, para recopilar las dudas, elaborar o consultar un glosario, cotejar otros archivos, por ejemplo. Otra opción muy útil, que ya incorporan las versiones más recientes de los procesadores de textos, es la posibilidad de imprimir un archivo a partir del final, con lo que todas las páginas quedan automáticamente ordenadas.

En el apartado de la «prevención», es importante hacer hincapié en la necesidad de conservar siempre los archivos importantes en copias de seguridad. La ligera molestia que eso supone es mucho menor que el desastre de perder una cantidad, que puede ser importante, de horas de trabajo. Esta eventualidad suele producirse, sobre todo, cuando se está empezando a utilizar el ordenador. Asimismo, es conveniente aplicar un programa antivirus a los disquetes que no proceden de una fuente absolutamente fiable. No obstante, debido a la velocidad a la que aparecen nuevos virus, los programas existentes no tardan en quedar obsoletos; con lo que, en caso de que aparezca uno en el ordenador, lo más probable es que, a menos que se haya ido actualizando los programas antivirus, sea necesario buscar un «antídoto» específico.

La utilización de macros —para cuya fabricación en WordPerfect hay que tener la paciencia de leer varias veces las instrucciones del manual— contribuye a ahorrar tiempo y acortar una larga serie de «comandos».

Hemos comentado en el capítulo anterior la enorme utilidad de algunos tipos de ayuda electrónica, como los corpus de información; también son de utilidad los programas de corrección ortográfica que vienen integrados en los paquetes de los editores de textos y existen, por supuesto, los programas de traducción automática. Este último es un ámbito en el que se están realizando grandes inversiones; por ejemplo, el proyecto Eurotra de la Unión Europea. En el plano del usuario particular, han aparecido en el mercado diversos programas traductores, producto del resurgimiento del interés por la traducción automática durante la década de 1980. Dos de los programas comerciales de traducción más conocidos, son el Spanish Assistant y el Power Translator, cuyas versiones más recientes tienen cierta capacidad de aprendizaje.

Si bien estos programas están todavía muy lejos de poder traducir textos de un modo aceptable, no deja de ser asombroso lo que, incluso hoy, son capaces de realizar. Las deficiencias actuales de los programas de traducción automática se ponen plenamente de manifiesto allí donde el contexto extralingüístico adquiere especial importancia, en las frases largas y complejas, ante los usos idiomáticos, poco normativos o la elisión de ciertas palabras (pronombres, relativos, conjunciones), los distintos tiempos, voces o formas del verbo (participios, gerundios, voz pasiva), las construcciones de más de una palabra (verbos preposicionales, adjetivos, adverbios, nombres compuestos); y, por supuesto, el programa no sabe distinguir entre, por ejemplo, el indefinido y el imperfecto, los verbos «ser» y «estar» o una marca de genitivo sajón y la contracción del verbo «*to be*».

Seguramente algunos de estos problemas se solucionarán en un futuro próximo, al menos en un nivel elemental; aunque aún estamos muy lejos de lograr resolver —si es que alguna vez se logra— la cuestión fundamental: conseguir que una máquina sea capaz de trascender la mera acumulación de información. En realidad, los problemas de fondo de la traducción automática dependen más de nuestra comprensión del lenguaje y la comunicación humana que de la tecnología.

En un futuro próximo, en la medida en que sea posible realizar programas con un rendimiento mínimamente aceptable, la evolución probable es que se llegue a una suerte de modus vivendi entre las capacidades de los programas y cierta limitación voluntaria de nuestra competencia lingüística para ajustarse a ellas. No es descabellado suponer que, en algunos sitios (por ejemplo, los organismos internacionales, donde grandes partidas del presupuesto se destinan a los departamentos de traducción), se llegue a un compromiso entre la competencia humana y la competencia de los programas y aparezcan normas de estilo que impongan unos usos lingüísticos simplificados, capaces de ser «comprendidos» por los programas de traducción.

Presentación de trabajos

Una presentación esmerada siempre es algo deseable y un indicio de un trabajo meticulosamente realizado; sin embargo, no hay que perder de vista que una buena presentación no es en absoluto una garantía de una buena traducción. La cuestión formal depende en gran medida del cliente y del tipo de trabajo que haya que realizar;

por ello, siempre es necesario esclarecer este punto antes de empezar un trabajo. El preciosismo formal de una traducción que vaya a utilizarse como un original (una traducción jurada, por ejemplo) puede convertirse en otros casos en un engorroso inconveniente que dificulta la labor de edición de un texto.

A veces, puede resultar conveniente utilizar como plantilla un archivo que contenga todas las especificaciones de formato —sería el caso, por ejemplo, de la traducción de una serie de fascículos para una empresa de servicios editoriales— o una copia del archivo original —que el propio cliente se encargaría de facilitar— y reescribir encima la traducción; con ello se ahorra tiempo, se evitan errores, y el cliente tiene la seguridad de que se cumplen sus requisitos formales. En otros casos, sin embargo, ocurre lo contrario. En el trabajo para editoriales, lo más usual suele ser que una introducción excesiva de códigos dificulte el proceso de edición, por lo que resulta preferible presentar un trabajo lo más «descarnado» posible en términos formales. La alineación de ambos márgenes, por ejemplo, realza la presentación, pero no permite distinguir en una copia en papel si la introducción de varios espacios entre dos palabras es producto de la justificación o de un error tipográfico con la barra espaciadora.

El formato estándar de página es de 2.100 espacios (es decir, 30 líneas de 70 caracteres escritas con un interlineado doble), aunque también es habitual un formato algo menor, de 2.000 espacios. En las traducciones para prensa, el formato habitual es de 1.800 espacios por página. Las traducciones cortas suelen medirse por líneas o por palabras. En este último caso, la ayuda del ordenador resulta preciosa, puesto que todos los editores de texto cuentan con un programa de recuento de palabras.

Trato con los clientes

En el trato con los clientes es conveniente que queden bien claras desde el principio una serie de cuestiones: las necesidades que tiene que satisfacer la traducción, las condiciones económicas, el plazo de entrega, las especificaciones de formato de la traducción y la forma y la fecha de pago.

Al aceptar un trabajo, el traductor tiene que haber averiguado la finalidad a la que el cliente quiere destinar la traducción. Con ello, se evitan posibles malentendidos en el momento de la entrega. Normalmente, este aspecto queda implícito y no hace falta preguntarlo, pero en algunos casos puede ser necesario explicitarlo.

También tienen que quedar claras las condiciones económicas. Sobre todo cuando se trabaja con clientes individuales, conviene realizar un presupuesto previo y, si el encargo es importante, conseguir una aceptación escrita de este presupuesto. A la hora de convenir el precio, éste puede dejarse abierto y establecerse en función de las palabras, las líneas o las páginas de la traducción; o puede presentarse cerrado, en cuyo caso habrá que tener en cuenta que la longitud del original se incrementará aproximadamente en un 20 por ciento en la traducción. Los trabajos urgentes tienen un incremento que oscila entre el 25 y el 50 por ciento. Es muy importante ver el original antes de acordar el precio, puesto que, con frecuencia, la idea que se hace el cliente sobre la magnitud del trabajo puede estar bastante alejada de la realidad. Cuando se nos dice que un original tiene una docena de páginas, tenemos que asegurarnos que efectivamente sea así y no descubrir demasiado tarde que tiene quince escritas a un solo espacio. En este último caso, lo que para el cliente son doce páginas se convierte en el triple para el traductor, lo cual no deja de tener repercusiones importantes en el caso de que éste haya acordado el precio de antemano.

Asimismo, es importante cumplir con el plazo fijado para la entrega de la traducción; para ello es fundamental haber calculado bien la cantidad de trabajo que ésta nos supondrá, así como nuestro ritmo y nuestra capacidad de trabajo en ese momento determinado. Si surge algún problema que retrase la entrega, siempre hay que notificárselo al cliente y no esperar a que nos reclamen la traducción. También es fundamental haberse puesto de acuerdo acerca del formato de la traducción. Como hemos comentado más arriba, no todas las traducciones deben tener la misma presentación.

La fecha y la forma del cobro de los honorarios es otro elemento que tiene que explicitarse desde el principio. En el caso de clientes individuales, el pago suele efectuarse en el momento de la entrega; en el caso de empresas, éstas tienen generalmente un sistema de pago establecido que conviene averiguar antes de entregar la traducción y no sufrir luego la desagradable sorpresa de descubrir que hasta noventa días más tarde no cobraremos un trabajo que esperábamos cobrar a final de mes. Cabe la posibilidad, sobre todo cuando uno se inicia en la profesión, de tener que hacer frente a la eventualidad de una falta de pago por parte de algún cliente. En estos casos, la única recomendación posible es ser perseverantes e intentar no perder las formas. En caso de problemas con una editorial, el conflicto suele resolverse tras sutiles negociaciones; pero, si se agotan todos los cauces de diálogo —no cabe descartar la hipótesis de un encuentro con algún quimérico editor que opine que los traductores viven del aire—, el último recurso es acudir a un abogado especializado en propiedad intelectual. Las asociaciones de traductores disponen de un servicio jurídico que puede ser de ayuda en problemas de este tipo.

Asociaciones de traductores

Presentamos a continuación las principales asociaciones de traductores existentes en España.

Sección Autónoma de Traductores de Libros (SATL) de la
Asociación Colegial de Escritores (ACE)
Sagasta, 28, 5º
28004 Madrid
Teléfono (91) 446 70 47
Fax: (91) 446 29 61
Publicación: *Vasos comunicantes*

Asociación Española de Traductores e Intérpretes (APETI)
Recoletos, 5 3º
28001 Madrid
Teléfono/fax: (91) 576 31 42
Publicación: *Gaceta de la traducción*

Associació de Traductors i Intèrprets Jurats de Catalunya
Avda. Bogatell, 21 5º 1ª

08005 Barcelona
Teléfono/fax: (93) 221 10 55
Publicación: *Butlletí de l'Associació de Traductors i Intèrprets Jurats de Catalunya*

Associació Col·legial d'Escriptors de Catalunya (ACEC)
Canuda, 6 5º
08002 Barcelona
Teléfono: (93) 318 87 48

Associació d'Escriptors en Llengua Catalana
Canuda, 6 5º
08002 Barcelona
Teléfono: (93) 302 78 28

Asociación de Traductores Galegos (ATG)
Zamora, 39 2º C
36203 Vigo
Teléfono: (986) 41 95 42

Euskalitzultzaile, Zuzentaile eta Interpretarien Elkartea (EIZIE)
Zurriola Hiribidea, 14 1º izq.
20002 San Sebastián
Teléfono: (943) 27 71 11
Publicación: *Senez*

Estas tres últimas asociaciones están integradas en Galeuzca.

Aunque no se trate de una asociación de traductores, merece citarse el Centro Español de Derechos Reprográficos (CEDRO), que es una sociedad de gestión de los derechos reprográficos que se aplican a las obras que están sujetas a la Ley de Propiedad Intelectual de 1987. Según una encuesta realizada en 1993-1994, en España existían en esa fecha 300.000 fotocopiadoras, y el 20 por ciento de las fotocopias se realizaba sobre material protegido (el equivalente a 3.000 títulos nuevos). CEDRO intenta combatir la reprografía ilegal y sirve de mecanismo de compensación de los efectos de esta práctica sobre la propiedad intelectual. Por un lado, recauda un canon por máquina fotocopiadora y, por otro, concede licencias de reprografía. Las sumas recaudadas se reparten entre sus socios, que son editores y autores (entre los que están los traductores). Los traductores reciben las cantidades que les corresponden en este reparto a través de sus asociaciones (en forma de subvenciones a proyectos relacionados con la profesión) y también perciben cada año, de modo individual, una cantidad en función del índice estimado de fotocopiabilidad de sus obras traducidas. La dirección de CEDRO es:

Montesquinza, 14 3º dcha.
28010 Madrid
Teléfono: (91) 308 63 30
Fax: (91) 308 63 27

Para pertenecer a CEDRO basta con solicitarlo y no es necesario formar parte de ninguna asociación, aunque es posible delegar la representación en alguna de ellas.

Contrato de traducción

La aprobación de la Ley de Propiedad Intelectual (LPI) hace casi diez años supuso un gran avance en el reconocimiento de los derechos de los traductores, puesto que en ella la figura del traductor se equipara legalmente a la del autor. Sin embargo, como hemos manifestado en el capítulo 1, su aplicación deja todavía que desear en algunos aspectos. No existe un control efectivo de las tiradas de los libros ni una definición clara del concepto de «edición», de modo que muchas editoriales consideran las nuevas ediciones de una obra como simples reimpresiones de la primera (lo cual tiene su importancia en el caso de que el traductor deba percibir derechos a partir de la segunda edición). Tampoco se cumple sistemáticamente la notificación anual a los traductores de los ejemplares tirados y vendidos. En ocasiones, las traducciones se venden a terceros sin conocimiento del traductor y sin que éste cobre las cantidades que le corresponden.

Ciertos contratos pueden presentar alguna cláusula que contradiga el contenido de la LPI; en ese caso, rige lo establecido por la Ley, al margen de lo que diga el contrato (por ejemplo, el plazo máximo de cesión de derechos es de quince años, por más que el contrato pueda establecer otra cosa). Algunos contratos pueden llegar a denunciarse si contienen cláusulas abusivas. Hay que subrayar que el traductor siempre es el propietario intelectual de su traducción y, firme el contrato que firme, como tal debe figurar en la página de créditos.[276]

Son éstos unos problemas en cuya resolución las asociaciones de traductores tienen que desempeñar un papel importante.

Tras la publicación de la LPI, los traductores integrados en la ACE, representados en aquel momento, entre otros, por Esther Benítez, acordaron con el gremio de editores varios contratos tipo. A continuación presentamos los pactos de un contrato con derechos. Otras posibilidades son el contrato a tanto alzado (edición única), en el que el traductor acepta una cantidad y renuncia al cobro de derechos sobre la venta del libro, y el contrato mixto, que combina ambas modalidades (por ejemplo, un tanto alzado para la primera edición y el cobro de derechos para las siguientes ediciones).

PACTOS

Primero.- EL EDITOR encarga al TRADUCTOR la traducción de la obra (título original) .... de la que es autor .... y el traductor se obliga a realizar la traducción del (idioma del que se traduce) .... al .... ajustada fielmente al original.

El TRADUCTOR podrá, de acuerdo con la editorial, agregar al texto las notas aclaratorias que estime necesarias, y que incluirá como llamadas a pie de página.

Si a juicio del TRADUCTOR fuera necesario ampliar, modificar y/o adaptar el original, deberá comunicárselo al EDITOR, con el fin de recabar la conformidad del autor.

Segundo.- El texto de la traducción deberá ser entregado al EDITOR antes del día .... de .... de ..... correctamente mecanografiado en holandesas numeradas de .... espacios. De no entregarse

---

276. Sobre el grado de cumplimiento de la LPI y la situación socioprofesional de los traductores en España, pueden verse: Arturo Rodríguez Morató, *La problemática profesional de los escritores y traductores. Una visión sociológica*, Barcelona, ACEC, 1997, que se centra en el ámbito catalán; así como el *Libro blanco de la traducción en España*, Madrid, ACE Traductores, 1997.

el trabajo en la fecha estipulada, una vez transcurridos treinta días
después de cumplirse el plazo de entrega, el EDITOR queda facultado
para rescindir el presente contrato, sin cargo alguno a su costa, y
únicamente deberá comunicarlo por escrito al TRADUCTOR.

Tercero.- Cuando la traducción esté totalmente acabada y entregada, el EDITOR pagará al TRADUCTOR, como anticipo a cuenta
de los derechos que puedan corresponderle por la edición de la obra,
la cantidad de .... ptas. por cada una de las holandesas del total
del trabajo. La cantidad que resulte se liquidará de acuerdo con los
siguientes plazos:
    - El ..... % del importe total en el momento en que el TRADUCTOR
entregue la traducción, en las condiciones previstas en el pacto
anterior, al EDITOR.
    - El ..... % restante cuando el EDITOR dé su conformidad a la tra-
ducción. Dicha conformidad o disconformidad deberá darla el EDI-
TOR en un plazo que no podrá ser superior a ..... días a contar desde
la fecha de su recepción.
    Si el TRADUCTOR entrega la traducción en soporte magnético
percibirá un plus de ..... ptas/página sobre el importe acordado en la
cláusula tercera, una vez que el EDITOR compruebe que es posible
su filmación sin necesidad de manipulaciones previas.

Cuarto.- Si el EDITOR no diese su conformidad a la traducción
encargada y el TRADUCTOR no realizase las modificaciones propuestas por el editor, éste quedará liberado de la obligación de
efectuar el pago del segundo plazo y deberá devolver los originales
al traductor, el cual podrá disponer libremente de su trabajo.

Quinto.- Realizada, entregada y aceptada la traducción y pagado
el anticipo por el EDITOR, los derechos de reproducción, distribución y venta de la misma en forma de libro se ceden al EDITOR para
su explotación comercial en lengua .... y para el ámbito territo-
rial de ....

Sexto.- La cesión se entiende hecha con carácter (no) exclusivo,
en cualquiera de los posibles sistemas de comercialización para las
siguientes modalidades de edición:
    a.- tapa dura o cartoné.
    b.- rústica.
    c.- ediciones económicas o de bolsillo.

Séptimo.- El TRADUCTOR responde ante el EDITOR de la autoría y originalidad de su obra y del ejercicio pacífico de los derechos que cede mediante el presente contrato, manifestando que sobre los mismos no tiene contraídos ni contraerá compromisos o gravámenes de ninguna especie que atenten contra los derechos que al EDITOR o a terceros le correspondan, de acuerdo con lo estipulado en el presente instrumento. A este respecto, el TRADUCTOR se hace responsable frente al EDITOR de todas las cargas pecuniarias que pudieran derivarse para el EDITOR en favor de terceros con motivo de acciones, reclamaciones o conflictos derivados del incumplimiento de estas obligaciones por parte del TRADUCTOR.

Octavo.- El anticipo pagado, según el pacto tercero, será a cuenta de los derechos de traducción que a continuación se especifican:

1.- El ..... % del precio de venta al público, según catálogo y sin IVA, por cada uno de los ejemplares vendidos en edición ....

2.- Para las restantes modalidades de edición los porcentajes que se aplicarán para determinar la remuneración del TRADUCTOR serán los siguientes:
-
-

Noveno.- El EDITOR viene obligado a poner a la venta la obra editada en un plazo no superior a ..... meses a contar desde la fecha de entrega del original, el cual deberá ser restituido al TRADUCTOR cuando se haya ultimado la edición de la obra.

El EDITOR remitirá al TRADUCTOR los juegos de pruebas destinados a la corrección del texto, el cual se compromete a devolverlos en un plazo máximo de ..... con las correcciones a que hubiese lugar, que deberán ser incorporadas al texto. Si transcurrido dicho plazo no entregara el TRADUCTOR las pruebas, el EDITOR queda facultado para obtener por sí mismo la corrección de ellas, sin que le quepa responsabilidad alguna si el resultado de dicha corrección no fuera satisfactorio para el TRADUCTOR. El TRADUCTOR hará las correcciones imprescindibles y que no supongan nunca una proporción superior al ..... % del total del texto, sin que se contabilicen como tales las de carácter tipográfico que irán siempre a cargo del EDITOR. Toda corrección superior irá a cargo del TRADUCTOR.

Décimo.- El EDITOR se obliga a que figure el nombre del TRADUCTOR en la página de créditos y la mención del Copyright de la traducción.

Decimoprimero.- Durante la vigencia del presente contrato, el EDITOR podrá efectuar un máximo de ..... ediciones para cada una de las modalidades convenidas, con un mínimo de ..... ejemplares y un máximo de ..... para cada una de ellas, con las reimpresiones que dentro de dichos totales libremente decida el EDITOR, buscando asegurar a la obra una explotación continua y una difusión comercial conforme a los usos habituales en el sector profesional al que la obra corresponda.

Decimosegundo.- Antes de la puesta en circulación de los ejemplares impresos de la obra de cada una de las ediciones o reimpresiones que realice el EDITOR, éste remitirá al TRADUCTOR una certificación comprensiva del número de ejemplares de que consta la edición o reimpresión de que se trate, acompañada de una declaración de la industria o industrias de artes gráficas donde se realizó la impresión y encuardenación, en la que consten el número de ejemplares fabricados que fueron entregados al EDITOR y fecha de la entrega o entregas realizadas.

Decimotercero.- Se considerará que está agotada la edición o reimpresión de la obra cuando el número de ejemplares sin vender sea inferior al ..... % del total de la última edición y, en todo caso, inferior a cien.

Decimocuarto.- El EDITOR se obliga a presentar anualmente al TRADUCTOR, durante el primer trimestre del año correspondiente, un certificado en el que consten las liquidaciones de las ventas de ejemplares de la obra realizadas durante el año natural inmediatamente anterior, con expresión del número de ejemplares publicados, vendidos, en depósito, distribuidos y en almacén, así como su precio sin IVA según catálogo. El pago lo realizará el EDITOR dentro de los ..... días siguientes al envío del citado certificado.

Decimoquinto.- El EDITOR se compromete, si llega a un acuerdo con un «Club del libro» o empresa de venta por correspondencia o por quiosco para que éste comercialice la obra, a realizar dos contratos: uno por los derechos de autor de la obra original (por el que el

TRADUCTOR no percibirá ninguna cantidad), y el otro por los derechos de utilización de la traducción. Por este último contrato al TRADUCTOR le corresponderá el ..... % de todas las cantidades que ingrese el EDITOR por tal concepto.

Decimosexto.- El TRADUCTOR faculta expresamente al EDITOR para la detracción, declaración e ingreso en el Tesoro Público de aquellas cantidades que por cualquier concepto impositivo hubiera de satisfacer el TRADUCTOR derivadas de los rendimientos de la propiedad intelectual objeto de este contrato, en todos aquellos impuestos o gravámenes en que el EDITOR tenga, por disposición legal, la condición de sustituto del Traductor-Contribuyente.

Decimoséptimo.- El presente contrato tendrá una duración de ..... años, contados desde la fecha en que el TRADUCTOR ponga a disposición del EDITOR la obra en condiciones de ser reproducida. Extinguido el contrato, el EDITOR gozará de un derecho de opción preferente para suscribir un nuevo contrato de edición sobre la misma obra, en iguales términos y condiciones que el TRADUCTOR pueda convenir con terceros.

Decimoctavo .- Las partes declaran que, en el caso de encontrarse el EDITOR constituido jurídicamente en forma de sociedad anónima o limitada, la venta de acciones o participaciones sociales por parte de los actuales titulares en favor de terceros no podrá considerarse que constituye cambio de titularidad de la empresa, en el sentido empleado en el apartado f) del artículo 68 de la Ley de Propiedad Intelectual 22/87 de 11 de noviembre. Asimismo, el EDITOR, en el caso de constituir una persona física, podrá ceder los derechos que adquiere en virtud del presente contrato, a una sociedad anónima o limitada que constituya y en la que suscriba más de un 50 % del capital social, la cual le sustituirá en todo el contrato como EDITOR.

Decimonoveno.- El TRADUCTOR declara conocer y aceptar la forma de distribución del EDITOR en lo relativo a la explotación de la obra y su difusión comercial.

Vigésimo.- Estarán exentos de liquidación al TRADUCTOR, aunque deberán serle notificados, los ejemplares que el EDITOR entregue gratuitamente para fines de promoción y crítica de la obra y reposición de ejemplares defectuosos o estropeados. El máximo de ejemplares de cada edición que podrá destinar el EDITOR a fines de promoción y crítica será de .....

Vigesimoprimero.- El TRADUCTOR recibirá sin cargo alguno un mínimo de ..... ejemplares de la primera edición y ..... por cada una de las nuevas ediciones o reimpresiones de la obra, los cuales no podrán ser destinados al comercio y no devengarán derechos para el TRADUCTOR. Asimismo, el TRADUCTOR podrá adquirir al EDITOR, con el descuento del ..... % los ejemplares que precise para su uso particular o con destino a terceros, sin fines lucrativos.

Vigesimosegundo.- El presente contrato de edición se regirá y será interpretado conforme a lo previsto en la Ley 22/87 de 11 de noviembre de Propiedad Intelectual y, en general, por las disposiciones que le sean de aplicación.

Vigesimotercero.- Ambas partes designan como domicilio respectivo a efectos de notificaciones el que hacen constar en la cabecera de este contrato, si bien podrán modificarlo mediante notificación remitida a la otra parte.

Vigesimocuarto.- Para resolver cuantas divergencias pudieran surgir como consecuencia de la interpretación de este contrato, ambas partes se someten a un Arbitraje de Equidad de acuerdo con el régimen previsto en la Ley reguladora de ese procedimiento. Para todas aquellas cuestiones que hubieren de ser sometidas a la competencia judicial, las partes se someten a los Juzgados y Tribunales de .... renunciando a su propio fuero si fuere otro.

Vigesimoquinto.- El presente contrato se otorga en dos ejemplares, pero a un solo efecto, quedando uno en poder de cada una de las partes contratantes.

Bibliografía general

Acero, J. J., E. Bustos y D. Quesada, *Introducción a la filosofía del lenguaje*, Madrid, Cátedra, 1982.

Agencia Efe, *Manual de español urgente*, Madrid, Cátedra, 1994, 14ª ed. corr. y aum.

Alvar Ezquerra, M., *Lexicografía descriptiva*, Barcelona, Biblograf, 1993.

Anscombe, G. E. M., *An Introduction to Wittgenstein's Tractatus*, Londres, Hutchinson, 1959.

Austin, J., *How to Do Things with Words*, Oxford, Oxford University Press, 1962. Versión castellana: *Cómo hacer cosas con palabras*, trad. Genaro R. Carrió y Eduardo A. Rabossi, Barcelona, Paidós, 1982.

Ayala, F., «Breve teoría de la traducción», en *La estructura narrativa*, Barcelona, Crítica, 1984.

Ballard, M., *De Cicéron à Benjamin*, Lila, Presses Universitaires de Lille, 1992.

Baker, M., *In Other Words*, Londres/Nueva York, Routledge, 1992.

Barnstone, W., *The Poetics of Translation. History, Theory, Practice*, New Haven/Londres, Yale University Press, 1993.

Bassnett, S., *Translation Studies*, Londres, Methuen, 1991, ed. rev.

Beaugrande, R. de, y W. Dressler, *Introduction to Text Linguistics*, Londres, Longman, 1981.

Beinhauer, W., *El español coloquial*, Madrid, Gredos, 1978, 3ª ed. ampl. y act.

Bell, R. T., *Translation and Translating*, Londres/Nueva York, Longman, 1991.

Benjamin, W., «La tarea del traductor», en *Angelus novus*, trad. H. A. Murena, Barcelona, Edhasa, 1971.

Bernárdez, E., *Introducción a la lingüística del texto*, Madrid, Espasa Calpe, 1982.

Biguenet, J. y R. Schulte (comps.), *The Craft of Translation*, Chicago/Londres, The University of Chicago Press, 1989.

Borges, J. L., «Las versiones homéricas», en *Obras completas*, Barcelona, Emecé, 1989.

Borges, J. L., «*Los traductores de las 1001 noches*», en *Obras completas*, Barcelona, Emecé, 1989.
—, «Pierre Menard, autor de *El Quijote*», en *Obras completas*, Barcelona, Emecé, 1989.
—, «La busca de Averroes», en *Obras completas*, Barcelona, Emecé, 1989.
Bühler, K., *Teoría del lenguaje*, trad. Julián Marías, Madrid, Alianza, 1979.
Burchfield, R., *The English Language*, Oxford/Nueva York, Oxford University Press, 1985.
—, *Unlocking the English Language*, Londres, Faber & Faber, 1989.
Burgess, A., *A Mouthful of Air*, Londres, Vintage, 1993.
Cary, E., *Les grands traducteurs français*, Ginebra, Librairie de l'Université George & Cie., 1963.
—, *Comment faut-il traduire?*, Lila, Presses Universitaires de Lille, 1986.
Catelli, N., y M. Gargatagli, *El tabaco que fumaba Plinio. Escenas de la traducción en España y América: relatos, leyes y reflexiones sobre los otros*, Barcelona, Ediciones del Serbal, 1998.
Chicago Manual of Style, Chicago, University of Chicago Press, 1993, 14ª ed.
Chomsky, N., *Syntactic Structures,* La Haya, Mouton, 1957. Versión castellana: *Estructuras sintácticas*, trad. Carlos Peregrín Otero, México, Siglo XXI, 1974.
—, *Aspectes of the Theory of Syntax*, Cambridge (Mass.), MIT Press, 1965. Versión castellana: *Aspectos de la teoría de la sintaxis*, trad. Carlos Peregrín Otero, Madrid, Aguilar, 1970.
—, *Knowledge and Language*, Nueva York, Praeger, 1986. Versión castellana: *El conocimiento del lenguage*, trad. Eduardo Busto Guadaño, Madrid, Alianza, 1989.
Comrie, B., *Language Universals and Linguistic Typology,* Oxford, Basil Blackwell, 1981. Versión castellana: *Universales del lenguaje y tipología lingüística*, trad. Augusta Ayuso, Madrid, Gredos, 1988.
Coseriu, E., «Sistema, norma y habla», en *Teoría del lenguaje y lingüística general*, Madrid, Gredos, 1982, 3ª ed. rev. y corr.
—, «Lo erróneo y lo acertado en la teoría de la traducción», trad. Marcos Martínez Hernández, en *El hombre y su lenguaje*, Madrid, Gredos, 1985.
Criado de Val, M., *Fisonomía del idioma español: sus características comparadas con las del francés, italiano, portugués, inglés y alemán*, Madrid, Aguilar, 1962.
Crystal, D., *Enciclopedia del lenguaje de la Universidad de Cambridge*, trad. Eleanor Leonetti y Tomás del Amo, Madrid, Taurus, 1994.

Crystal, D., *The Cambridge Encyclopedia of the English Language*, Cambridge, Cambridge University Press, 1995.

Cuervo, R., *Apuntaciones críticas sobre el lenguaje bogotano*, Bogotá, Instituto Caro y Cuervo, 1955, 9ª ed. corr.

Davidson, D., «Radical Interpretation», *Dialectica*, 27, 3-4, 1973.

Delisle, J., *L'analyse du discours comme méthode de la traduction*, Ottawa, Éditions de l'Université d'Ottawa, 1980.

—, *La traduction raisonnée*, Ottawa, Presses de l'Université d'Ottawa, 1993.

Derrida, J., «Des tours de Babel», en Joseph H. Graham (comp.), *Difference in Translation*, Ithaca/Londres, Cornell University Press, 1985.

Ducrot, O., *El decir y lo dicho. Polifonía de la enunciación*, trad. Irene Agoff, Barcelona, Paidós, 1986.

Duff, A., *The Third Language*, Oxford/Nueva York, Pergamon Press, 1981.

Eco, U., *Lector in fabula*, trad. Ricardo Pochtar, Barcelona, Lumen, 1981.

Etkind, E., *Un art en crise. Essai de poétique de la traduction poétique*, trad. Vladímir Trubetzkoi, Lausana, L'Age d'Homme, 1982.

Even-Zohar, I., *Polysystems Studies*, en *Poetics Today* (Durham), 11, 1, Duke University Press, 1990.

Ferrater Mora, J., *Diccionario de Filosofía*, Barcelona, Círculo de Lectores, 1992, 4 vols.

Firth, J., *Papers in Linguistics, 1934-1951*, Londres, Oxford University Press, 1951.

Fowler, H. W., *A Dictionary of Modern English Usage*, Oxford, Oxford University Press, 1991.

Frege, G., «Sobre sentido y referencia», en *Escritos filosóficos*, Jesús Mosterín (comp. e intr.), trad. Andrés Rivadulla y C. Ulises Moulines, Barcelona, Crítica, 1996.

Gadamer, H.-G., *Wahrheit und Methode*, Tubinga, J. C. Mohr, 1975, 4ª ed. Versión castellana: *Verdad y método*, trad. Ana Agud y Rafael de Agapito, Salamanca, Sígueme, 1991.

Gallego Roca, M., *Traducción y literatura: Los estudios literarios ante las obras traducidas*, Madrid, Júcar, 1994.

García-Carpintero, M., *Las palabras, las ideas y las cosas. Una presentación de la filosofía del lenguaje*, Barcelona, Ariel, 1996.

García Yebra, V., *Teoría y práctica de la traducción*, Madrid, Gredos, 1982, 2 vols.

—, *En torno a la traducción. Teoría, crítica, historia*, Madrid, Gredos, 1983.

García Yebra, V., *Traducción: teoría y práctica*, Madrid, Gredos, 1994.

Gentzler, E., *Contemporary Translation Theories*, Londres/Nueva York, Routledge, 1993.

Gili Gaya, S., *Curso superior de sintaxis española*, Barcelona, Biblograf, 1995, 15ª reimpr.

Goodman, P., *Speaking and Language. Defence of Poetry*, Londres, Wildwood House, 1973.

Green, J., «Spanish», en Bernard Comrie (comp.), *The World's Major Languages*, Londres/Sydney, Croom Helm, 1987.

Greimas, A., *Semántica estructural*, trad. Alfredo de la Fuente, Madrid, Gredos, 1971.

Grice, P., «Meaning» (1957), en Peter Strawson, *Philosophical Logic*, Oxford, Oxford University Press, 1967.

—, «The Causal Theory of Perception», en G. J. Warnock (comp.), *The Philosophy of Perception*, Oxford, Oxford University Press, 1967. Versión castellana: *La filosofía de la percepción*, México, Fondo de Cultura Económica, 1974.

Haensch, G. *et al.*, *La lexicografía*, Madrid, Gredos, 1982.

Halliday, M. A. K., *Language as Social Semiotic: The Social Interpretation of Language and Meaning*, Londres, Arnold, 1978.

—, *Language, Context and Text: Aspects of Language in a Social-Semiotic Perspective*, Oxford, Oxford University Press, 1989, 2ª ed.

—, y R. Hasan, *Cohesion in English*, Londres/Nueva York, Longman, 1989, 9ª reimp.

Hatim, B., «A text typological approach to syllabus design in translating», *Incorporated Linguist*, 23, 3, 1984.

—, e I. Mason, *Discourse and the Translator*, Londres, Longman, 1990. Versión castellana: *Teoría de la traducción. Una aproximación al discurso*, trad. Salvador Peña, Barcelona, Ariel, 1995.

Hermans, T. (comp.), *The Manipulation of Literature. Studies in Literary Translation*, Londres/Sydney, Croom Helm, 1985.

Hernández Hernández, H. (coord.), *Aspectos de lexicografía contemporánea*, Barcelona, Biblograf, 1994.

Hierro S. Pescador, J., *Principios de filosofía del lenguaje*, Madrid, Alianza, 1982, 2 vols.

Hjelmslev, L., *Prolegómenos a una teoría del lenguaje*, trad. José Luis Díaz de Liaño, Madrid, Gredos, 1971.

Holmes, J., «On Matching and Making Maps: From a Translator's Notebook», *Delta*, 16, 4, 1973-1974.

Honig, E., *The Poet's Other Voice. Conversations on Literary Translation*, Amherst, University of Massachusetts Press, 1985.

Hoof, H. van, *Traduire l'anglais*, París/Lovaina, Duculot, 1989.

Horrocks, G., *Generative Grammar,* Londres/Nueva York, Longman, 1987.

Hospers, *Introducción al análisis filosófico*, trad. Julio César Armero, Madrid, Alianza, 1984.

House, J., *A Model for Translation Quality Assessment*, Tubinga, Gunter Narr, 1977.

Hymes, D., «Models of the interaction of language and social setting», *Journal of Social Issues*, 23, 1967.

Iser, W., *The Act of Reading*, Baltimore, Johns Hopkins University Press, 1978.

Johnson, B., «Taking Fidelity Philosophically», en Joseph F. Graham (comp.),*Difference in Translation*, Ithaca/Londres, Cornell University Press, 1985.

Katz, J. J., *La realidad subyacente del lenguaje y su valor filosófico,* trad. Conxita Lleó, Madrid, Alianza, 1975.

Kelly, L., *The True Interpreter. A History of Translation Theory and Practice in the West*, Oxford, Basil Blackwell, 1979.

Kenny, A., *Wittgenstein*, trad. Alfredo Deaño, Madrid, Alianza, 1982.

Kundera, M., «Pasión por la palabra», *Gaceta de Traducción*, 1, junio 1993.

—, «Una frase», en *Los testamentos traicionados*, trad. Beatriz de Moura, Barcelona, Tusquets, 1993.

Lapesa, R., *Historia de la lengua española*, Madrid, Gredos, 1988, 9ª ed. corr. y aum.

Larbaud, V., *Sous l'invocation de Saint Jérome*, París, Gallimard, 1946.

Larose, R., *Théories contemporaines de la traduction*, Quebec, Presses de l'Université du Québec, 1989, 2ª ed.

Leech, G., *A Linguistic Guide to English Poetry*, Londres, Longman, 1969.

—, *Semantics,* Harmondsworth, Penguin, 1981, 2ª ed.

—, *Principles of Pragmatics*, Londres/Nueva York, Longman, 1983.

—, y M. Short, *Style in Fiction. A Linguistic Introduction to English Fictional Prose*, Londres/Nueva York, Longman, 1981.

Lefevere, A. (comp.),*Translation / History / Culture*, Londres/Nueva York, Routledge, 1992.

Levinson, S., *Pragmatics*, Cambridge, Cambridge University Press, 1983. Versión castellana: *Pragmatics*, trad. Àfrica Rubiés Mirabet, Barcelona, Teide, 1989.

Levý, J., «Translation as a decision process», en *To Honor Roman Jakobson*, La Haya, Mouton, vol. II.

Longino, *Sobre lo sublime*, trad. José García López, Madrid, Gredos, 1979.

Lorenzo, E., «El anglicismo en la España de hoy», en *El español de hoy, lengua en ebullición*, Madrid, Gredos, 1980, 3ª ed.

—, *Anglicismos hispánicos*, Madrid, Gredos, 1996.

Lyons, J., *Language and Linguistics*, Cambridge University Press, 1981.

—, *Lenguaje, significado y contexto*, trad. Santiago Alcoba, superv. Fernando Huerta, Barcelona, Paidós, 1995, 2ª reimp.

Malinowski, B., «The problem of meaning in primitive languages», en C. K. Ogden e I. A. Richards, *The Meaning of Meaning*, Londres, Kegan Paul, 1923. Versión castellana: *El significado del significado*, trad. Eduardo Prieto, Barcelona, Paidós, 1984.

—, *Coral Gardens and their Magic*, Londres, Allen & Unwin, 1935.

Marsá, F., *Diccionario normativo y guía práctica de la lengua española*, Barcelona, Ariel, 1990, reimpr.

Martínez de Sousa, J., *Diccionario de ortografía técnica*, Madrid, Pirámide, 1987.

—, *Diccionario de tipografía y del libro*, Madrid, Paraninfo, 1995, 4ª ed.

—, *Diccionario de ortografía de la lengua española*, Madrid, Paraninfo, 1995.

—., *Diccionario de lexicografía*, Barcelona, Biblograf, 1995.

Meschonnic, H., *Pour la poétique II*, París, Gallimard, 1973.

—, «Alors la traduction chantera», *Revue d'Esthétique*, 12, 1984.

Mill, J. S., *A System of Logic* (1843), en *Collected Works*, J. M. Robson (comp.), Toronto/Londres, University of Toronto Press/Routledge & Kegan Paul, 1973-1974.

Monterroso, A., «Sobre la traducción de algunos títulos», en *La palabra mágica*, Barcelona, Muchnik, 1985. Reeditado por Anagrama, 1996.

Mortara Garavelli, B., *Manual de retórica*, trad. Mª José Vega, Madrid, Cátedra, 1991.

Mounin, G., *Los problemas teóricos de la traducción*, trad. Julio Lago Alonso, Madrid, Gredos, 1971.

—, *Linguistique et traduction*, Bruselas, Dessart et Mardaga, 1976.

Muguerza, J., *La concepción analítica de la filosofía*, Madrid, Alianza, 1981.

Murphy, J. P., *Pragmatics. From Peirce to Davidson*, Boulder/San Francisco/Oxford, Westview Press, 1990.

Neubert, A., y G. Shreve, *Translation as Text*, Kent (Ohio)/Londres, Kent State University Press, 1992.

Newmark, P., *A Textbook of Translation*, Londres/Nueva York, Prentice Hall International Ltd, 1987. Versión castellana: *Manual de traducción*, trad. Virgilio Moya, Madrid, Cátedra, 1992.
—, *Approaches to Translation*, Nueva York/Londres, Prentice Hall, 1988.
—, *Paragraphs on Translation*, Clevedon, Multilingual Matters, 1993.
Nida, E., *Toward a Science of Translating*, Leiden, E. J. Brill, 1964.
—, *Language Structure and Translation*, Stanford, Stanford University Press, 1975.
—, «The setting of communication. A largely overlooked factor in translation», *Babel*, 24, 3-4, 1978.
—, y C. Taber, *The Theory and Practice of Translation*, Leiden, E. J. Brill, 1969. Versión castellana: *Teoría y práctica de la traducción*, trad. y adap. A. de la Fuente Adánez, Madrid, Cristiandad, 1986.
Nord, C., *Textanalyse und Übersetzung*, Heidelberg, 1988. Versión inglesa: *Text Analysis in Translation,* trad. Christiane Nord y Penelope Sparrow, Amsterdam/Atlanta (Ga.), Rodopi, 1991
Ortega y Gasset, J., «Miseria y esplendor de la traducción», en *Obras completas*, Madrid, Alianza, 1983, tomo V.
País, El, *Libro de estilo,* Madrid, Ediciones El País, 1996, 12ª ed.
Paz, O., *Traducción: literatura y literalidad*, Barcelona, Tusquets, 1971, 1990.
Pinker, S., *The Language Instinct*, Nueva York, William Morrow, 1994. Existe versión en rústica en Penguin Books.
Pratt, C., *El anglicismo en el español peninsular contemporáneo*, Madrid, Gredos, 1981.
Quine, W. van O., *Word and Object*, Cambridge (Mass.), MIT Press, 1960. Versión castellana: *Palabra y objeto,* trad. Manuel Sacristán, Labor, Barcelona, 1968.
Quirk, R., y S. Greenbaum, *A University Grammar of English*, Harlow, Longman, 1993, 28ª reimp.
Rabadán, R., *Equivalencia y traducción. Problemática de la equivalencia translémica inglés-español,* León, Universidad de León, 1991.
Reiß, K., *Möglichkeiten und Grenzen der Übersetzungskritik: Kategorien und Kriterien für eine sachgerechte Beurteilung von Übersetzungen*, Múnich, Max Heuber, 1971.
—, *Texttyp und Übersetzungsmethode. Der operative Text,* Kronberg, Scriptor, 1976.
Reyes, A., «De la traducción», en *La experiencia literaria*, Barcelona, Bruguera, 1986.
Rorty, R., *El giro lingüístico,* trad. Gabriel Bello, Barcelona, Paidós/ICE de la Universidad Autónoma de Barcelona, 1990.

Russell, B., «On Denoting», en *Logic and Knowledge, Essays 1901-1950*, Londres, Allen and Unwin, 1956. Versión castellana: «Sobre la denotación», en *Lógica y conocimiento*, trad. Javier Muguerza, Madrid, Taurus, 1966.

Schleiermacher, F., «Ueber die verschiedenen Methoden des Uebersetzens», en Hans Joachim Störig. *Das Problem des Übersetzens*, Darmstadt, Wissenschaftliche Buchgesellschaft, 1973. Versión castellana: Valentín García Yebra, «Sobre los diferentes métodos de traducir», en *Filología Moderna*, XVIII, 63-64, 1978; así como en Miguel Ángel Vega (comp.), *Textos clásicos de teoría de la traducción*, Cátedra, Madrid, 1994.

Schulte, R., y J. Biguenet (comps.), *Theories of Translation. An Anthology of Essays from Dryden to Derrida*, Chicago/Londres, University of Chicago Press, 1992.

Searle, J., *Speech Acts*, Cambridge, Cambridge University Press, 1969. Versión castellana: *Actos de habla*, trad. Luis M. Valdés Villanueva, Cátedra, Madrid, 1986.

Seco, M., *Diccionario de dudas y dificultades de la lengua española*, Madrid, Espasa Calpe, 1986, 9ª ed. ren.

—, *Estudios de lexicografía española*, Madrid, Paraninfo, 1987.

Séleskovitch, D., «Traduire: les idées et les mots», en *Études de Linguistique Apliquée*, Didier, 24, octubre-diciembre de 1976. Versión castellana: «Traducir: de la experiencia a los conceptos», trad. Amparo Hurtado Albir, *Cuadernos de Traducción e Interpretación*, 4, 1984, pp. 51-84.

—, y M. Lederer, *Interpréter pour traduire*, París, Didier Érudition, 1984.

Snell-Hornby, M., *Translation Studies. An Integrated Approach*, Amsterdam/Filadelfia, John Benjamins, 1988.

Sol, R., *Manual práctico de estilo*, Barcelona, Urano, 1992.

Steiner, G., *After Babel. Aspects of Language and Translation*, Nueva York/Oxford, Oxford University Press, 1975, 1992. Versión castellana: *Después de Babel*, trad. Adolfo Castañón, México/Madrid, Fondo de Cultura Económica, 1980, 1995 (agregados de la 2ª edición, trad. Aurelio Major).

Stockwell, R. P., J. D. Bowen y J. W. Martin, *The Grammatical Structures of English and Spanish*, Chicago, Londres, University of Chicago Press, 1965.

Strang, B., *A History of English*, Londres/Nueva York, Routledge, 1989.

Strawson, P., «On Referring», *Mind*, 1950. Versión castellana: «Sobre el referir», en T. M. Simpson (comp.), *Semántica filosófica: problemas y discusiones*, Buenos Aires, Siglo XXI, 1973.

Strawson, P., *Introduction to Logical Theory*, Methuen, Londres, 1952. Versión castellana:*Introducción a la teoría de la lógica*, Buenos Aires, Nova, 1969.

Suleiman, S., e I. Crosman, *The Reader in the Text: Essays on Audience and Interpretation*, Princeton, Princeton University Press, 1980.

Swan, M., *Practical English Usage*, Oxford, Oxford University Press, 1996, 2ª ed.

Thompson, A. J., y A. V. Martinet, *A Practical English Grammar*, Oxford, Oxford University Press, 1996, 4ª ed.

Tompkins, J., *Reader-Response Criticism: From Formalism to Post-Structuralism*, Baltimore, Johns Hopkins University Press, 1980.

Torre, E., *Teoría de la traducción literaria*, Madrid, Síntesis, 1994.

Toury, G., *In Search of a Theory of Translation*, Tel Aviv, Porter Institute, 1980.

Urban, W., *Language and Reality: The Philosophy of Language and the Principles of Symbolism*, Londres, George Allen and Unwin, 1939. Versión castellana: *Lenguaje y realidad. La filosofía del lenguaje y los principios del simbolismo*, trad. Carlos Villegas y Jorge Portilla, México, F.C.E., 1952.

Valenzuela, F. de, «Nota del traductor», en *Letra*, 30/31, noviembre 1993.

Vázquez-Ayora, G., *Introducción a la traductología*, Washington (D.C.), Georgetown University Press, 1977.

Vega, M. A., *Textos clásicos de teoría de la traducción*, Cátedra, Madrid, 1994.

Venuti, L., *The Translator's Invisibility*, Londres/Nueva York, Routledge, 1995.

Vidal Claramonte, M. C. A., *Traducción, manipulación, desconstrucción*, Salamanca, Ediciones Colegio de España, 1995.

Vinay, J.-P., y J. Darbelnet, *Stylistique comparée du français et de l'anglais*, París, Didier, 1958, 1977, ed. rev. y corr.

Wandruszka, M., *Nuestros idiomas: comparables e incomparables*, trad. Elena Bombín, Madrid, Gredos, 1976, 2 vols.

White, J. B., *Justice as Translation*, Chicago/Londres, Chicago University Press, 1990.

Wilss, W., *The Science of Translation*, Tubinga, Gunter Narr, 1982.

Wittgenstein, L., *Tractatus Logicus-Philosophicus,* Londres, Routledge and Kegan Paul, 1961. Versión castellana: *Tractatus Logicus-Philosophicus*, trad. Enrique Tierno Galván, Madrid, Alianza, 1973.

—, *Philosophische Untersuchungen*, Oxford, Blackwell, 1953. Versión castellana:*Investigaciones filosóficas*, trad. Alfonso García Suárez y Ulises Moulines, Barcelona, Instituto de Investigaciones Filosóficas/ Crítica, 1988.

Índice onomástico

GALLEGO ROCA, Miguel: 188 n.
GARCÍA CALVO, Agustín: 278
GARCÍA YEBRA, Valentín: 20 n., 49,
  67, 98-99, 101-102, 169 n., 238,
  284
GENTZLER, Edwin: 188
GOETHE, Johann W. von: 165
GOODMAN, Paul: 41
GRAMSCI, Antonio: 164
GREEN, John N.: 68 n.
GREENBAUM, Sidney: 71 n., 101 n.,
  120 n.
GREENBERG, Joseph: 61 n.
GREIMAS, Argildas: 228 n.
GRICE, Paul: 39-40

HALLIDAY, Michael A. K.: 165,
  224-225
HASAN, Ruqaiya: 224-225
HATIM, Basil: 167, 175, 183, 185-
  186, 209, 211-212
HEIDEGGER, Martin: 32, 165-166
HERDER, Johann G.: 40, 166
HERMÁGORAS DE TEMNOS: 182
HERMANS, Theo: 186
HIERRO S. PESCADOR, José: 47
HJELMSLEV, Louis: 47, 49, 165
HÖLDERLIN, Friedrich: 165-166
HOLLAND, Norman: 18 n.
HOLMES, James: 187
HOOF, Henri van: 70, 257
HUET, Pierre Daniel: 165
HUMBOLDT, Wilhelm von: 40 n., 41
  n., 165
HYMES, Dell H.: 224

ISER, Wolfgang: 18, 20

JAKOBSON, Roman: 39 n., 165, 179,
  218
JAUSS, Hans-Robert: 18 n.
JERÓNIMO, san: 169 n.
JOHNSON, Barbara: 24
JOHNSON, Samuel: 301

JONES, Ernst: 178 n.

KELLY, Louis G.: 163, 166-168,
  173-175, 181, 188, 259
KUNDERA, Milan: 17 n., 258-259

LAMBERT, José: 188
LARBAUD, Valéry: 165, 301
LAROSE, Robert: 170, 173 n., 177-178
LEDERER, Marianne: 178
LEECH, Geoffrey: 72, 74, 76, 218
LEFEVERE, André: 188
LEVÝ, Jiří: 19, 166
LONGINO: 80
LORENZO, Emilio: 237, 243, 244 n.
LUTERO, Martín: 169

MALBLANC, Alfred: 139, 167
MALINOWSKI, Bronislaw: 39, 46,
  223
MARSÁ, Francisco: 101, 134, 145,
  152
MARTINET, A. V.: 120 n.
MARTÍNEZ DE SOUSA, José: 155, 159
MASON, Ian: 167, 175, 183, 185-
  186, 211-212
MÉNAGE, Gilles: 24
MESCHONNIC, Henri: 169, 185, 189,
  273
MILL, John S.: 47
MONTERROSO, Augusto: 275
MOORE, George: 238
MORTARA GARAVELLI, Bice: 78, 79 n.
MOTTE, Houdar de la: 26
MOUNIN, Georges: 173
MUGUERZA, Javier: 32 n.
MUJICA LAINEZ, Manuel: 278

NEUBERT, Albrecht: 229 n.
NEWMARK, Peter: 167, 170, 179-180,
  200, 203-204, 210-211, 227, 236,
  247 n., 258-259, 263
NIDA, Eugene A.: 24, 165, 167-169,
  185, 202, 224

Índice conceptual